KB219493

탈종교화 시대의 종교 경쟁과 혁신

김성건 송재룡 오세일 유광석 이시윤
이정연 임영빈 장형철 최현종   지음

이 도서의 국립중앙도서관 출판예정도서목록(CIP)은 서지정보유통지원시스템 홈페이지 (http://seoji.nl.go.kr)와 국가자료공동목록시스템(http://www.nl.go.kr/kolisnet)에서 이용하실 수 있습니다. (CIP제어번호: CIP2020019228)

탈종교화 시대의 종교 경쟁과 혁신

지은이 / 김성건 송재룡 오세일 유광석 이시윤 이정연 임영빈 장형철 최현종
펴낸이 / 조유현
편 집 / 이부섭
디자인 / 박민희
펴낸곳 / 늘봄

등록번호 / 제300-1996-106호 1996년 8월 8일
주소 / 서울시 종로구 동숭4길 9(동숭동 19-2)
전화 / 02)743-7784
팩스 / 02)743-7078

초판발행 / 2020년 5월 30일

ISBN 978-89-6555-087-7   93210

신 저작권법에 의해 한국 내에서 보호를 받는 저작물이므로 무단 전재와 무단 복제를 금합니다.

※ 값은 표지에 있습니다.

탈종교화 시대의 종교 경쟁과 혁신

김성건 송재룡 오세일 유광석 이시윤
이정연 임영빈 장형철 최현종　지음

늘봄

차 례

서문 | 종교사회학의 발전을 기대하며

　한국종교사회학회는 지난 2013년에 당시 회장이었던 필자를 포함한 열 명의 회원들의 공동 집필로 『21세기 종교사회학』(서울: 다산출판사, 사회학총서 제2권)을 출판하였다. 필자는 이 책의 총론에 해당한다고 볼 수 있는 제1장(현대 종교사회학의 전개와 새로운 패러다임)을 집필하였다. 여기서 필자는 우선 현재 세계종교사회학계 내에 '세속화 이론'과 '합리적 선택이론'이 양강 구도를 형성하고 있는 것을 취급하였다. 이로부터 필자는 최근 세계화의 문화적 영향 아래 유럽이나 미국에 경도된 기존 이론들(낡은 패러다임)을 탈피하여 글로벌한 관점 속에서 종교를 바라보려는 새로운 입장에 주목하였다. 이 입장은 21세기 초 지구촌에서 목도되는 종교의 쇠퇴를 의미하는 '세속화'와 오순절 성령운동(Pentecostalism) 같은 '종교적 부흥'은 상반되는 모순적 현상이 아니라 사실상 동전의 양면이라고 주장한다.

　『탈종교화 시대의 종교 경쟁과 혁신』은 지난 2015~16년 2년에 걸쳐서 총 다섯 명의 국내 학자들(연구책임자: 김성건, 공동연구원: 송재룡, 장형철, 오세일, 유광석)이 미국 남캘리포니아대학교(The University of Southern California)의 종교와 시민문화연구소(Center for Religion and Civic Culture)와 공동 연구(연구 총책임자: Richard Flory 교수)한 결과물에다[1] 네 명의 한국종교사회학회 회원들(최현종, 임영빈, 이정연, 이시윤)이 집필에 함께 참여한 결과물이다.

총 9편의 논문들로 구성된 이 책은 책 제목(『종교적 경쟁과 창조적 혁신』)이 우선 말해주듯이 오늘날 선진국들 중에서 종교가 쇠퇴하고 있는 유럽과 달리 종교가 자유시장 속에서 운용되어 그 활력이 여전히 목도되는 미국에서 종교의 '공급' 측면의 모델을 제시한 '합리적 선택이론' 혹은 '시장(market) 모델'에 기초한 것임을 밝힌다. 종교에 대한 사회과학적 연구에서 이 '시장 모델'은 1960-70년대를 지배한 '세속화 이론'을 제치고 1980-90년대에 그 인기가 정점에 도달한 해석 틀이었다. 그렇지만 '시장 모델'은 최근 2010년대 이후 주도적 지위가 흔들리게 되었다. 2020년 현재 세계 종교사회학계에서 새롭게 강조되는 흐름은 종교가 세상 속에서 실제로 어떻게 '작동'하는지를 이해하기 위해서 종교적 조직, 실천 및 종교적 집단이 움직이는 '사회적 상황'에 초점을 모으는 한층 '질적'인 연구라고 말할 수 있다. 이런 측면에서 『종교적 경쟁과 창조적 혁신』

---

1) 김성건, 장형철, 오세일, 유광석의 논문은 플로리의 "Religious Innovation and Change in Seoul"과 함께 *Korea Journal*(Vol. 57 No. 4, Winter 2017, Korean National Commission for UNESCO)에, 송재룡의 글은 *Religions*(2019, 10, 497)에 수록되었다.

에 실린 9편의 논문은 대부분이 '시장모델'에 기초한 것이지만, 글로벌한 관점에서 종교를 바라보는 입장을 견지하면서 종교를 '사회적 제도'이면서도 동시에 '문화적 자원'으로서 인식하고 종교적 집단의 '사회적 상황'을 강조하고 있다는 점에서 세계종교사회학계의 최신 연구 경향과 궤를 같이하고 있다.

『21세기 종교사회학』에 이어 『탈종교화 시대의 종교 경쟁과 혁신』이 국내에서 종교사회학에 관심을 가진 분들의 지적인 지평선을 크게 확장하여 후속 관련 연구물들이 양산되는 자극제가 되길 바란다. 끝으로, 어려운 상황 속에서 이 책의 출판을 맡아주신 늘봄출판사에 감사드리며 섭외와 편집으로 수고하신 장형철, 이시윤 두 분께 감사드린다.

2020년 4월

필자들을 대표하여　김성건

1장

한국 종교 인구 변화에 관한
코호트 분석

임영빈

미국 미시시피주립대학교에서 사회학 박사학위를 받았고 현재 연세대 사회발전연구소 전문연구원으로 일하고 있다. 최근 논문으로 "한국 종교 지형과 종교 척도", "한국 무종교 인에 관한 연구 : 무종교인과 탈종교인의 분화를 중심으로", "천주교와 개신교의 현세 관점이 19세기 조선 선교에 끼친 영향 비교 연구", "A Comparative Study on the Reception of Catholicism vs. Protestantism in the 18th and 19th Century Chosŏn" 등이 있다.

한국 종교 인구 변화에 관한 코호트 분석[1]

1. 들어가는 글

2015년 인구센서스 조사 결과에서는 종교 인구가 2005년 조사 결과에 비해 대체로 감소한 것으로 나타났다. 〈표 1〉에서 볼 수 있는 것과 같이 불교, 개신교, 천주교 인구 조사 결과를 살펴보면 개신교를 제외하고 불교와 천주교 인구는 줄어든 것으로 나타났다. 3대 종교 이외의 소규모 종교에서도 신자 수가 줄어든 종교가 많은 것으로 나타났다. 2005년과 2015년을 비교했을 때 원불교 인구는 12만9천 명에서 8만4천 명으로 감소했고 유교 인구는 10만4천 명에서 7만6천 명으로 감소했으며 대종교 인구는 4천 명에서 3천

1) 이 글은 『현상과인식』 2019년 43권 4호(2019)에 실린 논문 "한국 종교 인구 변화에 관한 코호트 분석"을 줄인 것이다.

명으로 줄어들었다. 반면 천도교 인구는 4만5천 명에서 6만6천 명으로 증가했다.

〈표 1〉 인구센서스 종교 인구 조사 결과, 1985-2015(통계청 2007; 2016)

(단위: 천 명, %)

구분	인구				구성비			
	1985년	1995년	2005년	2015년	1985년	1995년	2005년	2015년
계	40,420	43,834	46,352	49,052	100.0	100.0	100.0	100.0
종교 있음	17,203	22,100	24,526	21,554	42.6	50.4	52.9	43.9
불교	8,060	10,154	10,588	7,619	19.9	23.2	22.8	15.5
개신교	6,489	8,505	8,446	9,676	16.1	19.4	18.2	19.7
천주교	1,865	2,885	5,015	3,890	4.6	6.6	10.8	7.9
원불교	92	86	129	84	0.2	0.2	0.3	0.2
유교	483	210	104	76	1.2	0.5	0.2	0.2
천도교	26	28	45	66	0.6	0.1	0.1	0.1
대종교	11	7	4	3	0.3	0.0	0.0	0.0
기타	175	225	196	139	0.5	0.5	0.4	0.3
종교 없음	23,216	21,735	21,826	27,499	57.4	49.6	47.1	56.1

주) 특별조사구 제외, 총인구는 내국인수(외국인 제외)

불교 인구는 어느 정도 감소할 것이라고 예상되었지만 실제 조사 결과는 예상보다 더 큰 폭으로 감소한 것으로 나타났다. 불교 측에서는 신자 수가 이렇게 큰 폭으로 감소한 것은 실제 불교 신자 수가 감소한 것이 아니라 조사 방식에 문제가 있었기 때문이라고 주장하기도 했다. 실제로 2015년 센서스는 이전과는 다른 방식으로 진행되었기 때문에 그런 주장이 근거가 없는 것은 아니었다. 특히 2015년 인구센서스는 등록센서스 방식으로 진행되어 과거와 같이 현장방문조사나 우편조사 등을 통한 전수조사를 실시한 것이 아니라 행정자료를 중심으로 인구수를 집계했고 종교 항목은 행정자료를 통해 조사할 수 없기 때문에 20% 가구표본을 대상으로 조사를 실시하여 자료를 수집했다. 전수조사가 아닌 표본조사를 통해 자료를 수집할 경우 가중치를 사용하여 전체 종교 인구수를 추정하기 때문에 이를 통해 계산된 수치가 정확하지 않을 수 있다는 의문을 가지는 것도 자연스러운 현상이라고 볼 수 있다. 실제로 통계청에서는 소규모 종교의 경우 가중치를 사용하여 계산했을 때 오차가 발생할 가능성이 커질 수 있다고 보고 있었다.[2] 그러나 현재 통계청이 채택하고 있는 등록센서스 조사 방식은 다른 나라에서도 비용과 시의성 등을 이유로 채택하는 나라가 증가하고 있는 상황이고 발달된 통계기법을 통해 표본조사를 통해서도 전수조사와 비슷한 수준의 정확성을 확보할 수 있는 것으로 알려져 있다(한국인구학회 2009). 따라서 등록센서스나 표본조사 방식 자체를 비판하는 것은 적절치 않아 보인다. 하지만 이러한 방식이 시행되는 과정에서 나타나는 문제가 있다면 그것에 관해 지적하고 그에 대한 보완을 요구하는 것은 필요할 것이다.

---

2) 통계청에서는 1985년, 1995년, 2005년 인구센서스 원자료의 1% 표본 마이크로데이터를 제공할 때 개별 종교항목에 관한 정보를 제공했었다. 그러나 2015년 인구센서스 원자료의 1% 표본 마이크로데이터를 공개할 때는 종교유무에 대한 정보만 공개하고 개별 종교항목에 관한 정보는 공개하지 않았다. 통계청에서는 1% 표본 마이크로데이터를 제공할 때 개별 종교항목을 제공하지 않는 이유에 관해 "규모가 작은 소수 종교의 경우 큰 상대표준오차로 인하여 개별 종교항목 제공이 어려움"이라고 설명했다(정보공개청구 4282393호, 2017.09.29.).

불교 측에서는 2015년 인구센서스 조사에서 불교 인구가 감소한 것으로 나타나자 이를 조사 방식의 문제 때문이라고 지적하면서 2015년 조사에서 시행된 인터넷 조사 방식으로 인해 고령층 인구가 조사에서 누락되었을 가능성이 있다는 주장을 제기하기도 했다. 하지만 20% 표본으로 선정된 가구에 대해 처음에는 인터넷을 통해 자료를 조사하지만 이 때 응답하지 않은 가구에 대해서는 이후 방문면접조사를 통해 보완조사를 실시했기 때문에 인터넷 조사 방식을 사용했다고 해서 고령층 인구가 조사에서 누락될 가능성은 적다고 볼 수 있다. 불교를 연구하는 학자 중에서도 조사방식의 변화로 인해 불교 인구가 실제보다 적게 조사되었을 가능성은 크지 않다고 보면서 불교 인구의 감소 원인을 조사 방식의 변화보다는 불교계 내부나 사회 구조의 차원에서 찾아야 한다는 주장을 제시하는 경우가 있었다(박수호 , 2017; 홍사성, 2017).

불교 신자 수가 감소한 이유로 많이 제시된 개념 가운데 하나가 탈종교화 현상이었다. 탈종교화 현상이 진행되면 제도종교에서 이탈하는 사람의 수가 많아지기 때문에 불교 신자도 이러한 맥락에서 감소했을 것이라는 설명이다. 하지만 모든 종교에서 비슷한 정도로 신자가 감소한 것은 아니었기 때문에 탈종교화 현상보다는 탈종교화 현상에 대비하는 정도에 따라 종교 인구 변화의 양상이 달랐을 수 있다는 주장도 나왔다. 개신교는 평신도 활동이 활발하고 신자들이 열심히 참여하는 경우가 많아 탈종교화 현상에서 나타나는 신자 이탈 현상을 최소화할 수 있지만 불교는 평신도들의 조직 활동이 활성화되어 있지 않아 탈종교화 현상에 취약하다는 분석도 나왔다. 이러한 분석에서는 개신교처럼 병원, 학교 등의 복지시설을 운영할 수 있고 신자들이 그러한 곳에서 봉사활동을 하면서 고령층 신자를 돌볼 수 있는 자원을 보유한 종교에서 고령층 신자가 증가할 가능성이 크다고 보았다(유승무, 2017).

천주교도 2015년 조사 결과가 2005년에 비해 110만 명 정도 줄어든 것으로 나타나면서 이에 관한 원인을 분석하려고 노력했다(윤승용, 2017; 강한, 2016). 천주교에서도 2015년 조사 결과가 예상과는 다르다는 반응이 나왔는데 그 이유는 2005년 조사에서 천주교 인구가 크게 증가했었고 인구센서스가 실시되기 1년 전쯤인 2014년에 프란치스코 교황이 한국을 방문하기도 했기 때문에 2015년 조사에서는 천주교 신자가 더 늘어날 것으로 예상했다(박문수, 2017: 49; 정재영, 2014). 그러나 천주교에서도 센서스 조사 결과를 받아들이면서 탈종교화 개념 등을 통해 천주교 신자 감소 현상을 설명하려고 했다(박문수, 2017: 50). 물론 천주교에서도 조사 방식에 관해 문제를 제기하기도 했다. 특히 조사 과정에서 나타난 문제에 관한 비판은 타당한 부분이 있었다. 천주교에서는 매년 자체 교세 통계를 작성하고 있어 이를 인구센서스 조사 결과와 비교해 볼 수 있기 때문에 이를 근거로 센서스 결과가 타당한지 따져볼 수 있었던 것이다.

1985년과 1995년 인구센서스에서 조사된 천주교 인구수는 천주교 교세 통계 결과보다 적었는데 2005년 인구센서스에서는 센서스를 통해 조사된 천주교 신자 수가 자체 통계를 통해 집계된 신자 수보다 많은 것으로 나타났다. 만약 2015년 조사에서도 센서스에서 조사된 천주교 인구수가 자체 조사한 신자 수보다 많았으면 2005년 조사 결과를 문제없이 받아들였을 수도 있었을 것이다. 그런데 〈표 2〉에서 볼 수 있는 것처럼 2015년 인구센서스에서 조사된 천주교 신자 수는 다시 천주교 자체 통계 결과보다 적은 것으로 나타났다. 이러한 결과는 2005년 인구센서스 천주교 인구 조사 결과에 오류가 개입되어 있었을 가능성이 있다는 것을 보여주고 있었다(최현종, 2010).

〈표 2〉 천주교 교세통계와 인구센서스 결과 비교(박문수, 2017:48)

	1985	1995	2005	2015
천주교 교세통계(A)	1,995,905	3,451,266	4,667,283	5,655,504
통계청 인구조사(B)	1,865,397	2,950,730	5,146,147	3,890,311
오차 인원수(A−B)(C)	130,508	500,536	−478,864	1,775,193
오차비율(C/A)	6.5%	14.5%	−10.3%	31.4%

천주교 연구자들은 통계 오류의 가능성을 염두에 두긴 했지만 인구센서스의 공식 조사 결과를 받아들이면서 그에 기반하여 천주교 인구 변화를 설명하려고 시도하기도 했다. 천주교 연구자들은 2015년 인구센서스 조사 결과에서 천주교 인구수가 2005년에 비해 줄어든 것으로 나타난 이유를 찾으려고 했다. 천주교 연구자들도 교세 감소 또는 정체의 원인을 탈종교화 현상에서 찾으려고 했다. 종교에 대한 관심이 약화되는 상황에서 천주교도 예외일 수 없다는 것이었다. 다른 한편으로는 천주교 평신도 관리 체계에서 신

자 감소의 원인을 찾으려는 시도도 있었다. 예를 들어 천주교에서는 입교 과정이 길기 때문에 이 과정에서 이탈하는 사람이 증가할 수 있다는 분석이었다. 개신교는 입교 과정이 짧고 입교 후 신자 관리를 잘하기 때문에 교세 확장에 유리하지만 천주교는 입교 과정이 긴 반면 입교 후 신자 관리가 부실하여 교세 확장에 어려움이 있다는 것이다. 그러나 이러한 분석은 천주교 인구가 감소하고 개신교 인구가 늘어난 것에 대한 사후해석에 가깝다. 종교마다 입교 과정이나 조직 관리 체계가 다를 수 있지만 이는 각 종교가 갖는 고정된 특징이라고 볼 수 있다. 따라서 만약 이러한 특징이 변화했다면 그러한 변화가 갖는 효과에 관해 분석하는 것은 가능할 것이다.

하지만 천주교에서 오랫동안 지속되고 있는 특성을 통해 어떤 기간에 나타난 인구 증가나 감소를 설명하는 것은 적절하지 않아 보인다. 만약 개신교나 천주교의 신자 관리 체계나 조직 체계에 어떠한 변화가 있었고 그 후에 종교 인구 변화가 있었다면 이를 연관 지어 설명할 수는 있을 것이다. 그러나 그러한 변화가 없는 상황이라면 조직의 특성을 통해 인구 변화의 원인을 설명하려고 하는 것은 적절한 설명이 되기 어려워 보인다. 종교 인구 변화의 원인을 설명하기 위해 제시된 다른 설명방식으로는 개인 차원의 요인을 넘어 구조 차원의 요인으로 종교 인구 변화를 설명하려는 시도도 있었다. 예를 들면 천주교 교회의 대형화, 중산층 신자 증가로 인한 중산층 중심의 교회 문화 형성, 신자 계층 내부의 양극화, 교회의 사회 참여 감소 등이 교세 감소의 원인으로 지적되기도 하는 것이다. 그러나 구조 차원의 원인도 2005년과 2015년 사이에 어떤 변화가 있었고 그것이 종교 인구 변화에 어떤 영향을 미쳤는지 설명하지 못한다면 구조 요인 또한 2015년의 종교 인구 변화를 설명하는 데 적합한 요인이라고 보기는 어려워 보인다(박 문수 2017; 오지섭 2017).

천주교 이탈자 분석에서는 신자 감소의 원인을 젊은 층 신자들의 이탈 규모가 크기 때문이라고 보기도 했다. 이는 탈종교화 현상이 젊은 층을 중심으로 나타난다는 것을 전제로 하고 있는 분석이었다. 고령층 신자에 대한 분석에서는 탈종교화 현상이 아닌 돌봄 서비스 제공 여부에 강조점을 두기도 했다. 불교에서도 이런 분석이 나왔었는데 불교에서는 고령층 신자에게 돌봄 서비스를 제공할 수 있는 자원이 부족하여 불교를 떠나는 사람이 많다고 분석하는 반면 천주교에서는 고령층 신자에게 다양한 돌봄 프로그램을 제공하고 있어 고령층 신자를 전도하는 데 유리하다고 보고 있었다(박문수, 2017).

개신교는 2015년 조사 결과 개신교 인구수가 120만 명 정도 증가한 것으로 나왔다. 개신교는 2005년 인구수가 1995년보다 적은 것으로 조사되었고 2010년 이후에는 교단 통계에서도 신자가 감소하고 있다는 분석이 나오면서 위기감이 커졌었는데 2015년 조사에서 개신교 인구가 약간 증가한 것으로 나타나면서 오히려 개신교 인구가 증가한 이유를 설명해야 하는 상황이 되었다. 개신교 연구자들은 2015년 인구센서스에서 개신교 인구가 다시 증가한 이유를 신자유주의 시대에서 고통받는 개인들에게 위로를 제공해주었기 때문이라고 설명하기도 했고 다른 한편으로는 신자유주의 시대에 걸맞은 개인의 '성공' 욕망을 개신교가 정당화해주기 때문이라고 설명하기도 했다(김진호, 2017; 김현준, 2017).

그러나 개신교 현장에서는 교인이 줄고 있다는 얘기가 끊임없이 나오고 있고 실제 교단 통계에서도 교인이 줄고 있는 것으로 나타나는 상황에서 개신교 교인이 늘었다는 조사 결과는 쉽게 받아들여지기 힘들었다. 따라서 이를 설명하기 위한 다양한 설명이 제시되었는데 그 가운데는 개신교 인구를 조사할 때 개신교에서 '이단'으로 분류되는 교파도 개신교 신자로 조사된 것이 개신교 인구 증가의 원인일 수 있다는 주장도 있었다. 신천지 등의 신종이단이 급속히 증가하는 상황에서 이들이 센서스 조사에서 자신들을 개신교인이라고 대답했다면 그것이 개신교 인구 증가에 영향을 미쳤을 수도 있다는 것이다. 그러나 신천지의 규모가 15만 명 정도로 추정되는 상황에서 120만 명의 증가를 모두 설명하기는 어려워 보였다. 무엇보다 센서스 종교 인구 조사에서 '이단'으로 분류되는 교파의 신자 수가 개신교 신자 수에 포함되기 시작한 것은 이번이 처음이 아니었기 때문에 2015년 개신교 인구 증가의 요인으로 보기는 어려운 부분이 있었다.

다른 연구자들 가운데는 개신교 정체성은 갖고 있지만 교회에 소속되거나 교회 출석을 하지 않는 개신교인을 의미하는 '가나안 교인'의 증가를 개신교 인구 증가의 원인으로 꼽는 사람도 있었다. 교회에 출석하지는 않지만 개신교 정체성을 갖고 있는 '가나안' 교인 수가 늘어나면서 인구센서스에서 개신교 인구가 증가한 것으로 나타날 수 있다는 것이다. 하지만 가나안 교인은 과거에도 개신교 정체성을 갖고 있었기 때문에 이전의 센서스에서 개신교인이라고 응답했을 가능성이 크다. 따라서 가나안 교인의 증가가 교회 출석 인원의 감소를 설명할 수는 있지만 인구센서스에서 개신교 인구가 늘어난 것을 설명하기는 힘들다고 볼 수 있다(목회사회학연구소, 2016; 정재영, 2017; 임영빈 · 정재영 2017; 변상욱, 2017; 김진호, 2017; 이원규, 1997).

개신교와 천주교, 그리고 불교 인구의 변화 원인을 분석하기 위해 제시된 설명들은 대부분 2005년과 2015년 조사 결과를 바탕으로 제시되었다. 불교와 천주교는 2005년에 비해 신자 수가 감소했기 때문에 감소한 원인에 대해 분석하려고 했고 개신교는 신자 수가 늘어난 것으로 나타났기 때문에 늘어난 이유에 관해 분석하려고 했다. 그런데 2015년 센서스 종교 인구 조사 결과는 좀 더 신중히 살펴볼 필요가 있다. 왜냐하면 종교별 신자 수가 꾸준히 증가하거나 감소한 것이 아니라 2005년 감소했던 신자 수가 2015년 다시 증가하기도 하고 2005년 증가했던 신자 수가 2015년에 다시 감소한 것으로 나타나기도 했기 때문이다. 이러한 상황에서는 신자 수가 늘어난 이유나 줄어든 이유를 설명하는 것이 쉽지 않다. 앞의 설명들은 대부분 2005년과 2015년 인구센서스 조사 결과를 바탕으로 제시된 것이었다. 만약 실제로 종교 인구가 감소했다가 늘었거나 또는 늘었다가 줄어든 것이라면 이를 설명할 수 있는 이론을 찾는 것이 필요하다. 그러나 앞에서 설명한 것과 같이 만약 조사 과정에서 오류가 있었던 것이라면 그러한 오류가 무엇인지 살펴보는 것이 필요할 것이다. 더 나아가 그러한 오류를 포함시키지 않으면서 우리나라 종교 지형에서 나타난 현상은 무엇인지 알아보는 것이 필요할 것이다. 따라서 이 연구에서는 종교 인구 변화에 관한 원인을 따져보기 전에 1985년부터 2015년까지 실시된 인구센서스 종교 인구 조사 결과를 다시 살펴보면서 우리나라 종교 지형에서 나타난 변화를 어떻게 해석하는 것이 좋은지 알아보려고 했다. 이를 위해 종교 인구 변화를 출생 코호트로 나누어 살펴보았다.

2. 출생 코호트별 종교 인구 변화 분석

2015년 인구센서스 조사 결과 이후 나온 분석은 대체로 종교 인구수의 변화와 종교 인구가 전체 인구에서 차지하는 비율의 변화를 살펴보았다. 인구수를 중심으로 봤을 때 2005년에서 2015년 사이에 개신교 인구는 120만 명 정도 증가했고 불교와 천주교 인구는 각각 300만 명과 110만 명 정도 감소했다. 인구 비율을 중심으로 살펴보면 2005년과 2015년 사이 개신교 인구가 차지하는 비율은 18.2%에서 19.7%로 증가했고 불교 인구는 22.8%에서 15.5%로 감소했으며 천주교는 10.8%에서 7.9%로 감소했다. 인구수와 인구 비율을 중심으로 살펴봤을 때 개신교는 증가하고 불교와 천주교는 감소한 것으로 나타났다.

이 연구에서는 코호트별 종교 인구의 변화를 살펴보려고 한다. 인구수를 중심으로 출생 코호트별로 인구 집단을 나누어 코호트 안에서 일어난 종교 인구 변화를 살펴보려고 하는데 이는 이를 통해 실제 코호트 안에서 종교 인구가 어떻게 변화했는지 알 수 있기 때문이다. 이 연구에서는 통계청 인구센서스 조사 결과를 연령을 중심으로 코호트를 만들었다. 예를 들면 1995년 조사에서 30-34세였던 집단은 1985년 조사에서 20-24세였기 때문에 연령 기준을 중심으로 자료를 재정리하면 특정 코호트의 1985년, 1995년, 2005년, 2015년 인구를 파악할 수 있다. 그리고 코호트별로 10년, 20년, 30년 단위의 명목변화율과 실질변화율을 계산할 수 있다. 명목변화율은 말 그대로 있는 그대로의 수치를 사용하여 계산한 변화율이다.[3] 예를 들어 특정 코호트 안에 있는 종교 인구의 1985년과 1995년 사이 명목변화율을 계산하기 위해서는 그 코호트 안에 있는 종교 집단의 1985년 인구와 1995년의 인구를 있는 그대로 비교하여 두 수치 사이의 변화율을 계산하면 된다. 실질변화율은 그 코호트 안에 있는 특정 종교 집단의 1985년 인구가 1995년까지 코호트 전체 인구가 변화한 정도와 동일한 정도로 변화했을 것으로 가정했을 때 계산된 수치를 실제 그 코호트 종교 집단의 1995년 인구와 비교하여 두 수치 사이의 차이를 비율로 계산한 것이다.

이 연구에서는 코호트별 종교인구의 명목변화율과 실질변화율을 계산하여 종교 인구 조사를 시작한 1985년부터 2015년까지 종교인구 변화율을 계산했다. 먼저 10년 단위의 변화를 살펴보기 위해 2005-2015년, 1995-2005년, 1985-1995년 사이에 일어난 종교 인구 변화를 살펴보았고 20년 단위의 변화를 살펴보기 위해 1995년에서 2015년까지 일어난 종교인구 변화를 살펴보았으며 30년 단위의 변화를 살펴보기 위해 1985년에서 2015년까지 일어난 종교인

---

3) 이 글에서 사용한 실질 변화율과 명목 변화율 공식은 임영빈(2019)에 나와 있다.

구 변화에 관해 살펴보았다.

3. 코호트별 종교 인구 변화

〈표 3〉에서는 인구센서스에서 조사된 종교 인구를 연도별로 보여주고 있기 때문에 30년 동안 동일 코호트 내부에서 종교인구가 어떻게 변화했는지 살펴볼 수 있다. 우리나라에서는 이민이나 이주 등의 사회요인의 영향이 크지 않기 때문에 동일한 출생 코호트 안에서는 사망 등의 자연요인으로 인해 인구감소 현상이 나타나는 것이 자연스럽다. 그러나 이를 코호트별로 나누어서 살펴보면 자연감소율보다 더 감소한 경우가 있기도 하고 더 증가한 경우도 있는데 종교 집단 안에서의 변화이기 때문에 포교 활동이나 종교 이탈로 인한 변화라고 볼 수 있다.

코호트별로 1985년에서 1995년까지 일어난 종교 인구 변화를 살펴보면 불교, 개신교, 천주교 모두 1985년에서 1995년 사이에는 종교 인구가 증가했다. 실질변화율을 기준으로 살펴보면 1985년과 1995년 천주교와 불교의 실질변화율이 개신교보다 높은 경우가 많았다. 코호트에 따라 불교의 실질변화율이 가장 큰 경우도 있었지만 대체로 천주교의 실질변화율이 가장 높은 코호트가 많았다. 이는 1985-1995년 사이 가장 빠르게 성장한 종교는 천주교였다는 것을 보여주고 있다. 하지만 세 종교에서 모두 종교 인구가 증가했기 때문에 1985년과 1995년 사이의 10년은 대체로 종교인구 성장기

〈표 3〉 1985~2015 코호트별 종교 인구 변화

(단위: 천 명, %)

출생연도	시점	연령	계	인구변화율	불교			개신교			천주교		
					인구수	명목변화율	실질변화율	인구수	명목변화율	실질변화율	인구수	명목변화율	실질변화율
1931 ~35	2015	80-84	806	-35.7%	194	-53.0%	-26.9%	175	-17.7%	28.0%	81	-41.3%	-8.8%
	2005	70-74	1,253	-16.2%	413	-20.9%	-5.6%	213	-8.8%	8.9%	138	55.2%	85.2%
	1995	60-64	1,495	-11.8%	522	-2.0%	11.1%	233	8.4%	22.9%	89	25.2%	41.9%
	1985	50-54	1,695		533			215			71		
1936 ~40	2015	75-79	1,350	-19.6%	355	-38.4%	-23.3%	283	2.7%	27.8%	131	-26.2%	-8.2%
	2005	65-69	1,680	-12.2%	576	-14.5%	-2.6%	275	-9.6%	2.9%	178	56.1%	77.7%
	1995	55-59	1,913	-8.4%	673	4.4%	14.0%	304	5.2%	14.8%	114	21.0%	32.1%
	1985	45-49	2,089		645			289			94		
1941 ~45	2015	70-74	1,758	-6.9%	472	-26.3%	-20.8%	366	15.6%	24.1%	170	-18.3%	-12.3%
	2005	60-64	1,889	-8.5%	640	-9.7%	-1.3%	317	-11.8%	-3.6%	208	50.3%	64.2%
	1995	50-54	2,064	-5.7%	709	8.7%	15.2%	359	3.4%	9.6%	138	22.0%	29.3%

1941~45	1985	40-44	2,188		652			347			114		
1946~50	2015	65-69	2,107	-7.5%	553	-25.2%	-19.1%	439	9.5%	18.5%	212	-20.6%	-14.1%
	2005	55-59	2,278	-7.5%	739	-7.8%	-0.3%	400	-15.9%	-9.1%	267	41.2%	52.7%
	1995	45-49	2,464	-4.5%	802	14.8%	20.2%	476	4.1%	9.0%	189	29.3%	35.5%
	1985	35-39	2,581		698			458			146		
1951~55	2015	60-64	2,750	-3.7%	710	-20.0%	-16.9%	560	9.5%	13.7%	277	-20.3%	-17.2%
	2005	50-54	2,855	-7.0%	887	-5.9%	1.2%	511	-18.8%	-12.7%	348	36.7%	47.0%
	1995	40-44	3,071	-1.4%	943	28.1%	30.0%	630	12.4%	14.0%	254	44.3%	46.4%
	1985	30-34	3,115		736			560			176		
1956~60	2015	55-59	3,853	-1.2%	908	-18.2%	-17.2%	754	8.2%	9.6%	361	-21.5%	-20.6%
	2005	45-49	3,901	-5.6%	1,110	-1.1%	4.9%	697	-18.5%	-13.6%	460	43.4%	52.0%
	1995	35-39	4,134	1.6%	1,122	40.6%	38.5%	854	25.2%	23.3%	321	54.4%	52.0%
	1985	25-29	4,070		798			682			208		
1961~65	2015	50-54	4,130	0.2%	844	-17.7%	-17.8%	771	6.5%	6.3%	338	-23.8%	-23.9%

코호트	연도	연령											
1961~65	2005	40-44	4,123	-2.5%	1,025	8.4%	11.2%	724	-11.3%	-9.0%	444	66.8%	71.2%
	1995	30-34	4,230	-0.3%	946	26.8%	27.2%	816	7.9%	8.3%	266	35.0%	35.4%
	1985	20-24	4,245		746			756			197		
1966~70	2015	45-49	4,249	3.3%	720	-15.6%	-18.3%	823	11.8%	8.2%	318	-22.7%	-25.2%
	2005	35-39	4,113	-0.6%	853	7.9%	8.6%	736	-1.8%	-1.2%	412	83.0%	84.1%
	1995	25-29	4,138	-4.1%	791	16.5%	21.5%	750	-3.6%	0.5%	225	21.2%	26.4%
	1985	15-19	4,316		679			778			186		
1971~75	2015	40-44	4,197	2.5%	595	-21.0%	-22.9%	828	15.8%	13.0%	306	-22.7%	-24.5%
	2005	30-34	4,096	-4.8%	753	-11.2%	-6.7%	715	-21.9%	-17.9%	396	49.8%	57.4%
	1995	20-24	4,304	-3.8%	848	32.8%	38.1%	915	12.8%	17.3%	264	29.7%	34.8%
	1985	10-14	4,476		639			811			204		
1976~80	2015	35-39	3,761	2.4%	452	-34.7%	-36.3%	720	14.9%	12.2%	285	-23.9%	-25.7%
	2005	25-29	3,672	-5.0%	693	-5.9%	-1.0%	626	-25.6%	-21.7%	375	42.0%	49.4%
	1995	15-19	3,863	-1.3%	736	68.3%	70.6%	842	23.8%	25.5%	264	51.8%	53.9%
	1985	5-9	3,916		437			680			174		

구분	연도	연령											
1981~85	2015	30-34	3,576	-2.4%	399	-44.7%	-43.4%	642	-6.2%	-3.9%	279	-37.5%	-36.0%
	2005	20-24	3,662	-1.3%	722	10.8%	12.3%	684	-21.0%	-19.9%	446	58.8%	61.0%
	1995	10-14	3,712	0.3%	652	130.5%	130.0%	866	119.7%	119.2%	281	140.6%	140.0%
	1985	0-4	3,703		283			394			117		
1986~90	2015	25-29	3,013	-2.8%	308	-47.0%	-45.4%	518	-13.4%	-10.8%	229	-37.4%	-35.5%
	2005	15-19	3,101	0.1%	580	37.7%	37.5%	598	-16.0%	-16.2%	365	73.8%	73.6%
	1995	5-9	3,096		421			712			210		
1991~95	2015	20-24	2,955	-14.0%	264	-54.5%	-47.1%	533	-27.6%	-15.9%	209	-47.5%	-39.0%
	2005	10-14	3,435	0.2%	579	83.0%	82.6%	737	34.7%	34.4%	398	152.6%	152.1%
	1995	0-4	3,427		317			547			158		
1996~00	2015	15-19	3,122	-1.5%	267	-41.8%	-40.9%	642	-5.4%	-3.9%	214	-36.1%	-35.1%
	2005	5-9	3,169		459			678			334		
2001~05	2015	10-14	2,418	1.5%	199	-27.9%	-29.0%	584	36.4%	34.4%	168	-17.7%	-18.9%
	2005	0-4	2,382		276			428			204		

였다고 볼 수 있다.

1995년에서 2005년 사이의 종교 인구 실질변화율은 개신교에서는 대부분의 코호트에서 실질변화율이 감소한 것으로 나타나고 천주교에서는 이와 반대로 실질변화율이 증가한 것으로 나타났다. 이러한 현상이 나타난 이유를 다양한 요인을 통해 생각해 볼 수 있다. 먼저 특정 시기에 발생한 사건이 여러 코호트에 영향을 미치는 시기효과(period effect)에 관해 생각해 볼 수 있다. 종교 인구 증가에 영향을 미치는 시기효과로는 부흥운동이 있을 수 있는데 예를 들어 부흥운동과 같은 종교운동이 있었다면 특정 시기에 종교 인구가 갑자기 증가했을 가능성이 있는 것이다. 다음으로 나이가 들면서 종교에 의지하는 사람이 늘어 고령층에서 종교 인구 비율이 증가한다고 보는 연령효과(age effect)를 생각해볼 수 있다. 마지막으로 특정한 코호트에서 나타나는 코호트 효과(cohort effect)에 관해 생각해 볼 수 있다. 코호트 효과가 있었다면 코호트별로 다른 경험을 했기 때문에 코호트별로 종교 인구가 다른 추세로 변화했을 것이다.

2005년에 나타난 변화는 여러 코호트에서 비슷한 흐름으로 증가나 감소 현상이 나타났기 때문에 시기효과와 가장 관련이 크다고 할 수 있다. 종교 인구 증가나 감소에 영향을 미칠만한 시기 효과가 있었는지 알아보기 위해서는 먼저 이와 관련된 시계열 분석을 해볼 필요가 있다. 그런데 실제로 시기효과가 있었는지 알아보기 위한 통계 검증을 실시하기 위해서는 적절한 시계열데이터가 필요한데 현재 상황에서는 2005년 무렵 시기효과가 있었는지 알아볼 수 있는 시계열데이터를 찾기가 쉽지 않은 상황이다.

만약 2005년 무렵 시기효과라고 부를만한 일이 있었다면 그러한 시기효과는 다른 사회조사 결과에도 영향을 미쳤을 가능성이 있기 때문에 다른 사회 조사 결과에서는 종교 인구 변화가 어떻게 나타났는지 살펴보는 것도 하나의 대안이 될 수 있을 것이다. 아래 그림에서는 2005년 무렵 그러한 일이 있었는지 알아보기 위해 다른 사회조사 결과를 그래프로 그려보았다. 만약 2005년 무렵 종교인구 변동에 영향을 미칠만한 사건이 있었다면 다른 사회조사 결과도 센서스 조사 결과와 비슷하게 변화했을 가능성이 있기 때문이다.

〈그림 1〉은 한국갤럽에서 실시한 종교 인구 조사와 한국종합사회조사에서 실시한 종교 인구 조사 결과를 그림으로 나타낸 것이다. 한국갤럽은 1984년, 1989년, 1997년, 2004년, 2014년 종교 소속을 묻는 설문조사를 실시했고 한국종합사회조사(KGSS)에서는 2003년부터 2014년까지 매년 종교 인구를 조사했고 이후 2년 주기로 종교 인구 분포에 관해 조사하고 있다.

〈그림 1〉에서 볼 수 있듯이 한국갤럽조사에서는 1984년부터 2014년까지 개신교는 약간 상승세를 보였고 천주교는 일정한 비율을 유지하고 있음을 알 수 있다. 한국갤럽조사에서 개신교와 천주교를 기준으로 보면 종교 인구의 증가나 감소에 영향을 줄만한 뚜렷한 변화는 없었던 것으로 보인다. 물론 2004년 이후 10년 만인 2014년에 다시 조사를 한 것이기 때문에 중간에 어떤 변화가 있었을 가능성을 배제할 수는 없다.

한국종합사회조사에서는 2005년 무렵 개신교와 천주교 신자

<그림 1> 한국갤럽과 KGSS 종교 인구 조사 결과(한국갤럽, 2015; 김지범 외, 2019)

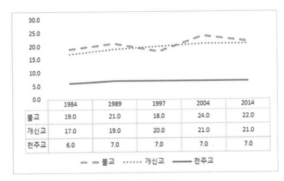

	1984	1989	1997	2004	2014
불교	19.0	21.0	18.0	24.0	22.0
개신교	17.0	19.0	20.0	21.0	21.0
천주교	6.0	7.0	7.0	7.0	7.0

━ ━ 불교 ⋯⋯⋯ 개신교 ━━━ 천주교

한국갤럽, 1984–2014

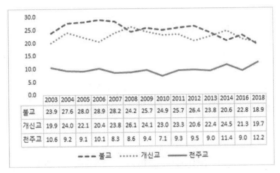

	2003	2004	2005	2006	2007	2008	2009	2010	2011	2012	2013	2014	2016	2018
불교	23.9	27.6	28.0	28.9	28.2	24.2	25.7	24.9	25.7	26.4	23.8	20.6	22.8	18.9
개신교	19.9	24.0	22.1	20.4	23.8	26.1	24.1	23.0	23.3	20.6	22.4	24.5	21.3	19.7
천주교	10.6	9.2	9.1	10.1	8.3	8.6	9.4	7.1	9.3	9.5	9.0	11.4	9.0	12.2

━ ━ ━ 불교 ⋯⋯⋯ 개신교 ━━━ 천주교

한국종합사회조사(KGSS), 2003–2018

수에 약간의 변화가 나타난 것으로 보인다. 개신교 인구 비율은 2004년에서 2006년 사이 감소한 것으로 나타나고 천주교 인구 비율은 2005년에서 2006년 사이에 약간 증가한 것으로 나타났다. 여기서는 2005년 센서스 조사에서와 같이 2004년과 2006년 사이 개신교 인구는 감소하고 천주교 인구는 증가한 것으로 나타난 것이다. 이는 개신교의 감소세와 천주교의 증가세를 보여준다는 점에서 2005년 센서스 조사 결과와 어느 정도 일치하는 부분이 있다. 하지만 여기서 나타난 변화가 2005년 인구센서스에서 천주교와 개신교 집단에서 나타난 큰 폭의 변화와 비슷하다고 보기는 힘들 것 같다.

2005년 무렵 종교 인구 변화에 영향을 줄만한 시기효과가 있었는지에 관해서는 앞으로 적절한 데이터를 찾아 통계 검증을 해보는 것이 필요할 것이다. 하지만 한국갤럽조사와 한국종합사회조사에서 실시한 종교 인구 조사를 통해 간접으로 살펴봤을 때는 2005년 무렵 종교 인구 변화에 영향을 줄만한 시기효과가 있었다고 보기는 어려울 것 같다.

이 연구에서는 불교 인구 변화를 분석할 때는 2005년의 조사 결과를 포함하여 분석하는 것이 적절하다고 보았다. 하지만 천주교와 개신교 인구 변화를 분석할 때는 2005년 조사 결과보다는 1995년이나 1985년에서 2015년까지 개신교와 천주교 인구 변화를 살펴보는 것이 적절하다고 보았다.

1995년과 2015년 사이 20년 동안 나타난 코호트별 종교 인구 변화를 살펴보면 먼저 불교 인구는 대부분의 코호트 집단에서 1995년에 비해 감소한 것으로 나타났다. 전체 불교 인구수는 2005년에 최대치를 기록했지만 코호트별로 보면 2005년에 최대치를 기록한 코호트도 있고 1995년에 최대치를 보였던 코호트도 있기 때문에 대체로 1995년과 2005년 사이에 불교 인구 성장이 정점에 달했다고 볼 수 있다. 코호트별로 봤을 때 2015년 불교 인구는 1995년 불교 인구와 비교했을 때 감소한 것으로 나타난 경우가 많았다. 불교 인

〈표 4〉 1995년과 2015년 코호트 집단별 종교인구 변화

(단위: 천 명, %)

출생연도	시점	연령	계	인구변화율	불교			개신교			천주교		
					인구수	명목변화율	실질변화율	인구수	명목변화율	실질변화율	인구수	명목변화율	실질변화율
1931~35	2015	80-84	806	-46.1%	194	-62.8%	-31.0%	175	-24.9%	33.3%	81	-8.9%	68.9%
	1995	60-64	1,495		522			233			89		
1936~40	2015	75-79	1,350	-29.4%	355	-47.3%	-25.3%	283	-7.2%	31.9%	131	15.1%	62.8%
	1995	55-59	1,913		673			304			114		
1941~45	2015	70-74	1,758	-14.8%	472	-33.4%	-21.9%	366	1.9%	19.7%	170	22.8%	44.6%
	1995	50-54	2,064		709			359			138		
1946~50	2015	65-69	2,107	-14.5%	553	-31.0%	-19.4%	439	-7.9%	7.9%	212	12.1%	31.2%
	1995	45-49	2,464		802			476			189		
1951~55	2015	60-64	2,750	-10.4%	710	-24.7%	-16.0%	560	-11.1%	-0.8%	277	9.0%	21.7%
	1995	40-44	3,071		943			630			254		
1956~60	2015	55-59	3,853	-6.8%	908	-19.0%	-13.2%	754	-11.8%	-5.3%	361	12.6%	20.7%

1956~60	1995	35-39	4,134		1122			854			321		
	2015	50-54	4,130	-2.4%	844	-10.7%	-8.6%	771	-5.5%	-3.2%	338	27.1%	30.2%
1961~65	1995	30-34	4,230		946			816			266		
	2015	45-49	4,249	2.7%	720	-8.9%	-11.4%	823	9.7%	6.8%	318	41.5%	37.6%
1966~70	1995	25-29	4,138		791			750			225		
	2015	40-44	4,197	-2.5%	595	-29.9%	-28.0%	828	-9.6%	-7.2%	306	15.8%	18.9%
1971~75	1995	20-24	4,304		848			915			264		
	2015	35-39	3,761	-2.7%	452	-38.6%	-36.9%	720	-14.5%	-12.1%	285	8.0%	11.0%
1976~80	1995	15-19	3,863		736			842			264		
	2015	30-34	3,576	-3.7%	399	-38.8%	-36.5%	642	-25.9%	-23.0%	279	-0.8%	3.1%
1981~85	1995	10-14	3,712		652			866			281		
	2015	25-29	3,013	-2.7%	308	-27.0%	-24.8%	518	-27.3%	-25.2%	229	8.9%	12.1%
1986~90	1995	5-9	3,096		421			712			210		
	2015	20-24	2,955	-13.8%	264	-16.7%	-3.4%	533	-2.5%	13.0%	209	32.6%	53.5%
1991~95	1995	0-4	3,427		317			547			158		

구 감소는 고령층에서만 나타나는 것이 아니라 대부분의 코호트에서 나타나고 있었다. 이는 불교 인구 감소에 영향을 미친 요인이 특정 코호트에만 영향을 미친 것이 아니라 전체 코호트에 영향을 미쳤다고 해석할 수 있다. 물론 고령층과 젊은 층을 중심으로 하는 코호트의 감소율이 높고 중장년층의 불교 인구 감소율은 낮게 나타나는 등 코호트나 연령별로 감소율이 다르게 나타나기도 했다. 이는 불교 인구 감소에 영향을 준 요인 가운데 불교 인구 전체에 영향을 미친 요인도 있지만 특정 코호트에 더 강한 혹은 더 약한 효과를 갖게 한 요인이 있었음을 의미한다. 이에 관해서는 앞으로의 연구를 통해 밝혀야 할 필요가 있어 보인다.

천주교 인구는 대부분의 코호트에서 실질변화율이 높게 나타났다. 천주교 인구 증가율은 노인층에서 더 높게 나타났다. 2015년 조사 당시 60대 이상의 고령 코호트별 실질변화율을 살펴보면 1931-35년, 1936-40년, 1941-45년, 1946-50년 코호트는 각각 68.9%, 62.8%, 44.6%, 31.2%의 증가율을 보였다. 2015년 조사 당시 20대와 30대였던 1976-80년, 1981-85년, 1986-1990년 코호트는 각각 11.0%, 3.1%, 12.1%의 증가율을 보였다. 여기서 볼 수 있는 것과 같이 천주교에서는 젊은 층에서도 신자 수가 증가한 것으로 나타났다. 물론 고령층에 비해서는 낮은 수치였지만 젊은 층에서도 신자 수가 늘어났다는 것은 주목할 만한 현상이다.

개신교에서는 노년층 신자 수는 증가했지만 젊은 층 신자 수는 감소한 것으로 나타났다. 개신교 코호트에서 2015년 조사 당시 70대와 80대였던 1931-35년, 1936-40년 코호트의 실질변화율은 각각 39.3%와 31.9%였다. 하지만 65세 미만 연령층에서는 신자 수가 감소했다. 개신교 인구는 1995년에서 2015년 사이 고령층에서는 신자 수가 증가했고 젊은 층에서는 감소한 것이다. 고령층을 중심으로 살펴보면 개신교와 천주교에서는 신자 수가 증가했지만 불교에서는 감소했다. 천주교와 개신교를 비교해보면 천주교 고령층의 신자 증가율이 개신교보다 높은 것으로 나타났다. 젊은 층을 기준으로 살펴보면 1995년과 2015년 사이 천주교에서만 신자 수가 증가했고 불교와 개신교에서는 젊은 층 신자 수가 감소한 것으로 나타났다.

〈표 5〉는 1985년에서 2015년 사이 30년 동안 코호트별 종교 인구의 변화를 보여주고 있다. 주목할 만한 것은 1950년 이전에 출생한 코호트의 2015년 불교 인구는 1985년보다도 감소한 것으로 나타난다는 것이다. 이는 노인층 불교 인구는 1985년 수준보다도 더 감소했다는 것을 의미한다. 반면 1951-55년, 1956-60년, 1961-65년, 1966-70년 코호트는 2015년 불교 인구가 1985년보다는 높은 수준인 것으로 나타났다. 〈표 4〉에서 봤던 것처럼 1995년과 2015년 사이 20년 동안의 변화율에서도 이 코호트의 감소율은 고령층이나 젊은 층보다 낮은 수준이었다. 이는 앞에서 설명한 것처럼 불교 인구 감소에 영향을 미친 요인이 고령층과 젊은 층을 중심으로 더 강하게 나타났다는 것을 의미한다. 그러나 고령층과 젊은 층에서 나타난 불교 인구 감소 요인이 동일한 것인지 아니면 다른 것인지는 좀 더 따져봐야 할 것이다.

개신교는 2015년 신자 수를 1985년과 비교했을 때 모든 코호

〈표 5〉 1985년과 2015년 코호트 집단별 종교인구 변화

(단위: 천 명, %)

출생연도	연령	시점	계	인구변화율	불교	불교 명목변화율	불교 실질변화율	개신교	개신교 명목변화율	개신교 실질변화율	천주교	천주교 명목변화율	천주교 실질변화율
1931 ~35	80-84	2015	806	-52.5%	194	-63.6%	-23.4%	175	-18.6%	71.4%	81	14.0%	140.2%
	50-54	1985	1,696		533			215			71		
1936 ~40	75-79	2015	1,350	-35.4%	355	-45.0%	-14.8%	283	-2.4%	51.6%	131	39.3%	115.7%
	45-49	1985	2,089		645			289			94		
1941 ~45	70-74	2015	1,758	-19.6%	472	-27.6%	-10.0%	366	5.4%	31.2%	170	49.8%	85.5%
	40-44	1985	2,188		652			347			114		
1946 ~50	65-69	2015	2,107	-18.4%	553	-20.8%	-2.9%	439	-4.1%	17.5%	212	45.0%	77.9%
	35-39	1985	2,581		698			458			146		
1951 ~55	60-64	2015	2,750	-11.7%	710	-3.6%	9.2%	560	-0.1%	13.3%	277	57.3%	78.2%
	30-34	1985	3,115		736			560			176		

1956~60	55-59	2015	3,853	-5.3%	908	13.9%	20.2%	754	10.5%	16.7%	361	73.8%	83.3%
	25-29	1985	4,070		798			682			208		
1961~65	50-54	2015	4,130	-2.7%	844	13.1%	16.3%	771	2.0%	4.8%	338	71.6%	76.3%
	20-24	1985	4,245		746			756			197		
1966~70	45-49	2015	4,249	-1.6%	720	6.1%	7.8%	823	5.7%	7.5%	318	71.4%	73.7%
	15-19	1985	4,316		679			778			186		
1971~75	40-44	2015	4,197	-6.2%	595	-6.9%	-0.7%	828	2.0%	8.8%	306	50.2%	59.9%
	10-14	1985	4,476		639			811			204		
1976~80	35-39	2015	3,761	-4.0%	452	3.4%	7.7%	720	5.9%	10.3%	285	64.0%	70.6%
	5-9	1985	3,916		437			680			174		
1981~85	30-34	2015	3,576	-3.4%	399	41.1%	46.0%	642	62.9%	68.7%	279	138.7%	146.9%
	0-4	1985	3,703		283			394			117		

트에서 개신교 신자가 늘어난 것으로 나타났다. 하지만 고령층의 증가율이 높게 나타났고 젊은 층의 증가율은 미미한 것으로 나타난다. 젊은 층의 증가율이 높지 않은 상황에서 2015년까지 개신교 인구가 늘어난 것으로 나타난 것은 개신교의 고령화 현상이 중요한 역할을 했음을 보여주고 있다.

천주교는 모든 연령층에서 높은 성장률을 기록한 것으로 나타났다. 특히 고령층에서의 성장률은 개신교보다도 높은 수준이었다. 개신교가 고령층 전도에서 좋은 성과를 냈다고 할 수 있지만 천주교는 개신교보다 더 높은 성장률을 기록했다. 더불어 천주교는 젊은 층에서도 높은 성장률을 기록한 것으로 나타났다. 개신교와 비교해보면 개신교에서 1960년 이후에 태어난 코호트의 증가율은 10%를 넘는 경우가 거의 없지만 천주교에서는 1960년 이후에 출생한 코호트에서도 대부분 60% 이상의 높은 성장률을 기록한 것으로 나타났다. 이는 개신교 고령층의 증가율보다 높은 수준이었다. 이 연구에서는 1985년 이전의 종교 인구 변화에 대해서는 다루고 있지 않지만 다른 연구를 통해 볼 때 1985년까지 천주교를 비롯해 불교와 개신교도 빠르게 성장해왔다고 할 수 있을 것이다. 그러나 1995년 이후 불교는 대부분의 코호트에서 감소세를 보였고 개신교도 1995년 이후에는 고령층 코호트에서는 인구가 증가했지만 젊은 층 코호트에서는 인구가 감소하기 시작했다. 반면 천주교는 대부분의 코호트에서 빠른 성장세를 유지하고 있었다. 특히 천주교에서는 젊은 층 코호트에서도 성장세를 나타내고 있었다는 것은 앞으로 종교 인구 변화 연구에서 주목해봐야 할 부분이라고 할 수 있을 것이다.

4. 나오는 글

이 글에서는 1985년 이후 인구센서스를 통해 실시된 4번의 종교 인구 조사 결과를 바탕으로 한국의 종교 지형이 어떻게 변화했는지 살펴보았다. 이 연구에서는 통계청에서 제공하는 자료를 중심으로 연령 기준에 따라 5년 단위로 출생코호트를 분류한 후 코호트별 종교 인구 변화를 분석했다. 각 종교의 코호트별 명목변화율과 실질변화율을 살펴봄으로써 자연증감률이나 사회증감률로 인해 나타난 변화와 포교나 종교이탈 등 종교요인으로 인해 나타난 변화를 구분하여 1985년 이후 30년 동안 나타난 변화를 살펴보았다.

이 연구의 분석 결과 불교 인구는 전체 인구수를 기준으로 2005년 인구수가 가장 많았지만 코호트별로는 1995년에 불교 인구가 가장 많았던 코호트도 있었던 것으로 나타났다. 2015년 불교 인구는 고령층의 경우 1985년 수준보다도 낮았던 것으로 나타났다. 종교사회학 이론에서는 나이가 들면서 종교를 갖게 되는 경향이 있다고 보고 있는데 불교 고령층에서 나타나는 종교 인구 감소 현상은 이러한 경향과 반대되는 흐름을 보여주는 것이라고 할 수 있다. 개신교와 천주교에서는 불교와 달리 고령층 신자 수가 증가한 것으로 나타났다. 불교에서는 젊은 층 신자도 감소한 것으로 나타났는데 이러한 현상은 개신교에서도 비슷하게 나타났다. 하지만 천주교에서는 불교나 개신교와 달리 젊은 층 신자가 증가한 것으로 나타났다. 종합해 보면 1985년 센서스에서 종교 인구를 조사한 이후 가장 많이 성장한 종교는 천주교라고 할 수 있다. 개신교도 여전히 증가세를 보이고 있지만 이는 개신교의 고령화 현상에 힘입은 것이라고 볼 수 있다. 불교는 고령층과 젊은 층에서 모두 감소 현상이 나타나고 있었고 중장년층에서는 그나마 감소폭이 적은 것으로 나타났다.

이러한 결과는 대체로 두 가지 흥미로운 사실을 보여주고 있다. 한 가지는 앞에서 설명한 것과 같이 천주교와 개신교에서는 고령층의 종교화 현상이 나타나고 있는 반면 불교에서는 고령층의 종교 이탈 현상이 나타나고 있다는 것이다. 이는 나이가 들수록 종교를 갖게 될 가능성이 높아진다는 종교의 연령효과가 천주교와 개신교에서는 나타나고 있지만 불교에서는 나타나지 않고 있다는 것을 의미한다. 물론 이를 두고 실제로 나이든 분들이 개신교과 천주교 신앙을 갖게 되고 불교 신앙을 포기했다고 해석할 수 있는지에 관해서는 좀 더 많은 논의가 필요하다. 왜냐하면 우리나라에서 노인들을 위한 복지 제도가 잘 갖추어져 있지 않고 노년층의 빈곤화 현상이 심화되고 있는 상황에서 노인들에 대한 돌봄 서비스를 더 잘 제공해주는 곳으로 종교를 옮길 가능성이 있기 때문이다. 이 부분에 관해서는 실제로 노년층에서 종교 이동 현상이 나타나는지, 나타나고 있다면 그 이유는 무엇인지 등에 관해 좀 더 자세한 조사를 해볼 필요가 있다.

불교에서 이탈한 노인들은 어떤 사람들이며 왜 불교에서 이탈했는지, 개신교나 천주교를 택한 노인들은 누구이며 왜 개신교나 천주교를 택하게 되었는지 등에 관해 조사하여 우리나라에서 종교의 연령효과와 다른 현상이 나타나고 있는지, 아니면 실제로 종교를 바꾼 것이 아니라 노인층에 대한 복지 시설이 부족하고 노인 빈곤화 현상이 심화되는 과정에서 돌봄을 잘 제공하는 종교를 선택한 것일 뿐인지 등에 관해 조사해 볼 필요가 있는 것이다.

다음으로 불교와 개신교에서는 젊은 층 신자 수가 감소한 것으로 나타난 반면 천주교에서는 젊은 층 신자 수도 증가한 것으로 나타났다는 것도 흥미로운 사실이다. 2015년 인구센서스 조사 결과 종교 인구가 감소한 것으로 나타나자 가장 먼저 등장한 개념이 '탈종교화' 현상이었다. 탈종교화는 더 이상 종교에 의지하지 않는 사람이 늘고 있다는 것을 의미하는데 특히 젊은 층을 중심으로 탈종교화 현상이 나타나는 것으로 알려져 있다. 이런 점에서 불교나 개신교에서 젊은 신자 수가 감소하는 것은 탈종교화 이론과 일치한다. 그러나 천주교에서 젊은 신자 수가 늘어나고 있는 것은 탈종교화 현상과 반대되는 모습이다.

물론 천주교에서도 젊은 신자의 증가율이 노인 신자의 증가율보다 낮기 때문에 이런 점에서 천주교에서도 탈종교화 현상이 나타나고 있다고 볼 수 있다. 하지만 젊은 신자 수가 늘어나고 있다는 점에서는 여전히 탈종교화와 반대되는 현상이라고 봐야할 것이다. 따라서 이에 관해서는 앞으로 추가 조사를 실시할 필요가 있을 것으로 보인다. 젊은 신자들이 불교와 개신교에서 이탈하는 이유는 무엇인지 알아보고 실제로 탈종교화 현상이라고 부를 만한 현상이 나타나고 있는지 알아볼 필요가 있는 것이다. 더불어 천주교 젊은 신자 가운데 최근에 새로 입교한 사람을 대상으로 이들이 천주교에 새롭게 입교한 이유는 무엇이며 그들의 특성이 무엇인지 조사해볼 필요가 있다. 이들이 무종교인이었다가 천주교에 입교한 것인지 아니면 개신교나 불교 등 다른 종교 신자였다가 천주교로 옮긴 것인지 등에 관해 알아보고 그 이유는 무엇인지 등에 관해 연구를 진행할 필요가 있는 것이다.

이 연구에서는 2015년 인구센서스 조사 결과 나타난 종교 인구 변화를 코호트를 중심으로 다시 살펴보았다. 2015년 종교 인구 조사 결과가 나온 이후 불교 인구와 천주교 인구가 감소하고 개신교 인구는 증가한 것으로 보는 해석이 다수를 이루었다. 따라서 불교인구와 천주교 인구가 감소한 이유를 제시하거나 개신교 인구가 증가한 이유를 설명하는 논의들이 많이 나타났다. 그러나 인구센서스 종교 인구 조사 결과를 출생 코호트별로 분류하고 명목변화율과 실질변화율을 계산해본 결과 이전의 해석과는 약간 다른 해석이 필요하다는 것을 알 수 있었다.

코호트를 중심으로 살펴본 결과 불교 인구는 고령층과 젊은 층에서 모두 감소한 것으로 나타났고 개신교 인구는 젊은 층에서 감소한 것으로 나타났지만 고령층에서는 증가한 것으로 나타났다. 천주교 인구는 고령층과 젊은 층에서 모두 증가한 것으로 나타났다. 이는 우리나라 종교 지형에서 탈종교화 현상이 나타나고 있기도 하지만 탈종교화로 우리나라 종교 지형의 변화를 모두 설명하기는 힘들다는 점도 보여주고 있다. 물론 이러한 변화들은 종교성의 변화와 관련된 것일 수도 있고, 종교 소속의 변화만을 의미하는 것일 수도 있으며 종교 실천과 관련된 변화일 수도 있을 것이다. 이러한 질

문에 관한 답은 센서스 조사 결과만을 갖고 답하기는 힘들기 때문
에 앞으로 다양한 연구를 진행하여 이러한 변화가 의미하는 것이
무엇인지 좀 더 자세히 살펴볼 필요가 있을 것이다.

참고문헌

강한. 2016. "통계청 조사, 천주교 인구 크게 줄어." 『가톨릭뉴스 지금여기』(2016년 12월 20일).

김지범 외. 2019. 『한국종합사회조사 KGSS 2003-2018』. 서울: 성균관대학교 출판부.

김진호. 2017. "종교인구 문제의 '황당함'과 '곤혹스러움'—개신교를 중심으로."(2015 인구센서스 종교인구조사결과 3대종교 특별토론회 자료집)

김현준. 2017. "만연한 시대에 종교인구 감소와 종교의 위기를 말한다는 것"(2015 인구센서스 종교인구조사결과 3대종교 특별토론회 자료집)

목회사회학연구소. 2016. "잃어버린 개신교인 200만을 찾아서." 『뉴스앤조이』(2016년 12월26일)

박문수. 2017. "『2015년 인구주택총조사 표본 집계』 천주교 분석보고서."(2015 인구센서스 종교인구조사결과 3대종교 특별토론회 자료집)

박수호. 2017. "종교인구 감소와 불교계의 대응 방안 모색을 위한 고려 사항."(2015 인구센서스 종교인구조사결과 3대종교 특별토론회 자료집)

변상욱. 2017. "개신교 증가의 이면상황을 직시하자: 교계상황과 이단문제."(특별포럼 개신교는 과연 약진했는가 자료집)

오지섭. 2017. "『2015년 인구주택총조사 표본 집계』 천주교 분석보고서에 대한 논평."(2015 인구센서스 종교인구조사결과 3대종교 특별토론회자료집).

유승무. 2017. "'교계의 대응방안 모색을 위한 고려사항'에 대한 토론문."(2015 인구센서스 종교인구조사결과 3대종교 특별토론회 자료집)

윤승용. 2017. "2015 인구센서스의 종교인구 변동이 던지는 의미와 과제."(2015 인구센서스 종교인구조사결과 3대종교 특별토론회 자료집)

이원규. 1997. "한국교회의 성장과 그 둔화 요인에 대한 사회학적 고찰." 『신학과세계』. 34: 145-186.

임영빈. 2019. "한국 종교 인구 변화에 관한 코호트 분석." 『현상과인식』. 43(4): 123-150.

임영빈 · 정재영. 2017. "한국 무종교인에 관한 연구: 무종교인과 탈종교인의 분화를 중심으로." 『종교연구』. 77(2): 65-93.

정재영. 2014. "최근 신구교 신자변동의 현황과 그 원인에 대한 종교사회학적 고찰." 『기독교사상』. 670: 42-49.

_____. 2017. "인구센서스에 나타난 종교 인구 변동의 의미: 한국의 종교 상황 이렇게 변하고 있다."(특별포럼 개신교는 과연 약진했는가 자료집)

최현종. 2010. "종교 인구에 대한 센서스 결과 분석."『신학과 실천』. 24(2): 371-397.

_____. 국가통계포털 〈http://www.kosis.kr/〉.

_____. 2007. "시도/연령/성별 종교인구."『인구총조사』(통계포털 2007).

통계청. 2016. "2015 인구주택총조사 표본 집계 결과: 인구·가구·주택 기본특성항목."(통계청 보도자료 2016.12.19.)

한국갤럽. 2015.『한국인의 종교 1984-2014』. 한국갤럽.

한국인구학회. 2009. "등록센서스 기법개발 연구."(통계청 용역보고서 2009)

홍사성. 2017. "2위 종교가 된 불교의 앞날."『불교평론』. 69.

2장

청년 신자들의 탈종교 현상에 대한 일 고찰:

서울 중심지역 종교 기관(회중)들을 중심으로

송재룡

영국 브리스톨대 사회학과에서 석사와 박사를 받았다. 현재 경희대학교 사회학과 교수로 재직 중이다. 주로 자유주의적 공동체주의 전망에서 종교, 문화, 윤리, 자아 등의 주제를 다루며, 저서로는 『포스트모던 시대와 공동체주의』가 있으며, 『종교와 사회진보』(공저) 등이 있으며, 찰스 테일러의 『현대 종교의 다양성』과 펑강 양의 『중국의 종교』(공저)를 우리말로 옮겼다. 최근 주요 논문으로, "Why Young Adult Believers are Turning Away from Religions: With a Focus on Religious Congregations in Downtown Seoul"; "The Korean Christianity and Civic Engagement: A Theoretical investigation"; "상호존재신론에서 보는 기도와 영성: 새로운 종교이해 전망을 위한 시론(공저)", 그리고 "유교와 기독교의 초월 지평 비교: '좌광두'와 '토마스 모어'의 종교적 삶을 통해 본" 등이 있다.

청년 신자들의 탈종교 현상에 대한 일 고찰:

서울 중심지역 종교 기관(회중)들을 중심으로[1]

1. 머리말: 연구 관심과 조망

통계청이 2015년 발간한 '인구주택총조사'에 따르면,[2] 한국 전체 인구 중에서 종교를 가진 사람은 전체 인구의 43.9%에 달한다. 반면, 종교를 가지지 않은 무종교인(non-religiosity)은 56.1%로, 2005년 인구주택총조사의 47.1%에서 크게 증가한 것으로 나타난다. 무종교인의 증가 추세는 특히 청년들에게서 뚜렷하게 나타난

---

1) 이 글은 필자의 논문 "Why Young Adult Believers are Turning Away from Religions: With a Focus on Religious Congregations in Downtown Seoul"(Religions, 10(9), 497: 1-27)을 한국어로 옮겨 줄이고 고친 것이다.

2) 통계청(http://kostat.go.kr/portal/korea/index.action)

다. 아래 표에서와 같이, 전국 단위의 KGSS 조사에 의하면,[3] 2000
년대 초반 이래 청년(18 - 39세)들 중에서 종교가 없다고 답한 사람
들의 숫자가 점증적으로 높아지는 추세에 있음을 보여준다. 아래의
그림 1과 2는 모두 청년층 무종교인의 숫자가 '점진적이지만 뚜렷
하게' 증가하는 추세를 보여주고 있다.

〈그림 1〉 전국 청년(18-39세)들의 종교인 대 무종교인 현황 및 추세 : 2003-2016

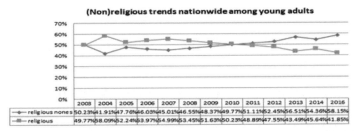

Source: KGSS 2003~2016

〈그림 2〉 수도권 청년(18-39세)들의 종교인 대 무종교인 현황 및 추세: 2003-2016

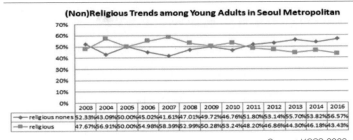

Source: KGSS 2003~2016

---

3) Korean General Social Survey (http://kgss.skku.edu).

최근 다양한 사회적 배경에서 청년들이 왜 종교로부터 돌아서고 있는지에 대한 사회학적 연구들이 활발하게 이뤄져 왔다(Fischer and Hout, 2006; Giordan, 2010; Mason et al., 2007; Woodhead, 2017). 통상 종교사회학자들은 청년들의 종교성의 부침을 근대화, 개인화, 지구화 사이의 상호작용, 그리고 이들과 다른 주요 변수들 간의 연관 관계에 초점을 맞추는 경향이 있다. 대부분의 연구 결과들은 청년들의 삶이 핵심적으로 포스트모던 상대주의, 개인화, 지구화, 상업자본주의 등과 같은 최근 사회 · 문화적 상황과 조건에 의해 영향을 받고 있음을 주목하고 있다(Collins-Mayo, 2012; Fulton, 2000; Hoge, 2001; Woodhead, 2017).

이러한 관점은 퍼트남과 캠벨의 최근 연구에도 나타나 있다. 퍼트남과 캠벨은 세대 분석을 통해 지난 반세기 동안 미국사회에서 이뤄진 종교적 궤적을 탐색했다(Putnam and Campbell, 2012). 저자들은 1990년대 이래 미국 청년세대 중 4분의 1에 해당하는 "종교 없음"이라 응답한 청년들이 급증한 핵심 요인으로 포스트모던 문화상대주의에 영향을 받은 '세대 변화'와 밀접하게 관련되어 있다고 본다. 이들은 무종교인 청년들은 특히 낙태나 동성결혼 등의 이슈와 관련해 종교의 보수적인 정치 관념으로부터 부정적인 영향을 받는다고 보고 있으며, 그것이 정치에 대한 혐오감으로 이어지고, 그 결과 종교를 거부하게 만들었다고 주장한다(op. cit., 91 - 133).

이들의 연구는 의심의 여지없이 현대 사회에서 청년층의 반종교적 성향을 초래하는 거시적 요인들의 영향력을 설득력 있게 포착하고 있다. 하지만 이러한 거시 요인들만으로 왜 청년 신자들이 자신들의 신앙이나 종교를 외면하고 있는지를 깊이 있게 규명하는 것은 불충분해 보인다. 이러한 맥락에서 한국의 문화적 경향성(cultural disposition) 및 이와 연관된 한국의 종교 경제를 둘러싼 심층적이고 다차원적인 요인들을 깊이 있게 이해하기 위해서는 거시적 분석 방법에의 의존을 벗어나 좀 더 미시적인 관점에서 접근할 것이 요구된다.

최근 종교를 떠나는 개신교 청년신자들의 숫자의 변화 추이에 대한 보웬의 현장 연구는 이와 같은 미시적 접근의 예를 잘 보여준다(Bowen, 2010). 보웬은 자신의 저서『Growing Up Christian』에서 청년들이 교회를 떠나는 이유는 기본적으로 교회나 예배장소에서의 활동들을 통해 마주하는 경험들이 전반적으로 불만족스럽기 때문이라고 주장한다. 특히, 다양한 사회 이슈와 전망들에 대한 포용과 관용의 부족, 공공선을 실천하기 위한 참여정신의 부족, 예배 활동에 있어서 변화를 수용하는 혁신적 노력의 부족 등이 청년 신자들로 하여금 자신의 교회와 신앙으로부터 단절된 느낌을 갖게 만든다는 것이다.

비슷하게, 전세훈은 한국의 배경에서 왜 점점 더 많은 젊은 그리스도교인들이 신앙에 대한 흥미를 잃고 교회를 떠나고 싶어 하는지에 대한 네 가지 이유를 밝힌 바 있다. 그는 한국의 강박적 교회들이 일반적으로 갖는 성공지상주의(success supremacism), 사사화된(privatized) 믿음, 배타성, 권위주의 등과 같은 구조적 요인들을 그 배경적 요인으로 주목한다(전세훈, 2017). 전세훈은 이 네 가지 요인들 중에서 '권위주의적 요소'가 실질적으로 한국의 교회들로 하여금 혁신을 추구하는데 가장 큰 방해가 되고 있다고 주장한다. 실제로, 교회 공동체 전반에 스며있는 권위주의는 청년 신자들의 권리 대부분은 인정하지 않고 의무만을 강조하는 분위기를 조성함으로써 비민주적 환경을 구성한다. 그러한 환경은 젊은 신자 세대를 위한 쌍방향적이고 민주적인 의사소통 환경을 조성하는 것을 어렵게 한다. 이와 같은 교회공동체의 상황과 조건은 젊은이들이 자신들 교회의 의사결정 과정에 자유롭고 적극적으로 참여하는 것을 방해한다.

키네먼은 미국의 개신교 청년신자들의 비종교적 경향을 이해하기 위해 미시적 접근을 시도했다. 키네먼은 심층면접 방식을 통해 왜 개신교 청년 신자들이 자신들의 교회에 좌절하고 신앙을 잃은 채 교회공동체로부터 멀어지게 되는지를 검토했다(Kinnaman, 2011). 키네먼은 이들 개신교 청년 신자들을 '유목민(nomads)', '망명자(exiles)', '탕자(prodigals)'라는 세 유형으로 나누어, 이 청년 신자들이 교회를 과잉 보호적이고, 깊이가 없으며, 비과학적이고, 지나치게 판단적이고, 배타적이며 무비판적인 곳으로 여긴다는 사실을 주목했다(Kinnaman, 2011: 95 – 199).

특히, 키네먼은 청년 신자들이 왜 교회를 위의 여섯 가지 부정적인 특질들로 바라보는지 말해주는 두 가지 문화적 배경 요인을 주목한다. 하나는 21세기를 살고 있는 청년들을 바라보는 미국 사회의 전통적 시각이며, 다른 하나는 교회가 청년 세대를 대하는 톱다운(top-down) 방식의 위계주의적 접근방식이다. 키네먼은 대부분의 미국 교회들이 청년들의 삶의 여정과 그에 관한 질문들이 보편적이고 인습적인 '전통적' 청년의 전형을 따르는 것을 최고로 여기는 경향이 있다고 본다. 하지만 오늘날의 많은 청년들은 더 이상 집을 떠나 교육을 받고, 일자리를 구하고, 결혼하여 새로운 가정을 꾸리는 등의 전형적이고 익숙한 방식의 인생 경로에 얽매이고 싶어 하지 않는다. 마찬가지로, 많은 교회들은 젊은 세대 신자들을 대할 때 모든 세대의 이해관계에 열려있는 진정한 신앙인 공동체를 만들려하기 보다는 계속해서 전통적인 톱다운 방식의 접근에 의존하고 있다.

이상의 전세훈과 키네먼의 접근방법은 모두 교회 공동체의 '문화적 경향성'을 구성하는 많은 요소들과 이것이 종교경제(religious economy)의 구조에 미치는 영향에 초점을 맞춘다. 이는 본 글의 주제와 관하여 중요한 함의를 갖는다.

위 논의들의 가능성과 한계들을 염두에 두면서, 이 글은 서울 중심지역의 종교 기관(회중)에 소속된 청년 신자들의 신앙의 부침 과정에 대해 검토하고자 한다. 먼저, 특히 자신들이 소속되었던 종교 회중(기관)을 떠나 신앙에 대해 재고하거나 아니면 신앙을 완전히 버리게 되는 청년 신자들의 수가 늘어나는 현상에 초점을 맞춘다. 다음으로, 이들 청년 신자들이 왜 자신의 소속 회중을 떠나기로 결심했는지, 각 회중들은 청년 신자들의 이탈로 인해 야기된 변화에 어떻게 대응하고 있는지, 그리고 회중 공동체는 이러한 문제적 상황에 대처하기 위한 그 어떤 혁신적 시도들을 마련하고자 노력하는지의 여부를 살펴본다. 이를 위해 필자는 서울 중심가에 위치한 '영락교회', '성공회 서울대성당', '명동 대성당', '불광사', '천도교 중앙대교당' 등 다섯 군데의 대표적 종교 기관을 대상으로 삼았다.

앞서 언급한 것처럼, 이 연구는 종교경제론에 기본 토대를 두고 있다. 어느 사회에서나 흔히 발견되는 종교 기관들이 자체의 신자들을 유지하기 위해 노력하는 현상은 경쟁적 생태계의 논리를 반영한다. 경제영역에서 고객을 유치하기 위해 사업가들이 경쟁하는 것처럼, 종교 기관들도 신자를 끌어들이기 위해 경쟁한다. 때문에 신자가 많다는 것은 통상 그 종교 조직의 성공여부를 측정하는 척도로 여겨진다. 이러한 경쟁의 과정에서 초점은 거시적으로 공급 측면에서의 변화에 맞춰진다.

하지만 한국적 상황에서 여러 종교들 사이의 경쟁과 혁신이라는 주제와 관련해 결코 간과하지 말아야 할 또 다른 측면이 있다. 위의 전세훈과 키네먼의 접근방법들이 함의하고 있듯이, 이러한 측면에 대한 이해는 문화현상에 대한 사회학적 이해와 연관된 전망과 밀접하게 관련되어 있으며, 따라서 사회의 집합적 차원에서 작동하는 문화적 경향성에 초점을 맞추게 된다. 이 차원은 종교경제에서의 신앙인들을 원자론적 개인이 아닌 문화적 영향 하에 있는 집합적 존재로 이해한다는 점에서 아주 중요하다. 이러한 접근은 '종교적 공급' 측면에 우선순위를 둠으로써 '종교적 수요' 측면의 원천과 배경으로서 '문화적' 차원의 중요성에 관심을 덜 기울이는 종교경제론의 한계를 보완해 준다(송재룡, 2013). 이 문제에 대해 아래에서 본격적으로 다뤄보기로 한다.

2. 종교경제론과 이에 대한 보완적 관점들

　기존의 사회학 연구들은 청년들의 종교성(그리고 비종교성)에 영향을 미치는 종교 간 또는 각 회중 간의 내재적 요인들을 충분히 주목하지 않아왔다. 특히, 종교 간 또는 회중 간에 일어나는 경쟁과 혁신, 그리고 영적인 성장에 대한 연구는 별로 없었다. 종교경제론은 종교 시장의 경쟁적 조건이 실물시장에서의 양질의 상품과 같이 양질의 '상품공급'을 제공하고, 이러한 상품들이 종교 구매자들에게 더욱 매력적으로 다가가게 된다고 가정한다. 또한 그러한 상황 하에서 종교 간 또는 회중 간 경쟁은 잠재적 종교 구매자들의 종교적 참여를 자극하고, 이것이 종교와 회중들의 생존 또는 부흥을 가져온다는 것이다(유광석, 2014; 이정연, 2014; Finke and Stark, 1992; Inglehart and Norris, 2007: 254 - 55; Lechner, 2007; Stark, 2006: 47 - 68; Stark and Finke, 2000: 193 - 258).

　종교경제론은 인간의 종교적 수요가 역사적으로 일정하게 유지된다고 가정한다. 이 개념은 종교 시장에서 '수요' 요인이 아닌 '공급'이 결정적인 요인이라고 본다는 점에서 일명 '공급측면 이론'으로도 일컬어진다. 때문에 종교 시장의 특성은 그 '공급 측면의 변화'에 의해 결정된다. 다시 말해, 공급 측면의 변화들은 연령과 사회와 같은 변수들에 따라 달라진다는 것이다. 예컨대, 국가에 의해 종교가 규제되는 사회적 환경에서는 다양한 종교적 수요를 충족해 줄 수 있는 자유로운 종교 시장이 만들어지기 어렵게 되며, 결과적으로 종교의 활성화가 난망해 질 것이다. 반대로, 국가에 의해 종교가 규제 받지 않는다면, 다양한 종교적 수요를 충족하는 종교시장이 만들어질 것이고, 종교들은 더 많은 신자들을 끌어들이기 위해 다른 종교들과 경쟁하면서 활성화될 것이다. 종교경제론의 핵심 명제는 '종교간 경쟁이 있는 곳에 종교의 번성이 있다'는 것이다. 달리 말하면, '경쟁이 없는 곳에서 종교는 쇠퇴 한다'는 것이다.

하지만 이러한 명제에 반하는 종교 현상들이 있다. 심지어 독점적인 조건에서도 어떤 종교들이 쇠퇴하기는커녕 번성하는 상황이 존재한다. 이에 대한 전형적 예는 중동의 무슬림 국가들에서 발견되는 바, 주지하듯이 여기서는 이슬람교가 독점적이면서도, 곧 경쟁 제로의 상황임에도 이슬람교가 배타적으로 번성하고 있다. 다른 예는 이탈리아, 아일랜드, 폴란드와 같은 유럽 가톨릭 국가들과 콜롬비아, 베네수엘라, 브라질과 같은 남미 가톨릭 국가들의 경우다. 이곳에서 가톨릭은 거의 독점적인 지위를 누리면서도 매우 강력한 종교성을 유지하고 있다(송재룡, 2013: 120-121; Norris and Inglehart, 2004: 12).[4] 여하튼 이러한 사례들은 공급측면 이론이 현실 상황에서 대면하고 있는 한계나 난점들을 보여준다.

이에 더하여, 종교경제론이 갖는 개념적 혹은 이론적 한계에 관한 논의들도 있다(Bush, 2010; Chen, 2014; Stolz, 2006). 종교 상징체계에 대한 개념에 기초해, 스톨츠는 종교를 다양한 유형의 종교적 재화를 제도화하는 것으로 본다. 그에 의하면, 대부분 개인적

---

4) 2011년 현재 이들 국가들의 종교 현황을 보면 가톨릭이 독과점적 위상을 보인다. 가톨릭 대 여타 종교의 비율은 각각, 이태리 97:3; 아일랜드 94:6; 폴란드 97:3; 베네수엘라 85:15, 그리고 브라질 70:30 으로서, 이 현황은 2020년 현재도 동일하다(Pew Forum on Religion & Public Life, 2011).

및 사회적 종교 재화로 이뤄진 다양한 형태의 종교 재화들이 있다. 이러한 다양한 종교 재화들이 자신들이 생산되고 교환되고 배분되는 시장을 발전시킨다. 이 점에서 스톨츠는 '종교 재화'와 '종교 시장'의 개념이 보다 큰 이론적 도식 안으로 통합되어야 한다고 보면서(Stolz, 2006: 12 - 30), 이렇게 볼 때, 종교사회학자들이 기존의 종교경제론이 간과해 왔던 종교 재화의 생산과 배분의 복합성을 이해할 수 있게 된다고 주장한다.

다른 한편, 종교적 자유시장의 법적 구성요인들을 해부하면서 첸은 종교적 자유시장의 규범적 가치에 관한 심각한 질문들을 제기한다. 그녀는 국교설립금지조항(Establishment Clause)과 자유활동조항(Free Exercise Clause) 등과 같은 다양한 법적 요소들 사이의 복합적 역동성이 '자유 경쟁'의 수준의 다양성에 영향을 미치는 종교 시장의 조건에 실질적으로 영향을 미칠 수 있다고 주장한다(Chen, 2014: 19 - 24). 여기서 첸이 제안하는 것은 종교 경제의 핵심 전제로서의 종교적 자유시장의 개념이 보다 더 보완되고 개선되어야 한다는 것이다.

이러한 차원들을 무시함으로써 통상 종교시장의 그림은 자유롭고 심지어 사전에 결정된 것처럼 그려진다. 이는 종교시장의 '젠더 불일치(gendered discrepancies)'에 관한 부시의 연구에서 명료하게 검토되고 있다. 부시는 여성의 종교 참여와 헌신이 남성보다 월등히 높은 반면, 대부분 종교에서 조장된 젠더 이데올로기는 여성보다 남성의 이해관계에 우위를 두는 경향이 있다는 점을 예리하게 지적한다. 그는 종교경제론이 종교의 공급측면을 결정하는 젠더와 관련된 몇몇 제약적인 요인들을 신중하게 고려하는 데에 실패하고 있다고 주장한다(Bush, 2010: 319-323). 부시는 종교경제론이 종교경제의 공급 측면을 다룰 때 보다 비판적이고 분석적일 필요가 있다고 주장한다.

이러한 지금까지의 모든 비판적 논의들은 종교경제론의 단점을 드러내고 있다. 하지만 이들 모두는 종교 이해의 도구로서의 종교경제론을 전적으로 거부하는 대신에, 그것이 개념적 또는 이론적으로 보완되어야 함을 강조한다. 부시가 강조하듯이(Bush, 2010: 323), 종교 사회학적 이해와 관련해, 그 어떤 종교경제론적 접근도 합리적 선택의 한계와 다양하고 충분한 선택지를 제공하지 못하는 종교적 자유시장 개념의 실패 문제를 더 설득력있게 고찰하기 위해서는 보다 성찰적·비판적일 필요가 있다.

특히, 이러한 종교경제론의 한계 또는 문제점은 특정 사회의 사회·문화적 성격과 관련해 야기되는 것으로 보인다. 이 점은 '종교적 삼중시장'(triple religious market)의 개념적 발상을 통한 양펭강 교수의 종교경제론 비판과 잘 공명한다(Yang, 2006; Yang, 2012). 양펭강의 종교 사회학적 이해는 기본적으로 종교경제론에 기초하고 있으나, 중국의 종교현상에 대한 다층적 분석을 통해 종교경제론을 비판적으로 보완하고 있다. 그는 종교에 대한 서구중심주의의 단선론적 관점에 기초한 공급 중심 종교모델이 중국의 다층적 종교현상을 설명하는 데 한계를 가진다는 점을 주목한다. 이에 양펭강은 야노스 코르나이(Janos Kornai)의 결핍경제(shortage economy) 개념을 따라 종교경제의 수요측면이 공급측면 보다 더 중요하다는 주장을 펼친다.

이 관점을 토대로, 양펑강은 중국 공산당의 종교 억제 정책에서 기인한 종교적 결핍경제의 상황이 종교적 과점시장 구조와 회색시장 상황이라는 비정상적인 확장을 가져왔다고 믿는다.[5] 이 상황은 또한 '유사종교', '준종교', '사이비 종교'로 낙인찍힌 수많은 신종교들이 성장하는 사회 · 문화적 환경의 조성으로 귀결되었다(Yang, 2012: 85 - 122, 123 - 58). 그는 더 나아가 종교적 과점시장 상황이 현대 다원주의 세계에서 점점 더 만연하고 있으며, 이 때문에 다양한 사회에서의 종교-국가 관계와 종교적 변화의 동학을 성찰적으로 이해하기 위해서 (종교적) 과점상황에 대한 사회학적 전망이 적극적으로 적용될 수 있다고 주장한다(윗글, 159 - 79).

양펑강의 종교경제론에 대한 비판적 논의가 중국 및 세계 상황과 연관해 일종의 거시적 수준의 종교 분석을 통해 이뤄진 반면, 한국 개신교 내에서의 종교경쟁의 상태를 미시적으로 검토한 최근의 연구가 있다(이정연, 2014). 이정연의 연구는 한국 개신교의 괄목할만한 성장이 부분적으로 종교 간 또는 교파 간의 경쟁이 아닌 교회 간의 경쟁 면에서 뚜렷하게 이해될 수 있음을 보여준다. 그녀는 도시화 과정이 선교전략, 교육, 종교 시장의 사회적 기능에 직접적인 영향을 미쳤으며, 결국은 이것이 한국 사회의 개신교 종교시

---

5) 양펑강의 삼중 종교시장론에서 '회색 시장' 개념이 핵심이라고 할 수 있다. 회색 시장은 모든 종교적 · 영성적 조직들, 실천가들 및 활동들을 포함한다. 하지만 이들 모두는 모호하고 무정형적 특질 때문에 법적 규제에서도 모호한 회색지대에 속할 뿐만 아니라, 통상의 종교연구 특히 서구중심적 관점에서 개발된 종교경제론의 접근에서도 거의 다뤄지지 않는다(Yang, 2012: 120-21).

장 확장의 핵심 요건이 되었다고 본다. 곧, 도시화 과정과 이에 따른 공간 재조정에 아주 민감하게 반응한 개신교 교회들이 지역 (재)개발, 인구이동, 산업구조 변화에 따라 생겨난 사람들의 일상적인 기본요구를 충족시키기 위한 선교전략을 만들어 내는데 성공했다는 것이다. 특히 이정연은 한국 개신교 교회들이 성(聖)과 속(俗)의 경계를 넘나들면서 복지, 교육, 구제 등의 기본적인 필수 생계수단과 결합된 도시화 과정에서의 새로운 수요를 창출해 냈다고 주장한다 (이정연, 2014: 253 - 54).

이정연의 연구는 두 가지 측면에서 특징적이다. 우선, 이 연구는 종교간 경쟁 또는 국가의 개입 대신에 교회 간 경쟁의 측면을 주목함으로써 종교시장의 '공급 측면' 요인에 대한 설명을 시도한다. 전통적 종교경제론은 일반적으로 종교 간 경쟁과 교파 간 경쟁에 초점을 맞춘다. 하지만 이 연구는 경쟁이 개신교 내 교회들 사이에서 일어날 수 있음을 주목한다. 동시에 이 연구는 비종교적인 세속적 수요들이 종교의 공급 측면에 영향을 미칠 수도 있음을 가정한다. 곧, 일상생활에서 사람들의 일상적 필요에서의 변화가 종교의 공급 측면에서의 변화를 가져올 수 있고, 이는 다시 새로운 종교 수요를 창출할 수 있다는 것이다. 이는 종교 수요 - 이른바 '종교에 대한 욕망' - 는 변함없이 유지된다고 가정하는 종교경제론과 확연히 다른 것이다.

간단히 말해, 이는 한국 사회의 종교적 상황에 대한 보다 성찰적인 이해가 교회 간 또는 회중 간 경쟁에 대한 보다 미시적 차원에서 접근되어야 할 것을 함의한다. 그 결과, 정통 종교경제론에서 강조되는 종교 간 또는 교파 간 경쟁 따위의 거시적 요인들을 분석하는 작업은 더 나은 이해를 성취하는데 효과가 떨어져 보인다고 할 수 있으며, 이러한 연구 결과는 필자의 논문에 중요한 함의를 갖는다.

　하지만 여기에서 한국에서의 종교적 경쟁과 혁신을 살펴보고자 할 때 간과하지 말아야 할 또 다른 측면이 있다. 한국 사회에서 종교의 지배력을 유지시켜주며 생존과 번영의 과정에 지속적으로 영향을 미치는 문화적 경향성의 측면이 그것이다. 이 점은 특히 그리스도교에 있어서 그렇다. 로버트 벨라의 '마음의 습속' 개념과 비트겐슈타인의 '삶의 형식' 개념(Bellah et al., [1985] 1996; Wittgenstein, 1953)에 따를 때, 한국사회는 조선 왕조의 신유학 전통으로부터 전승된 유교적 마음의 습속에 깊은 영향을 받아온 것으로 생각된다(송재룡, 2002, 2009; Ivanhoe and Kim, 2016). 유교적 마음의 습속은 한국인의 집합적 삶을 결정짓는 강력한 '문화적 경향성'을 형성시켰으면서도, 이는 한국인의 정신세계를 위계적 지향성을 갖는 집단적 행동으로 특징지어지는 특정한 '삶의 형식'을 따르도록 추동하는 방식으로 이뤄졌다(송재룡, 2002, 2009; Chae, 2014).

　유교적 마음의 습속, 곧 유교적 문화적 경향성은 사회적 지위, 세대, 젠더 등과 관련하여 위계적이고 권위적인 구조를 형성시켰다. 예컨대, 이는 종교 공동체 내에서 성직자와 평신도, 연장자와 청년, 남성과 여성 사이의 불평등한 위계적 권위 구조로 나타난다. 이는 회중 내에서 '상호 민주적인 의사소통 구조'가 부재하도록 함으로써, 앞에서 말한 개념 쌍에서 후자에 해당하는 집단들이 회중 공동체의 의사결정과정에 적극적으로 참여하지 못하도록 한다.

이러한 견지에서 한국 종교공동체의 '유교적 경향성'의 측면을 염두에 두는 것이 필수적이다. 문화적 맥락에서 유교 문화적 경향성은 다른 종교적 습속들에 대하여 강력한 경쟁자처럼 기능한다. 따라서 한국 문화의 맥락에서 회중 공동체에서의 종교적 삶은 늘 유교 문화적 경향성의 영향을 받고 있다고 할 수 있다. 또한, 이러한 상황은 심지어 현재까지도 한국의 그리스도교 공동체들이 (포스트)모던적 문화 환경이라는 도전과의 대면 상황에서와 마찬가지로 타 종교나 회중과의 경쟁 과정에서 비효율성을 낳는 독특한 종교적 환경을 만들어 내고 있다.

요약하면, 한국의 문화적 맥락에서 종교적 경쟁과 혁신을 살펴보고자 할 때, 이러한 요인들뿐만 아니라, 이들에 지속적으로 영향을 미치는 문화적 경향성에 대해서도 미시적으로 초점을 맞추는 것이 필요하다고 할 수 있다.

3. 연구방법 – 다섯 사례 연구

앞서 언급한 것처럼, 이 연구는 서울 도심지역에 소재한 다섯 개 종교 기관(회중)에 소속된 청년 신자들이 왜 자신의 종교나 회중을 떠나고 있으며, 그들이 소속된 종교 기관은 그렇게 신앙을 잃어가는 청년 신자들에 의해 공유되고 있는 점증하는 욕구불만이나 변화 상황에 어떻게 혁신적으로 대처하고 있는지를 살펴보는 것을 목적으로 한다. 필자는 서울 중심지역에 소재한 '영락교회', '성공회 서울대성당', '명동대성당', '불광사', '천도교 중앙대교당' 등 다섯 개 종교 기관을 선정했다. 이들 종교 기관이 소재한 서울 도심지역은 개신교, 가톨릭, 불교에서부터 전통 자생종교(ethnic religion) 또는 신흥종교에 이르기까지 다양한 종교 기관들이 번성한 일종의 종교적 시장터를 상징한다. 그리고 이들 다섯 개 종교기관은 모두 20세기 초반 또는 중 · 후반 이후부터 현재에 이르기까지 급속하게 이어진 한국적 근대화라는 변화의 물결에 대응하고 또한 그 변화에 부단히 영향을 받아오면서, 현대 한국 종교의 부침의 과정을 각각 그 나름대로 반영하고 공유하고 있다고 생각한다.

본 연구 결과가 보여주는 것은 다섯 개의 종교 기관들 모두 청년 신자들의 탈종교적 현상을 심각하게 받아들이면서 예의주시하고 있으며, 각기 나름대로의 해법을 모색하고 있다는 것이다. 그럼에도 불구하고, 지금까지 청년 신자들을 유지하고 끌어들이려는 노력들은 성공적이지 못했는데, 이는 해당 기관들이 청년신자들이 당면하고 있는 문제의 핵심을 정확히 파악하지 못하고, 따라서 이에 대한 실천적 해법 마련에 실패하는 데에 따른 것이다. 정확히 말해, 청년 신자들의 종교활동 참여 감소 현상에 대한 올바른 대응은 해당 기관(회중)들이 작금의 종교적 변화를 종교적 경쟁상황을 반영하는 상황으로 인식하고 있는지의 여부, 그리고 각 기관들이 마련한 해결 방안들이 실제로 얼마나 '혁신적'인지의 여부와 상관관계를 가지고 있는 것으로 보인다.

필자는 이 지점을 살펴보기 위해 이들 각각의 종교기관에서 일련의 심층 인터뷰를 실시했다. 2016년 1월 14일 '성공회 서울대성당'에서의 인터뷰를 시작으로 동년 8월 3일 '천도교 서울교구'에서의 마지막 인터뷰까지 총 다섯 번의 심층 인터뷰가 실시되었다(표 1 참고). 초점집단 인터뷰 실시 이후에 일부 필요에 따라 전화 또는 이메일을 통한 추가 보완 인터뷰가 이뤄지기도 했다.

인터뷰 구성은 내용상 크게 두 부분으로 이뤄졌다. 전반부는 구조화된 인터뷰 질문법을 사용하여 응답자들의 인구학적 특성과 종교적 혹은 영성적 특성들을 포착하고자 고안되었다. 후반부는 반구조화된 질문법을 통해 청년신자들의 종교참여 감소 추세에 대한 응답자들의 느낌, 생각, 그리고 대처방안에 대한 정보를 모으기 위해 만들어졌다. 질적 연구방법 중 심층적인 내면의 동기, 이유, 그리고 구조들을 분석하기 위해 사용되는 주요 방법론중 하나인 초점집단인터뷰(FGI) 방법론을 따라(Krueger and Casey, 2008), 기관별로 세 명의 응답자들을 선정했다. 한 명은 청년 신자집단의 담당 성직자이고, 다른 두 명은 청년신자 성원이었다.

아래 표에 나타난 대로, 사생활 보호를 위해 각 기관의 응답자의 이름은 각 A, B, C로 표기했다. 천도교 서울교구를 제외하면 각 인터뷰 시간은 두 시간씩을 할당했다. 또한 그림1과 2에 나타난 대로, 각 종교 교세의 패턴과 상태를 조망해보기 위해 전국단위 통계조사인 '한국종합사회조사'와 '한국통계청' 데이터가 활용되었다.

각 기관에서 초점집단 인터뷰를 진행하면서 논의된 중심 주제를 요약하면 다음과 같다.

– 사역의 가치(이념) 지향성: 보수적, 진보적, 자유주의적, 복음주

의적.

- 청년신자 인구의 감소 상황에 대한 기관(회중)의 반응.
- 최근 신앙 양상에 대한 입장: '영적이지만 종교적이지는 않다'

〈표1〉 다섯 종교기관에 대한 초첨집단인터뷰 관련 개요

		영락교회	성공회 서울 대성당	명동대성당	불광사	천도교 중앙대교당
설립		1945년 (함경 직 목사)	1891년	1898년 (가톨 릭 대교구 성 당으로 시작)	1974년 (종로 구 =〉 1982년 송파구 이전).	1860년 ('동학'으 로 시작)
신도숫자		약 60,000 (청년신자: 약 1,000).	약 1,500 (청년신자: 약 50)	약 19,000 (청년신자: 약 100명)	약12,000명 등록. / 매 주 참석자 약 6,000명 (이 중 600-700 명은 주중 방 문자) (청년 신자: 60명)	정확한 통계없음 (전국 약 100,000 명 신자 추산)(청 년신자: 전국 약 1,000명(20-45세)
가치(이념) 지향성		중도 보수/ 복음주의 개 신교	중도적 리 버럴/진보 적 복음주 의 개신교	중도적 리버 럴/진보적 복 음주의 가 톨릭	중도적 복음 주의/리버럴 선교지향	수동적 중도 / 보 수적 자생종교
초점 집단 인터 뷰	응 답 자	청년회 담당 목사 A / 전 청년회 회장 B(여성) 및 현 청년회 부회 장 C(남성)	청년회 동 행사제 A / 청년회 회 장 B(여성) 및 청년회 부회장 C(남성)	서울대교구 청년국 국장 A(사제) / 대 성당 중고등 부 담당 사제 B / 청년회 담 당 사제 C	청년회 지도 법사 A / 청 년회 회장 B (남성)	천도교 본부 청 년회 사무총장 A(여성)
	일 시 및 장 소	0000년 1월 21일. 영락기 도원	0000년 1 월 14일. 사 제관	0000년 7월 20일. 대교 구관	0000년 4월 9일. 지도법사 사무실	0000년 8월 3일. 천도교 수운회관

(SBNR: Spiritual But Not Religious) 혹은 '소속 없는 신앙'
(BWB: Believing without Belonging).[6)]

- (유교적) 문화적 경향성에 대한 인지여부.
- 종교적 경쟁과 혁신에 대한 인지여부.

4. 데이터 분석 및 결과

데이터 분석은 위에서 언급한 각 기관들의 현재 종교적 변화 상황에 대한 반응과 그들의 경쟁과 혁신에 관한 이해에 관하여 네 가지 주요 주제를 담고 있다. 네 가지 주제 중에서 앞의 세 가지는 인터뷰 전반부에서 검토하고, 마지막 것은 후반부에서 검토될 것이다. 또한 이 주제들을 각 기관별 순서대로 총괄해 다루기보다는, 다섯 기관의 응답을 실제로 실시된 네 가지 주제의 전개 순서를 따라 검토한다. 이렇게 하면 각 기관들이 수행한 종교적 경쟁과 혁신의 관점에서 각 활동들의 비교우위를 분석할 수 있게 되고, 이들 비교로부터 함의를 도출할 수 있을 것이다.

네 가지 주제를 살펴보기 전에 우리는 먼저 외부 상황과 환경에 대한 각 종교 기관들의 (종교적 및 이념적) 가치지향성에 대해 간략히 살펴볼 필요가 있다. 현상학적 사회학은 특정 집단 또는 계급이 세계를 바라보는 집합적 방식을 형성하는 것으로서 가치 정향을 반영하는 '전망 체계(perspective system)'에 특별한 관심을 기

---

6) 이하에서는 '영적이지만 종교적이지는 않다'와 '소속 없는 신앙'은 각각 'SBNR'과 'BWB'
로 쓴다.

울인다. 기어츠는 슈츠의 현상학적 사회학의 통찰력을 따라 '전망' 을 "본다(see)"는 것의 확장된 의미가 "식별하고(discern)", "파악하고(apprehend)", "이해하고(understand)" 혹은 "알아채는(grasp)" 것을 의미하는 '봄(이해)의 양식(a mode of seeing)'으로 정의한다. 곧 전망은 특정한 방식으로 삶을 바라보는 것이고, 세계를 특정한 방식으로 해석하는 것이라 할 수 있다(Geertz, 1993: 110). 각 전망들은 상식적 관점, 과학적 관점, 미학적 관점과 같이 세계를 바라보는 자체의 논리를 가진다. 그래서 기어츠는 종교적 전망이란 인간이 세계를 해석한다는 견지에서 다른 세 관점들과 구별됨을 강조한다(윗글, 112). 따라서 특정 종교기관의 가치지향은 외부세계 또는 주어진 상황을 해석하는 방식에 영향을 미치는 어떠한 관점을 담지한다. 따라서 이는 어떤 종교 기관이 다른 종교나 기관들과 경쟁하는 방식을 결정짓는다고 할 수 있다.

그러므로 '가치지향'에 대한 전형적 분류 도식을 따라 우리는 다섯 기관의 가치 지향 패턴을 '보수적 성향', '진보적 성향', '리버럴 성향', '복음주의적 성향'으로 특정할 수 있다. 물론 종교 기관의 가치 지향은 그 기관이 속한 시대와 문화에 따라 차별적 특성을 갖는다. 그러므로 네 가지 가치지향에 대한 분류의 논리는 19세기 이후 한국 개신교, 가톨릭, 불교, 그리고 천도교를 포함한 자생 종교들의 발달 과정에 영향을 미친 문화적 및 역사적 배경을 반영하고 있다(강인철, 2014; 김성건, 2017; 이만열, 1989; 정태식, 2009; 추교윤, 2012). 먼저, 한국 개신교의 종교적, 이념적 가치 지향은 일찍이 '보수적'인 북미 장로교회와 '진보적'인 캐나다 장로교회 양측으로부터 영향을 받았다. 한 세기 남짓이 지났지만, 이러한 한국 개신교의 두 가지 가치지향 구조는 크게 변화되지 않았다.

파리 외방전교회(Foreign Missions Society of Paris)의 영향을 받은 한국 가톨릭의 경우는 이와 다르다. 다른 해외 종교들처럼 가톨릭의 기본적인 가치 지향은 한국 사회의 근대화 과정에 관해서는 '진보적'이었지만, 정치 영역에서는 잠시간 '보수적'으로 남아 있다. 제2차 바티칸 공의회 이래 한국 가톨릭은 이념적으로 '리버럴'하고 '진보적' 입장을 견지했지만, 다른 한편으로 여성 사제 서품이나 낙태에 반대하는 입장에서 잘 드러나듯이 교리 상으로는 '복음주의적' 입장을 취해 왔다. 이러한 '리버럴'. '진보적, 그리고 '복음주의적'이라는 다원주의적 가치 지향은 한국 성공회에서도 마찬가지다. 하지만 한국 성공회는 가톨릭보다 다소 덜 교리 중심적으로 보인다. 전통 종교인 한국 불교는 정치사회적 측면과 교리적 측면에서 '보수적'이고 '복음주의적'이었으나, 이른바 포스트모던 시대의 상대주의적 문화 환경 하에서 최근 '리버럴'해지고 있다. 마지막으로, 천도교는 창립 이래 오랜 기간 정치사회적 측면에서 오랜 기간 '혁신적 역동성'을 견지해 왔는데, 이 성향은 19세기 말 생겨난 대부분의 자생적 종교들과 유사했다. 하지만 이후 이들은 1970년대 교세의 급격한 위축을 겪으면서 일관되게 '수동적'이고 '보수적'인 입장을 취해 왔다.

역사 · 문화적 맥락에 대한 이와 같은 이해를 토대로 우리는 종교 변화, 특히 청년신자들의 지속적 감소에 대한 종교기관들의 입장과 반응을 바라볼 수 있으며, 나아가 그들이 이에 대한 어떤 경쟁적이고 혁신적인 대처방안을 내놓고 있는지를 살펴볼 수 있다. 앞으로 보겠지만, 실제로 이러한 가정은 다섯 종교 기관들의 경우에서 일관되게 나타나는 것으로 보인다.

먼저, 영락교회 사례를 살펴보자. 1945년 한경직 목사와 소련 점령의 북한으로부터 피난한 이십여 명의 신자에 의해 세워진 영락교회는 한국에서 가장 큰 대형 교회들 중의 하나일 뿐 아니라, 세계에서 가장 큰 장로교 대형교회들 중의 하나다. 카리스마적 창립자 한경직은 국내외에서 영향력과 존경받는 기독교적 삶과 지도력을 인정받아 1992년 템플턴 상을 수상했다. 영락교회는 우리 사회에서 소외된 영역에 봉사하는 사명으로 사회복지에 공헌하는 복음사업에 적극적으로 관여해 왔다. 게다가, 이 교회는 탈북 새터민을 지원하는 특별한 임무를 지속적으로 수행해오고 있다. 영락교회의 기원과 선교경향의 배경을 보면 이 교회의 가치지향이 '중도 보수적인 복음주의적 개신교'로 정의될 수 있음을 명료하게 보여준다.

다음은 성공회 서울대성당(서울주교좌성당)이다. 이 기관은 1891년에 처음 자리를 잡았고, 고요한(Bishop John Corfe) 주교의 주도 하에 1926년에 현 대성당이 지어졌다. 1996년에는 본래 청사진에 따른 확장공사가 이뤄졌다. 1965년 한국 교구가 독립하면서 대성당의 첫 한국인 주교가 서품을 받았다. 1987년 이곳에서 최초의 한국 민주화 운동을 위한 첫 번째 민족회의가 열림으로써 성공회 서울대성당은 민주화 운동의 시대를 여는 것을 도왔다. 오늘날까지 성공회 서울성당은 노숙자 쉼터, 소외아동 학습센터, 푸드뱅크, 지역사회복지사역에 깊이 관여해 오고 있다. 정치적 성향과 사회선교 사업에의 헌신을 살펴볼 때, 성공회 서울대성당의 가치 지향은 '중도 리버럴 및 진보적 복음주의' 성향을 나타내는 것으로 평가될 수 있다.

성공회 서울대성당의 '온건한 리버럴, 진보적 복음주의' 가치 지향은 세 번째로 살펴볼 종교 기관인 명동 대성당과도 유사하다. 1886년부터 건립하기 시작한 명동 대성당은 공식적으로 천주교 서울대교구 대성당(주교좌성당)이면서 동시에 명동 가톨릭 성당이기도 하다. 명동 대성당은 한국 가톨릭교회의 존재를 상징하는 기관이다. 1942년에 첫 번째 한국인 교구 신부였던 리기준 신부가 명동 대성당 5대 주임사제로 임명되었고, 첫 한국인 주교 노기남 신부가 10대 교구장으로 승급되었다. 1970년대와 1980년대를 거치면서 명동 대성당은 한국 민주화 운동의 중심지였고, 한국의 인권이 확대되는데 중핵적 역할을 수행했다.

반면, 불광사와 천도교 중앙대교당은 '보수적'으로 정의될 수 있는 가치지향을 공유하고 있다. 불광사의 경우, 이 기관은 1974년 서울 중심가 종로지역에 설립되었다. 몇 년 뒤인 1982년, 불광사는 서울 동남부에 새로 개발된 송파구 지역으로 이전했다. 이곳의 가치지향은 명확히 불교적인 '보수적 복음주의' 요소를 나타낸다. 하지만 놀랍게도, 이 사찰의 포교활동에 대한 인터뷰를 통해 이 기관이 상당한 정도의 자유주의적 가치 지향성을 드러내고 있다는 것을 알게 되었다. 이런 특이한 성향은 새로 이전한 지역에 적응하고자 했던 불광사의 적극적이고 혁신적 포교사업의 성격을 반영하는 것이다. 하지만 앞으로의 논의에서 이러한 노력도 청년 신자들의 이탈을 막는 데에는 충분하지 못함을 보게 된다.

마지막으로 살펴볼 기관은 천도교 중앙대교당이다. 천도교는 본래 1860년 유학자 최제우에 의해 동학이라는 이름의 자생 종교로 설립되었다. 천도교는 20세기 들어 사회참여적 종교운동의 최전선에 섰고, 1894년 '동학농민혁명'과 같은 수많은 정치사회적 변혁과 사회운동을 촉발시켰다. 전성기 때의 천도교는 300만 신도를 거느린 것으로 추정되지만, 그 숫자는 1970년대 들어 급격히 감소했다. 현재 전국적으로 10만 명에 못 미치는 신자 수를 가지고 있다. 이러한 급격한 신자수 감소는 천도교가 다른 종교 기관들과의 경쟁에 있어 적극적이지 못하고 효율성이 떨어졌음을 나타내며, 급격히 변화하는 포스트모던 사회에 대처하기 위한 어떠한 혁신적 변화도 만들려는 시도를 하지 않았음을 뜻한다. 따라서, 아래의 논의에서 볼 수 있듯이, 천도교 중앙대교당의 가치 지향성은 '수동적 중도 및 보수적' 범주에 속한다.

4.1. 변화하는 종교 환경에서 청년신자의 감소 현상에 대한 반응

서울 중심가에 위치한 다섯 종교 기관들에서 청년 신자들의 수는 지난 20~30년 간 계속 감소해 왔다. 이는 위의 〈그림2〉에서 본 것과 같은 지속적인 감소 추세를 반영하는 것이다. 청년신자의 감소 경향은 다섯 종교 기관들에게 분명한 도전 과제를 제기했다. 앞서 언급했듯이, 이는 불가피하게 이들 기관으로 하여금 당면한 상황을 미시적 관점에서 검토하도록 이끈다. 다음과 같은 질문들이

다뤄야할 핵심 내용들을 담고 있다. 곧, 종교기관들은 신앙을 잃어가는 청년신자들의 수가 점증하는 현상을 추동하는 요인을 무엇이라고 보는가? 그 기관들은 'SBNR' 또는 'BWB' 등을 포함하는 변화하는 종교현상에 대해 어떻게 대응하고 있는가? 그리고 그들은 타 종교 및 변화하는 종교적 현실과 경쟁할 때 통상 비효율적이 되게 만드는 유교적 전통에 기반한 문화적 경향성들을 어떻게 바라보고 있는가?

이러한 문제들을 하나씩 자세히 관찰해 보도록 하자. 첫째, 영락교의 청년신자 숫자는 1980년대에서 2000년대까지 지난 30여 년간 점진적인 '증가추세'를 보여 왔다. 반면 그 이후의 기간 동안 이 추세는 감소세로 돌아섰다. 대학생과 비대학생 신자수의 총합은 각각 2000년대와 1990년대 이후 감소하기 시작했다. 이러한 '감소 추세'는 그다지 두드러지지 않지만 앞으로도 지속될 것으로 보인다.

〈표 2〉 영락교회 청년신자의 현황 및 추세

	1980	1990	2000	2015
대학생	330	390	470	470 ⇒4 50
청장년 (대학생 이외)	630	650	600	520

청년신자 그룹을 담당하는 A 목사는 청년신자의 미래에 대해 언급할 때 다소 회의적인 관점을 보였다. 그는 교회와 청년들 사이 관계가 미래에 더 약화될 것 같다고 생각한다. 그는 신앙과 교회의 열성적인 추종자였던 청년신자들 조차도 어려움에 직면해, 자신들

이 교회 중심의 종교적 삶의 중요성을 잃게 될 수도 있을 것이라고 우려한다. 이러한 차원에서 A는 미래에 영락교회 종교공동체에 일어날 일에 대해 경고했다.

A는 특별히 교회 지도자들이 여전히 구시대 방식의 담화를 사용하면서 청년신자들을 소외시키는 결과를 낳게 하는 세대 간 '신앙 언어의 부조화'를 지적했다. 그는 이러한 일이 왜 일어난다고 생각하는지에 대해 다음과 같이 말한다.

예를 들자면 저희가 전수받은 윗세대 신앙의 신앙경험을 진술했던 언어, 또는 의미를 표현했던 그 언어가 더 이상 다음세대에는 맞지 않다는 거죠. 말의 변화가 아니라, 다음 세대는 다음 세대의 자신의 경험을 표현할 수 있고, 신앙 언어가 조금 업데이트 되어야 한다고 할까요, 그래서 저는 청년들의 언어로 그것을 표현할 수 있게, 그 언어를 공동체 언어로 다시 불러들일 수 있게 하는 노력이 더 많이 필요하다고 생각합니다.

그는 계속해서 다음과 같이 말했다.

(그래서) 이건 [청년신자들이] 구세대의 언어를 사용해 오고 있기 때문입니다. 그들은 자신들에게 친숙한 언어를 사용하여 자신의 감정을 표출할 기회를 얻어 본 적이 없어요. 그들은 자신들의 선배들로부터 듣고 배운 언어와 관해서 문제를 겪었기 때문에, 그 언어는 자신들의 삶의 의미를 해석하기를 돕는데 충분치 않습니다. (…) 그래

서 저는 청년들에게는 자신들을 보다 정확히 표출해 줄 수 있도록 실질적으로 도와줄 자신들만의 신앙의 언어가 필요하다고 생각합니다.

물론 이러한 세대 간 '신앙언어의 불일치'가 단순히 일반적 의미의 세대 차이를 반영하는 것만은 아니다. 그보다는 앞서 언급한 것처럼 유교적 마음의 습속과 밀접히 연관되어 온 한국사회의 '문화적 경향성'의 측면을 고려해야 한다. 전세훈과 키너만이 종교 공동체에서 권위주의의 해악에 대해 지적한 것처럼(전세훈, 2017; Kinnaman, 2011), 이 언급은 연공서열(seniority rule)에 담긴 완고한 권위주의적 분위기를 반영한다. 이 점은 다른 네 기관에서도 마찬가지였다. 연공서열주의에 토대한 문화는 불가피하게 위계적 질서의 문화와 관계되고, '호혜적이고 민주적인 의사소통 구조'의 부재로 이어져, 결국 청년신자들이 종교 공동체의 의사결정 과정에 적극적으로 참여하지 못하도록 한다.

실제로 이러한 측면은 한국인들보다 외국인에 의해 더 뚜렷하게 인식되는 것 같다. 한국에서 25년을 살아온 독일인으로 현재 한국 개신교 목사인 이말테(Malte Rhinow)는 유교가 한국 교회 공동체에 미친 부정적인 영향을 날카롭게 관찰했다. 그는 특히 한국 교회 공동체의 문화 · 언어적 차원에 담긴 위계적 영향을 지적한다. 그에 따르면, 이는 성직자의 설교와 한국어 성서의 존비어체계(honorific-humble language system), 심지어는 교회 제단에 장식품을 배열하는 논리에까지 스며들어 있다(이말테, 2017: 77-82, 155-59).

하지만 세대 간 신앙언어의 불일치가 교회 내에서 비민주적 의사소통 구조를 만들어내는 유교적 문화 습속을 반영하는 것이라는 사실에도 불구하고, 청년신자들의 리더들은 이 사실을 심각하게 여기지 않는다. 청년부 부회장 C는 이것은 다른 대형교회들과 마찬가지로 교회 리더들이 권위주의적 집단을 조직해 교회신도와 자원을 효율적으로 운영할 수 있도록 요구할 수도 있는 영역이라고 생각한다. 그리고 청년부 전(前) 회장이었던 B 또한 영락교회의 리더십은 영적으로 순종적인 리더에게 주어지는 것이며, 따라서 세대 간 갈등을 심각하게 고민해야할 만한 긴박한 이유가 없다고 본다.

이러한 관점은 변화하는 환경에 대한 영락교회의 '온건한 보수주의'적 가치정향과 관련되어 있는 것으로 보인다. 이들은 'SBNR'이나 'BWB'로 묘사되는 종교 공동체 전체에 걸쳐 일어나는 변화의 심각성을 일부 인지하고 있지만, 이를 '비진정적인(inauthentic)' 문제로 취급해 버린다. A는 이를 청년 신자들로 하여금 잠재적으로 '이기적이고 원자화된 자아'를 갖게 하여 결국에는 '바람직하지 않은 위험한 신앙'으로 귀결되도록 하는 '유아적 신앙'의 한 유형으로 간주한다.

이에 비하여 성공회 서울대성당은 변화하는 종교 환경에 대해 다른 태도를 보인다. 특기할 만한 것은, 1990년대에서 2000년대에 이르는 20여 년간 청년 신자들의 급격한 '감소 추세'와 대조적으로 2010년대 청년 신자 숫자가 증가 추세를 나타냈다는 것이다(표3).

비록 절대 숫자는 미미하지만, 지난 10년 기간에 걸쳐 성공회 서울대성당에서 리버럴하고 진보적인 성격에도 불구하고 청년신

〈표 3〉 성공회 서울대성당의 청년신자 현황과 추세

	2010	2011	2012	2013	2014	2015
견진자	16/28	36/52	12/16	28/47	40/56	36/59
세례자	12/22	12/22	14/19	17/24	18/24	16/38
합계	28/50	48/74	26/35	45/71	58/80	52/97

자의 등록 숫자의 증가 추세가 감지된다는 것에 주목할 필요가 있다. 사실 지난 십여 년 간 복음주의적 종교가 성장하는 동안 진보적인 종교는 정체되어 있음이 자명한 사실로 여겨져 왔다. 1980년대와 1990년대를 거치며 북미 전 지역에서 북미장로 교회와 연합그리스도교회(United Church of Christ)와 같은 리버럴하고 진보적인 교파들은 신자 수에서 급격한 감소를 보여 왔다(김성건, 2005; Martin, 2001). 한국에서도 유사한 현상이 일어남을 알 수 있다. 박영신과 정재영이 수행한 연구에 의하면(박영신·정재영, 2006: 208–12), 1980년대와 1990년대를 거치는 동안 한국 개신교 교회들의 성장세는 개혁적이고 사회참여적 성격을 가진 리버럴하고 진보적 성향의 회중들이 아니라, 보수적 회중들의 성장에 힘입은 결과였다.

아래에서 볼 수 있듯이, 성공회 서울대성당의 이러한 현상은 청년 신자들을 확보하기 위해 시도된 흔치않은 노력들과 관련되어 있는 듯하다. 다른 종교 기관들과는 달리, 성공회 서울대성당은 청년 신자들을 끌어들이기 위해 노력을 집중한 몇 안 되는 기관들 중 하나로, 교리를 최신화하고(update), 경전공부에만 초점을 맞추는 대신에 청년신자들이 영적인 것은 물론 사적인 일들도 터놓고 얘기 하도록 장려되는 '신학 잡담(Theological Chatters)'과 같은 혁신적 이벤트를 하는 등의 노력을 해오고 있다.

서울대성당의 이러한 적극적 태도는 'SBNR'이나 'BWB' 현상 들을 대하는 청년회 동행사제인 A의 입장에 잘 나타난다. 그는 최근 상황에 대해 깊은 우려를 표명했지만, 긍정적 요소들에 더 많은 강조점을 두었다. A는 다음과 같이 말한다.

성공회 교회는 작금의 'SBNR' 양상에 아주 잘 부응하고 있습니다. 왜냐하면 본래 성공회는 교리가 아닌 영적인 측면과 잘 부합하고, 심지어 교리적이라 하더라도 문자 그대로 형식성 차원에서 전례적 측면이 있는 '종교적' 측면이 있기 때문입니다.

하지만 그는 이 문제를 '절차적 진정성'의 시각에서 본다.

하지만 저는 이른바 'SBNR'이라고 하는 현상이 시대적 대안은 아니라고 봅니다. 왜냐하면 spiritual로만 가면 매우 무책임한 방향으로 가게 돼요. 예를 들면 어떤 것이든 저는 그릇이 있어야 한다고 봅니다. 그런데 성공회는 그런 그릇들을 전례라고 하는 매우 느슨한 조직을 통해서, 교리가 아니라, 그런 것을 통해서 만들어 줄 수 있는 여지가 있다고 봅니다.

A는 성공회 서울대성당을 형성하고 있는 긍정적이고 낙관적

인 요인들이 작금의 심각한 상황을 기회로 전환시킬 수 있도록 해줄 수 있다고 믿는다. 이러한 점에서 그는 성공회 교회가 '영성적 전환(spiritual turn)'으로 정의되는 시대와 잘 어울리는 특성을 갖는다고 주장한다(Heelas and Woodhead, 2005; Holmes, 2007). 그리고 그는 '저는 개인적으로는 분명하게 성공회는 역사와 시간이 흐르면서 21세기를 기다려 왔다고 생각합니다. 21세기형 교회, 21세기형 신학을 가지고 있다고 저는 생각을 합니다.' 라며 자신의 신념을 토로한다.

하지만 유교적 문화 경향성의 측면에서 볼 때, 성공회 서울대성당의 인터뷰 응답자들은 매우 비판적 입장을 견지했다. 그들은 모두 평신도와 성직자 모두에게 적용될 수 있는 강한 권위주의적이고 비민주적인 구조의 분위기를 지적했다. 그들은 모두 '연공서열주의'와 같은 유교적 문화 습속들이 교회가 자랑스럽게 여기는 의회 시스템에도 불구하고 왜 전통 권위주의적 방식으로부터 물러서는 것을 어렵게 하는지를 보여준다는 점에 동의한다. 예컨대, 두 청년신자 리더는 교회위원회 내에 청년 신자의 자리를 할당하고 있지 않다는 사실을 지적했다. 청년회 부회장인 C는 이와 관련해 다음과 같이 말한다.

청년들이 위원이 될 권리를 얻어서 우리의 목소리를 낼 수 있어야 합니다. (…) 청년 위원들과 또한 여성 위원들도 필요합니다. 나아가 우리는 위원회의 의사결정 집행과정에 대한 개선보완책을 내줄 것을 제안 합니다.

그들은 교회가 민주적 가치를 옹호하고 청년 신자의 의사를 공정하게 반영하기 위해서는 위원회 내에 청년 쿼터를 두어 그들이 참여할 수 있는 공간을 만들어야 한다고 한 목소리로 제안한다. 아래의 논의들에서 나타나겠지만, 성공회 서울대성당 일부에서의 적극적 태도의 흔적은 다른 네 기관들의 보수적 가치들과 비교할 때 특별히 두드러져 보인다.

다른 한편, 명동대성당 소속 청년신자 숫자는 2000년대 중반부터 급격히 감소해 왔다(표4 및 표5 참고). 이는 같은 기간 동안의 한국 가톨릭의 급격한 감소를 반영한다. '2015년 인구주택 총조사' 통계에 따르면, 2005년 501만 명이었던 가톨릭 인구는 2015년에 들어 389만 명으로 현저하게 줄어들었다. 이는 이전 20여 년 동안 가톨릭이 기록한 증가 추세와 비교할 때 극적인 변화라 할 수 있다. 한국의 개신교회들과 달리, 한국 가톨릭 인구는 1990년대에서 2000년대까지 20년 동안 빠르게 성장했다. 통계는 이 기간 가톨릭 인구가 288만 명에서 501만 명으로 크게 늘어난 반면, 개신교 인구는 850만 명에서 844만 명으로 약간 감소했다는 것을 보여준다. 따라서 2000년대 중반 이후 가톨릭 청년신자의 감소는 한국 가톨릭 전반의 극적인 감소세를 반영하는 것이다.

〈표 4〉 명동 대성당의 청년 신자 현황과 추세[7]

1990	2000	2016
140	180	100

---

7) 명동 대성당 예배에 참석하는 청년들 중에는 많은 숫자가 교적부에 미등록 상태로 있기 때문에, 이들은 통계에 반영되지 않는다.

<표 5> 가톨릭 서울대교구 소속 청년 신자 현황과 추세 (20-29세)

1996	2000	2007	2015
215,000	261,000	220,000	174,000

명동대성당 청년회 담당 사제 C는 이러한 감소 경향을 외부적 요인에 의한 것으로 본다. 그는 다음과 같이 말한다.

사회구조적 문제들 때문에 젊은이들은 자아실현을 얻을 수가 없고, 이것이 그들을 종교 활동에 집중하기 어렵게 만듭니다. (…) 더 정확히 말하면, 오늘날 젊은이들은 여유 시간이 없어서 교회에 가고 싶어도 갈 시간이 없어요. 아마도 이게 점점 많은 수의 젊은이들이 종교 참여를 포기하는 가장 큰 이유일 겁니다.

이와 비슷하게 서울 대교구 청년국 국장인 A 사제는 두 가지 사회적 요인에 주목했다. 지난 수십 년 간 일어난 가장 큰 변화인 '한국 교육시스템'과 '가족구성'이 그것이다. 첫째로, 그는 대학입시에 지나치게 집중된 교육 시스템과 전 사회에 만연한 극단적 경쟁이 청년신자들에게 지대한 영향을 미쳤다고 지적한다. 두 번째로, 핵가족 또는 홀부모 가족 세대를 포함한 소규모 가정의 증가 또한 청년들의 행동에 영향을 미쳤다. 특히 중고등부 담당 사제인 B는 외부모 가정이 청년신자들에게 미친 영향에 주목했다.

외부모 가정에서 자란 청년들은 자신들의 기본 삶을 지키기 위한 생존 기제를 개발하고, 자신과 자신의 삶에서 가장 중요한 것이 무엇인지 질문합니다. 그들이 도달한 대답은 사랑, 봉사, 또는 열정이나 꿈이 아니라 경쟁과 생존에 관한 것입니다.(…) 슬프지만 이런 발견들은 젊은이들이 교회에 가는 이유가 자신의 구원이 아니라 단순히 휴식과 격려를 제공 받기 위해서라는 것을 보여줍니다. 이것이 종교 공동체가 처한 서글픈 현실입니다. (…) 교회가 이러한 젊은이들을 돌보아 주는 길을 발견하는 것만큼 좋은 건 없을 겁니다. 하지만 분명히 이건 무척 어려운 일로 밝혀질 겁니다.

명동대성당은 청년신자들의 감소가 갖는 함의를 매우 민감하게 받아들이고 있다. 그럼에도 불구하고, 명동대성당은 사태의 심각성을 덜 중요하게 여기는 듯하고, 적극적으로 대응하려는 노력도 떨어지는 듯 보인다. 세 명의 사제들은 청년들이 사적인 까닭으로 신앙을 떠나는 반면, 다른 이들은 자신의 신앙을 찾아 돌아오는 일이 생기는 것은 자연스러운 일이라 믿는 듯 보였다. 비슷하게, 밀물이 있으면 썰물도 있듯이, 청년 신앙인들의 신앙의 흐름 또한 밀물과 썰물이 있다는 것이다.

이러한 유동적 관점은 변화하는 종교 현상이 'SBNR'이나 'BWB'로 그려지는 데서 나타난다. 사제들은 이들 현상을 신중하게 여기지만, 단지 종교 또는 종교성에 속하는 부수현상으로 치부한다. 그 이유는 그들이 종교(또는 종교성)와 영성을 분리 불가능한 것이며, 교회 공동체에서 분리된 개인의 신앙 또한 불가능한 것으로 보기 때문이다.

이렇듯 종교적 변화에 대한 수동적이고 보수적인 관점은 또한 교회 공동체 내 유교적 문화 경향성의 영향이 지속되는 것에 관해서도 나타난다. 교회 지도자들에게 '연공서열주의'나 '연장자 우선 관행' 등을 따르도록 요구함으로써 비민주적 환경을 낳게 하는 유교적 문화 경향성에 대해 물었을 때, A는 '로마에 가면 로마법을 따르라'는 말처럼, 그런 것은 옛 방식을 따르도록 하는 전형적인 한국적 문화의 실천일 따름이라고 대답한다. 성직자를 포함해 교회지도자들이 낡고 수동적인 관점을 가질 때, 그들로 하여금 유교적 문화 경향성이 교회공동체 내의 민주적 의사소통과 의사결정 과정을 방해하는 내재적 구조의 배경 원인이 된다는 것을 인지하지 못하게 할 공산이 크다. 게다가, 그들은 유교적 문화 경향성이 청년 신자들을 참여에 수동적이 되게 만들고 주요 활동에서 멀어지도록 한다는 사실을 보지 못하게 할 것이다. 이는 이미 이전 장에서 우리가 관찰한 것처럼, 성공회 서울대성당이 경험하고 있는 변화와 대비되는 것이다.

그러면 이제 비그리스도교 회중인 불광사와 천도교 서울대교당의 사례를 살펴보도록 하자. 두 종교 기관은 모두 그리스도교 기관들보다 더 급속한 청년 신자 감소를 보여주고 있다. 특히, 불광사에 소속된 청년신자의 숫자는 2000년대 초반부터 급격히 감소해왔다(표 6 참고).

〈표 6〉 불광사의 청년신자 현황과 추세

1980–90	2003	2015
대략 100	136	80

불광사 청년부 지도법사 스님 A는 이러한 청년신자의 감소가 사찰 자체에 내재된 문제가 아니라 우리나라의 사회경제적이고 정치적인 상황의 부산물이라고 믿는다. 청년회 회장인 B의 경우도 마찬가지다. B는 특히 2000년대 이후 실업 문제가 사찰 청년 신자들의 감소 양상에 원인으로 작용했다고 지적한다. 그는 말한다.

그들[청년신자들]은 각종 자격증 시험을 준비하느라 눈코 뜰새 없이 바빠서 말 그대로 청년부 활동이나 법회에 참석할 시간이 없어요. 청년부 회장으로서 매력적이고 끌어들일 만한 프로그램을 만들려고 애쓰지만 마땅한 게 떠오르질 않아요.

두 리더는 2000년대 이래 청년신자들의 감소와 이 현상이 뜻하는 바를 어느 정도 걱정하는 듯하지만, 이 상황을 일정 정도 관대하게 수용하는 방식으로 접근하려는 듯 보인다. 그러나 이는 주도적 조치와 대응의 필요성을 깨닫지 못하게 만드는 원인이 될 수도 있을 것이다. 이러한 태도는 아래 A의 말에 드러나듯이, 불광사를 둘러싼 관심사들을 묘사하는 데에서 잘 나타난다.

(…)솔직히 말해서 저는 사찰 지도부가 다른 문제들에 관심과 우선순위를 두고 있고, 청년신자 문제는 주된 관심사가 아니라고 생각해요. 늘 그래왔죠. 그렇지 않나요? 큰 틀에서 이것은 사찰의 정책이 긴요하게 청년신자를 지도하고 지원하는 게 우선순위 윗 쪽에 두지 않는다는 의미지요.

한편, A는 확고하게 'SBNR'이나 'BWB'와 같은 새로운 영성적 실천을 서구 포스트모던 문화에서 만들어진 '취약한 형식의 종교적 삶'으로 여긴다. 그는 불교의 영성 활동과 'SBNR' 또는 'BWB' 같은 서구식 영성 실천을 구별한다. 그는 비록 불교가 영성적 실천과 관련되어 있지만, 그 실천은 공동체 생활과 떼어놓을 수 없음을 강조한다. 그리고 그는 교리와 금욕주의에 의해 계도된 공동생활의 차원이 탄생 이래 2,600여 년 동안이나 불교가 그 위치를 유지할 수 있도록 해왔다는 점이 얼마나 중요한지를 인정한다. 그는 아래와 같이 '영성적 실천'의 취약성에 대해 지적한다.

이건['영성'으로의 전환] 포스트모던 세계에서 호소력을 갖는 걸로 보입니다. 왜냐면 신종교 운동이나 개인 경험에서 비롯된 영성혁명과 유사한 것들이 사람들에게 매력적으로 보이기 때문이죠. 그러나 (…) 그건 지속가능하지도 못하고 심리학적 혹은 정신적으로 바람직하지도 않은 조건을 초래할 수도 있습니다. (…)이것이 제가 '영성적 실천'에만 강조점을 두는 유럽에서 유행하는 불교와 한국에 토대를 둔 전통불교 사이에 차이가 있다고 믿는 이유입니다.

유교적 경향성과 관련해서 두 리더는 그것이 비민주적이고 권위적 분위기를 만들어 낼 수 있다는 점에서 회중 공동체에 미치는 심각성을 인정한다. 그래서 그들은 회중 내 의사결정 과정이 '위에서 아래로' 와 '아래에서 위로' 사이의 갈등이 절충을 통해 해결되는 하나의 중간지대에 도달할 수 있도록 노력한다고 말한다. 예컨대, 부처님오신 날 경축행사를 준비할 때 모든 사찰 구성원들은 통상 행사를 준비하는 데 책임을 진 실무운영진이 설정한 지도 규칙을 따른다. 그러나 하계수련회 같은 행사와 관련된 결정들에 있어서는 청년회가 의사결정 과정에서 전적으로 책임을 진다. A는 이러한 측면에서 불광사의 리더십이 사찰 행정운영 내의 권위주의적(교조적) 힘과 민주적 힘 사이의 상충을 절충할 수 있게 해주는 중간지대를 찾는 현명한 해결책을 적용한 것이라고 주장한다.

그럼에도 불구하고, 현재까지 청년회 성원들은 사찰 운영위원회에 참여자격을 부여 받지 못해왔다. 놀랍게도, 두 리더는 이러한 규칙에 대해 불편해하지 않는 듯하며, 이 문제에 대해 비판적으로 관찰하려는 관심도 보이지 않는다. 따라서 불광사 공동체는 아직 청년신자들이 회중 공동체의 의사결정 과정에 참여하도록 권장되는 민주적 구조를 구축할 필요성을 인정하지 않고 있다고 상정해도 문제가 없을 듯하다.

그러면 마지막으로, 나머지 네 기관들과 비교할 때 가장 심중한 상태에 있는 것으로 보이는 천도교 서울대교당의 청년 신자들이 마주한 상황으로 넘어가 보도록 하자(표7 참고). 아래 통계 수치는 1970년대와 1980년대 기간의 청년신자 수의 극적인 감소를 보여준다.

〈표7〉 천도교 대교당 회중의 청년신자 현황과 추세

1970-80s	1990-2000s	2016
대략 100	20-30	5

현재 천도교 서울대교당에서 청년부 사무총장을 맡고 있는 A는 청년신자 수가 이렇게 곤두박질친 데 대한 질문과 이 현상에 대한 이유에 대해 다음과 같이 답한다.

천도교 내부에서 가장 중요한 우려 중 하나는 청년들이 자신의 삶에서 왜 종교가 필요한지… 왜 종교가 자신들의 삶에서 항상 중요하게 남아 있어야 하는지 모르고 있다는 것입니다. 청년들의 삶은 이미 충분히 바쁘고, 게다가 우리 천도교 경전은 조선시대에 쓰여서 (이해하기가) 어려워요. … 글자가 가로가 아니라 세로로 쓰여 있고, 비록 저는 개인적으로 이게 나쁘다고는 생각지 않지만, 신자들로 하여금 즐거움을 찾고 요즘 젊은이들의 관심을 끌만큼 충분히 흥미롭기에는 부족하죠.

이 상황은 앞서 언급한 천도교 서울대교당의 '수동적 중도 보수'의 가치지향성을 뚜렷하게 보여준다. 20대 후반의 여성 A는 이 지향성을 극단적 보수로 규정한다. 그녀는 자신의 종교인 천도교가 젊은 세대 신앙인들에게 호소력을 줄 만한 매력적인 특성들을 가지고 있지 않다고 여기고 있다. 기관 차원에서 변화를 만들려는 그 어떠한 노력이 있어 왔는지를 묻는 질문에 그녀는 다음과 같이 대답한다.

네. 우리 기관을 개조하기 위해 취해진 움직임이 있었다고 들어본 적이 있습니다. 어린이용 경전이라던가 청소년들이 이해하기 쉽게끔 만들어진 경전 같은 것들이요. 대교당 운영진은 그러한 가능성에 대해 고민했고, 실제로 시도도 있었다고 들어 알고 있어요. 그런데 현재 이뤄진 것은 없고 작은 시도들은 있었지만, (지금까지도) 누구도 큰 흐름으로 바꾸진 못했어요.

이러한 수동적이고 보수적인 분위기는 1970년대 이후 천도교 회중 전체를 감싸고 있는 듯 보인다. 이러한 추락은 천도교가 20세기 중반동안 수많은 정치·사회적 변화와 움직임을 이끌면서 총 신자수가 한 때 300만에 달했던 영향력 있던 기간과 극적인 대조를 이룬다. 그 무엇보다도, 천도교 서울대교당 본부가 청년신자 문제를 다룰 때 마주하는 가장 큰 장애는 교단이 현 상태를 분석하여 과거의 약점을 극복하고 오늘과 미래를 준비할 대안적 조처를 취하기 위한 그 어떠한 구체적 발걸음을 옮기는 데에도 실패해오고 있다는 점이다. 내부 변화를 만들기 위해 청년신자들에 의해 이뤄진 어떠한 시도나 움직임이 있었는지를 묻는 질문에 대해 A는 다음과 같이 답한다.

제가 느끼기로 청년회 안에는 더 이상 자신들이 취할 방법이 없다고 한계를 느끼는 청년들이 적지 않아요. 마찬가지로 장년부터 위에 어르신들 선배님들이 고민을 많이 하십니다. 그러나 저는 양측이 동의하는 일치가 되기는 상당히 어려울 거라고 느껴요. (…) 선배님들 사이에서도 어떤 방향으로 가야하는지, 스승님들이 남긴 유산을 어떻게 이어 받아 가야 할지에 대한 고민이 많습니다.

여러 가지 면에서 천도교 서울본부는 장기적 불황의 한가운데 있는 듯 보인다. 특히 미래 교단의 지도부로서 청년신자들이 최근 자신들에 대해 발견한 상황은 무척 우울하고 의기소침하다. 이는 천도교 서울대교당 소속 청년신자들의 현재와 미래가 앞서 말한 것처럼 분별하기 어렵다는 점을 고려할 때 전혀 놀라운 것이 아니다. 천도교 서울대교당의 청년신자들이 종교적 경향성에 계속해서 충성하면서 'SBNR'이나 'BWB'처럼 회중에 변화를 가져오는 주제들에 대해 관심도 없고 진지하게 대화를 나누고 싶어 하지도 않는다는 것을 공감하는 것이 그다지 어렵지 않다. 슬프지만 사실상 인터뷰 대상자 A를 포함해 천도교 서울대교당 지도부는 일련의 변화들에 대처하는 데에 관심도 없고 어떤 실마리도 찾지 못하고 있다. 자연스럽게, 그들은 현대 회중 공동체가 당면한 문제들과 씨름해야 한다는 요청에 응답할 능력이 부족하다. 이는 유교적 문화 경향성과 같은 쟁점을 다루는 데에서도 유사하게 나타난다.

4.2. 종교 경쟁과 혁신에 대한 인식

여러 종교회중들의 일련의 반응들을 검토하면서, 종교적 변화 및 그와 관련된 상황들을 다루는 과정에서 각각의 회중들이 어느 지점에 서 있는지를 이해할 수 있었다. 자세히 살펴보면, 초점집단 인터뷰 조사는 각 회중들이 자신들이 대면하고 있는 상황들을 얼마나 심각하게 인지하고 있으며, 변화에 따른 요구에 대해 각 회중들이 어떤 태도를 지향하고 있는지를 보여주었다. 이제부터 본고는 각 회중들이 취한 해결 방안 또는 회중 조직을 경쟁력 있고 혁신적으로 개편하기 위해 취하고자 하는 계획들에 대해 구체적으로 살펴보려고 한다. 그러므로 이 연구조사의 기본적인 도식은 미래세대를 위한 지속가능성을 획득하기 위한 경주에 참여한 다수의 경쟁자 중의 하나로서 각 회중들이 변화하고 있는 종교적 상황들을 어떻게 인지하고 있는지, 그리고 경쟁력을 유지하기 위해 창조적이고 혁신적인 방안을 개발하고 실행하기 위한 계획들이 무엇인지를 살펴보기 위한 것이다.

먼저 영락교회 사례를 살펴보자. 연구조사는 변화하는 종교적 상황에 대한 영락교회의 보수적 가치 지향성은 종교 경쟁의 상황을 어떻게 해석할지에 대한 다른 방식의 대응을 낳고 있음을 보여준다. 게다가 이러한 점에서 영락교회의 지도부는 창조적이고 혁신적인 프로그램을 적극적으로 모색하려 하지 않는 듯 했다. 그럼에도 불구하고 청년회를 맡고 있는 A는 신앙 언어와 관련해 구세대와 신세대 간에 존재하는 간극이 얼마나 심각할 수 있는지를 인지하고 있었다. 그는 새로운 실험을 시도하기로 결정했다. 그는 청년 신자들이 자신들의 신앙 언어를 회복하도록 도와주기 위해 최근에 '스케치북'이라는 이름의 프로그램을 시도했다.[8]

스케치북 프로그램은 신앙을 학습할 때 신·구세대 사이의 언어 부조화를 해결하고, 청년들이 교회 성원이 되도록 끌어들이기 위해 도입되었다. 청년들은 토론 세션에 참여토록 독려 받는다. A

---

8) A가 실험적으로 실행했던 스케치북 프로그램의 기본 아이디어는 국내 유명 TV 프로그램이었던 '유희열의 스케치북'을 모방한 것이었다.

는 이에 대해 다음과 같이 말했다.

> [스케치북 프로그램을 하는 동안]. 제가 기초대화를 하는 거예요.
> 원하는 사람들을 모아서 보통 6-7명이 왔어요. 3주 동안 목요일 저
> 녁에 3-4시간을 보내면서 각자의 고민이나 기도제목이나, 신앙적인
> 부분이 아닌 어떤 이야기를 해도 좋은 그런 자기 이야기를 만들었습
> 니다. 소그룹이기 때문에 서로 공감이나 이해도 해주고요. 대개 오는
> 친구들은 자기 이야기를 하기 위해 오는, 대부분은 상담을 받기 위
> 해 오거든요.

A는 청년부에서 신앙에 대해 가르칠 때에는 쌍방향적 소통 기
술이 중요하다고 강조한다. 그는 신앙 교육이 더 이상 젊은이들이 '
그냥 믿도록' 가르치는 일방향적인 과정에 기초해선 안 된다고 주
장한다. 대신 그는 신앙을 가르치고 배울 때 상호 의사소통의 필요
성을 강조한다. 그는 신앙은 대화의 방식을 통해 가르쳐야 한다고
믿는다. 한 사람의 신앙을 길러야 할 이유가 잘 설명되어야 하고, 그
과정은 자기 고백을 위한 토대가 될 수 있게 된다. 깊은 소통적 참
여를 통한 신앙 학습은 젊은이들로 하여금 믿어야 할 이유를 찾도
록 하고, 이에 따라 더욱 더 성공적으로 자신의 종교 공동체의 적극
적 성원이 되도록 해준다.

이러한 견지에서 스케치북 프로그램은 혁신적 접근법으로 인
정될 가능성을 가지고 있다고 할 것이다. 이 프로그램은 청년회 신
자들이 사적인 문제와 종교적 문제 모두를 터놓고 자유롭게 이야기

나눌 수 있는 비공식적 만남의 장소를 제공해줄 것이다. 이 혁신적 측면 이외에, 스케치북 프로그램은 종교 기관 내 비민주적 의사소통 구조를 형성하는 것으로 알려진 유교적 문화 습속의 해악을 탐색하려는 시도를 하지 않는다는 점에서 한계를 갖는다. 이는 성공회 서울대성당이 취한 혁신적 발걸음과는 사뭇 비교가 된다.

앞에서 살펴봤듯이, 성공회 서울대성당에 대한 전반적 평가는 다른 종교 기관들보다 훨씬 적극적이고 혁신적임을 보여준다. 성공회 서울대성당은 변화하는 종교적 상황이 종교간 경쟁으로 정의될 수 있다는 관점을 공유하지는 않는 듯 보인다. 대신, 교회는 회중 공동체가 그 상황을 기회로 변화시켜 21세기에 중요한 종교적 역할을 떠맡을 수 있는 준비가 되어 있다고 굳게 믿는다. 청년 신자를 유지토록 하는 것의 어려움에 대한 암울한 전망에도 불구하고, 성공회 서울대성당은 이러한 위기의 기간을 값진 기회로 바꿀 능력에 대해 낙관적인 확신을 가지고 있다. A는 "나는 개인적으로 성공회 교회가 21세기를 열어가기 위해 오랜 동안 기다려 왔고, 우리[성공회 교회]가 21세기를 대표하는 교회와 신학이 될 준비가 되어 있다고 믿습니다"라면서 자신의 신념을 피력한다.

앞서 언급한 것처럼, 성공회 청년회는 2016년 교회 근처 디저트 카페에서 '신학 잡담'이라는 이름의 새로운 혁신적 실험을 시작했다. 이 행사는 종교가 있건 없건, 무신론자이건 관계없이 모두에게 열려 있고, 관심 있는 이는 누구나 참여해 아무런 주제에 대해서나 터놓고 자유롭게 대화를 나눌 수 있다.[9] 현재 '평화의 형제들'이

---

9) '신학 잡담'의 아이디어는 1980년대 미국에서 일부 성직자(신학자)들이 펍이나 레스토랑 같

란 이름의 청년 집단이 매달 한 번씩 그 행사를 개최하고 있다. 그들은 내심 청년신자 수가 늘어나 전체 교회 정규 출석 인구의 10%, 그러니까 100-150명 수준에 달하기를 바라고 있다.

청년회 담당 신부 A는 장차 일어날 상황에 대한 윤곽을 그리면서 새 젊은이들을 종교 공동체에 끌어들이는 일의 중요성을 강조한다. 그는 교회 성원들의 연령이 높아짐에 따라 이들이 점점 더 종교공동체에 적극적으로 참여하지 못하고 있다고 본다. 또한 오늘날 우리 삶에 영향을 미치고 있는 이른바 포스트모던 문화로 인해 종교 공동체가 활력을 크게 잃어가는 경향이 있다. 종교 회중들이 활기를 유지하기 위해서는 새로운 신자와 청년들을 끌어들일 방안을 지속적으로 모색할 필요가 있다. 따라서 A는 '신학 잡담'이 창조적이고 혁신적인 방법을 통해 개발된 혁신을 보여주는 것이라고 본다. 그는 아래 언급에 나타나듯이, 미래에 대해 매우 의욕적인 기대를 가지고 있는 듯 보인다.

우선 저는 그들이[새로운 신자] 신부님들 앞에서도 (종교적 사안에 한정되지 않은) 질문들을 제기할 수 있도록 하는 거리낌 없는 공간 [죄의식 없는 공간(guilt-free zone)]을 만들고 싶어요.(…) 다음으로 저는 그들이 자신의 언어로 교회에 대한 느낌을 표현하고 상호간 의사소통을 나눌 수 있도록 해주고 싶어요. 저는 교회의 언어가 그들의 일상생활에 관해서 말해준다는 점을 깨달을 수 있도록 돕고 싶어

___

은 곳에서 생맥주를 마시며 비교적 자유롭고 느슨하게 신앙에 관련한 토론을 하곤 했는데, 이를 '수도꼭지 신학(Tap Theology)라고 불렀다. '탭'은 글자 그대로 (생)맥주를 따르는 레버(lever)를 말한다.

요. (…) 그리고 신학이 복잡한 주제가 아니라는 것도 알려주고 싶어요. (…) 저는 잡담이 중요한 신학의 재료가 될 수 있다고 믿어요. 저는 그들로 하여금 자신들의 감정, 우려, 자신의 삶에서 중요한 부분을 이루는 실천들이 모두 신학의 훌륭한 재료라는 점을 알려주려는 추상적 목표를 가지고 있습니다. (…) 마지막으로 한걸음 더 들어가면, 저는 지금 우리 교회와 교파에서 하고 있는 것과 같은 모임들을 더 많이 열 수 있기를 바랍니다.

A는 교회 문화 전체에 걸쳐 있는 경직된 위계적 형식주의를 해결하려는 또 다른 혁신적 임무에 나서고 있다. 매달 마지막 일요일에 그는 청년신자들만을 위한 특별 기도회를 연다. 이 기도회에서 그는 모든 참석자들이 교회의 가장 성스러운 장소인 제단에 가깝게 오도록 해서 성체성사를 받도록 한다. 그리고 그는 설교대도 없이 설교를 시작한다. 그는 이것이 청년신자들이 중앙에 위치하게 되어 존중 받는 예배의 한 형태이면서 교회 문화를 지배하는 판에 박힌 위계질서를 바꾸기 위한 자신만의 방식이라고 말한다.

성공회 서울대성당에서 최근에 일어난 가장 중요한 변화 중 하나는 청년회 신자들이 교회위원회에 선출되어 받아들여졌다는 사실이다. 분명 이 변화는 교회위원회에 청년신자들을 대변하는 자리를 얻어내기 위한 노력의 결실이며, 더 나아가 교회 공동체 내의 민주적 의사결정 과정을 정착시키기 위한 길을 개척한다는 의미를 가진다. 새로운 변화를 열기 위한 그러한 의심할 여지없는 진전은 성공회 회중 내 청년신자의 증가에 긍정적 영향을 미칠 것이다. 이러한 모든 노력은 긍정적 영향을 미쳤고, 위의 표3에서 보이듯이 결과적으로 성공회 서울대성당은 청년신자의 감소 추세로부터 호전되었음을 증명한다.

다음으로 명동대성당에 대한 조사결과를 보자. 큰 틀에서 명동대성당은 청년신자 수의 감소와 그 함의에 대해 어느 정도는 우려를 가지고 있다. 하지만 이 현상이 현 지도부로 하여금 혁신적 방안을 찾도록 할 만큼 충분히 심각한 것 같지는 않다. 인터뷰에 참여한 응답자 모두는 입을 모아 새로운 아이디어를 개발하고 혁신적 방안을 채택하는 데 쏟은 자신들의 노력을 강조했다. 하지만 그들의 혁신의 대부분은 전통적인 교육방법 또는 가톨릭 신앙의 가치와 공동체 생활의 중요성에 대한 강조에 토대한 것이었다. 중·고등부를 담당하는 B 사제는 다음과 같이 말했다.

사람들이 하느님의 사랑을 체험할 수 있게끔 돕는 게 중요해요. 결국 우리는 사람들이 하느님의 사랑으로 돌아오게 된다는 그럼 확고한 믿음이 있습니다. 저희는 저희에게 주어진 그 소임대로 열심히 하느님의 사랑 안에서 살아가는 모습을 그 청년들에게 보여주고 체험하게 도와주는 것이 필요하다고 봅니다. (…) 우리는 청소년들을 도와줄 수 있는 여러 가지 대안들을 생각해 내고, 그들이 좀 더 접근하기 쉽도록 노력하고 있습니다. 무엇보다, 우리는 그들에게 '인간의 올바른 존엄성'에 대해 가르쳐주고 인도해 줄 수 있는 여러 경로들을 만들려고 노력하고 있습니다.[10]

---

10) 가톨릭 서울대교구는 생명 및 환경 교육 위원회가 있다. 이 위원회는 가톨릭 신앙의 관점에

서울대교구 청년국 국장인 A 사제는 또한 다음과 같이 말한다.

청년들을 믿음과 교회로 이끄는 프로그램은 그들로 하여금 중요한 교회의 가치들을 잊지 않도록 하는 것입니다. 교회가 해야 될 것들을 놓치지 않고 교회의 가르침을 보여주고 드러내려고 하는 방법들을 통해서 하느님을 알도록 이끌어 주는 것들이 프로그램에 반영되어야 합니다.

이러한 모든 답변들은 가톨릭 신앙과 전통에 토대한 전통적인, 곧 교리적이고 고백적인 관점과 입장을 반영하는 듯하다. 명동대성당 청년회 담당 사제인 C 또한 비슷한 의견을 내놓는다.

가장 중요한 것은 청년들의 어려움에 공감해 주고, 청년들과 대화하고, 청년들이 그 어려움을 신앙으로써 이겨낼 수 있도록 도와주는 것이라고 생각합니다. 교회로부터, 그리고 그리스도의 말씀과 사랑으로부터 청년들이 위로를 받고, 희망을 갖게 하는 것이 가장 중요합니다.

이러한 입장은 청년신자들을 붙들어 두고 끌어오려는 의지의 부재로 이어졌다. 그래서 혁신적 아이디어들을 담고 있는 프로그램을 적극적으로 탐색할 필요가 제기된다. 마지막에 C 사제는 다음과 같이 말한다

서 생명및 환경과 관련된 주제와 이슈들을 집중해서 다룬다.

창조적 혁신은 결국 방법적인 문제입니다. 근본적으로 교회가 얼마나 청년들에게 관심을 갖고 그들의 목소리에 귀 기울이는지가 중요한 것 같습니다. 창조적, 혁신적으로 청년들을 위한 다양한 행사및 이벤트를 준비해도 그것은 단기적인 효과만 있을 뿐입니다. (…)가장 중요한 것은 신앙의 삶이라고 생각됩니다. 청년들이 미사를 잘나오고, 성경 말씀에서 삶의 진리를 배우고, 신앙인으로서 기도하며충실하게 살아갈 수 있도록 돕는 것이 중요합니다. 그러기 위해서미사전례, 기도, 교리 교육, 성경 교육 등 가장 기본적인 것에 충실하는 것이 중요하다고 생각합니다.

결국 비록 그들이 혁신적 방안의 필요성을 인지하더라도, 이러한 필요성을 따라 마련된 실천적 방안들은 가톨릭 신앙의 가르침에 의해 만들어진 전통적 패러다임의 울타리를 벗어나지 못하는 경향이 있다. 사실 여러 가톨릭교회에서 지속적으로 운영하는 여러가지 청년 프로그램들이 있기는 하다. 예컨대, 교황청에서 주관하는 세계청년대회(WYD), 한국천주교에서 주관하는 한국 청년대회(KYD)가 있다. 그 외에도 청년성서연수, 선택연수, 각 수도회에서주관하는 피정 등 다양한 청년들을 위한 프로그램이 있고, 여기에실제로 많은 청년들이 참여하고 있다. 최근 몇 년 동안에는 수원 대구 등 도시에 위치한 청소년에 특화된 교회들이 조직한 새로운 실험들이 청년들의 관심을 끌기 위해 벌어졌다. 이 성당들은 전 신자가 모두 청년으로 구성되어 있다. 이러한 청년 프로그램들을 비롯해 다른 새로운 실험들이 형식상 '혁신적'으로 보이지만, 그 내용과 실천은 가톨릭 신앙 전통과 교리 차원에 머물러 있다.

불교 사찰인 불광사는 어떨까? 불광사는 다른 종교 회중들과 비슷하게 청년신자의 감소추세와 그 의미에 대해 우려하고 있다. 그러나 불광사는 이러한 감소 추세를 매우 심각한 것으로 여기지 않는 듯 보이고, 이것이 지도부로 하여금 혁신적 방안을 적극적으로 탐색하지 못하게 하는 것으로 보인다. 그럼에도 불구하고, 청년부를 맡고 있는 지도법사 A는 사찰과 불교의 미래에 대해 낙관적이다. 이러한 입장에 대한 그의 논리적 설명은 다음과 같다.

(웃음) 맞아요, 저는 그런 상황이 별로 심각하다고 보지 않습니다. (…) 저는 오히려 불교의 미래에 낙관적이에요. 비록 21세기 사람들은 자신을 무신론자나 종교가 없는 것으로 단언하지만, 일자리가 줄어들고 사회가 양질의 복지를 공급하는데 실패하면서 사람들은 외로움을 느끼게 될 겁니다. 저는 이런 외로움에 휩싸인 사람들이 불교 공동체처럼 따뜻한 환대의 공동체를 찾아 나서게 될 것이라고 확신해요. 이게 제가 낙관적인 이유입니다.

A는 불교가 인간 본연의 요구, 곧 인간 생애 주기 단계를 가장 잘 충족하는 형태의 종교로 본다. 예컨대, 공부와 수행을 위해 사찰을 찾는 불자들이 대부분 장·노년층인 까닭은 사람들이 자신의 과거를 돌아보고 성찰할 때 불교에 관심을 가지게 되는 경향이 있기 때문이다. 자연스럽게 A는 신앙이 메말라버린 청년신자들의 수가 늘어나면서 불교 사찰에 남겨진 빈자리들은 결국 노년의 신자

들로 채워질 것이라 믿는다. 불교의 경우 역사적으로 늘 그래왔듯이 말이다.

그럼에도 불구하고, 이 믿음이 A가 새로운 실험을 시도하는 것을 멈추게 하지는 않는다. 그는 청년회를 일부 한국 개신교회들이 목회 사역을 위해 채용한 '셀 그룹' 개념을 따라 재조직할 계획을 세우고 있다. 그는 이 조직의 이름을 불교의 '108 번뇌' 개념에서 따온 '백팔 청년회'로 지었다. 그는 청년 그룹을 각각 18-20명의 청년으로 구성된 작은 셀 6개의 조직으로 나눌 계획이다. 그는 작은 셀 그룹이 보다 효과적이고 역동적으로 성장하기를 바라고 있다. 그는 근시일 내에 적극적으로 종교적 생활을 추구하고 신앙과 불교 고전에 관한 주제들을 배우고 논의할 100명에서 120명의 청년신자들로 이뤄진 그룹을 구상하고 있다.

요약하자면, 역사를 통해 드러난 불교의 흥성과 쇠퇴의 주기에 대한 낙관적 관점에 기대어, 불광사는 오늘날의 변화하는 종교 환경이 심각한 문제라는 관념을 받아들이기를 주저하는 듯 보인다. 비슷하게, 불광사는 청년신자 수의 감소를 어느 정도는 염려하고 있지만, 현 상황을 종교간의 경쟁으로 인정할 정도로 그렇게 걱정하지는 않는다. 현 상황에 대한 불광사의 인식이 회중 지도자들로 하여금 창조적 혁신의 탐색에 적극적으로 초점을 맞추도록 독려할 만큼 심각하지는 않은 듯하다. 따라서 A가 '백팔 청년회'라는 아이디어를 제안하고는 있지만, 그는 청년 신자들을 자신의 회중에로 붙들어 두고 더 끌어들일 실천적 방안들을 고안해 내도록 할 만큼 동기부여가 되어 있지는 않아 보인다.

천도교 서울대교당의 경우는 어떨까? 그들의 상황은 매우 어둡다. 위에서 말한 것처럼, 지난 30~40여 년 동안 청년신자 숫자는 극적으로 감소했고, 다수는 청년회가 존속될지에 대해서 회의적이다. 말할 필요 없이, 이러한 회의적 전망은 청년회의 미래는 물론 천도교 서울대교당의 미래에 있어서도 심각한 의미를 갖는다. 사무총장을 맡고 있는 A는 이 문제에 관한 자신의 생각을 다음과 같이 피력한다.

제 개인적으로 크게 봤을 때 지금 청년들이 뭘 힘들어 하는지 어떤 문제를 겪고 있는지에 대해 저희 교회가 공감을 못하고 있다고 생각합니다. 사실 청년문제 뿐만 아니라 양극화 문제도 벌어지고 있잖아요, 이런 사회 상황 속에서 사회적 약자들한테 힘이 되어주고 그 분들의 공감을 살 수 있어야 되는데, 지금 천도교는 그걸 못하고 있다고 생각이 듭니다. 저희 중앙본부 입장에서는 지방 교구들이 각각 청년회를 잘 세우고 운영이 될 수 있도록 역할을 해줘야 되는데 그것들이 지금 어려운 상황이에요.

분명히, 청년회 성원들에 대한 미래 전망도 없고, 회중 일각에서 천도교 대교당에 청년들을 붙들어 두고 더 끌어들일 희망을 가지고 혁신적 노력을 기울이려는 의지도 보이지 않는다. 설문 결과에서 살펴본 다섯 종교 기관들 중에서 변화하는 종교 상황에 대처하기 위해 회중들이 취하는 대응과 도전 및 실천의 측면에서 천도교 중앙대교당이 가장 수동적이고 보수적이라는 사실이 그다지 놀라운 일은 아니다.

5. 요약 및 논의

이제까지 우리는 청년신자들의 탈종교 상황에 직면해 있는 서울 중심가 소재 다섯 종교기관들이 이 문제를 해결하기 위해 취한 경쟁적이고 혁신적인 시도들에 대해 살펴보았다. 젊은이들이 자신들의 종교를 이탈하기로 결정하는 것은 주로 자신들의 신앙을 재고함에 따라 종교에 대해 냉소적이고 비판적인 태도를 갖게 되는 데서 기인한다. 성공회 서울대성당을 제외하면 전반적으로 2000년대 중반 들어 각 종교 기관에 속한 청년 신자 인구는 감소하기 시작했다. 청년 신자의 감소 추세는 모든 종교 공동체를 통틀어 관찰되었고, 이는 전 세계적으로 관찰되는 종교 환경의 변화를 반영하는 것으로 보인다. 거시적 관점에서 보면, 혹자는 예컨대 'SBNR'이나 'BWB'과 같은 변화하는 종교 환경이 포스트모던 문화 조건과 이와 연관된 도덕 상대주의, 개인주의, 불확실성, 양가성, 비진정성, 자유시장 상업자본주의 등에 의해 영향을 받은 것이라 주장할 수도 있겠다.

하지만 이 감소 추세는 또한 한국인들의 사고방식을 위계적 성향을 갖는 집합행동으로 특징지어지는 특정한 '삶의 형식'을 따르도록 추동하는 한국사회의 특이한 문화적 경향성을 반영한다. 이문화적 경향성은 회중 공동체 내에서 성직자와 평신도, 연장자와청년, 남성과 여성 사이 불평등한 위계적 권위 구조를 만들어 낸다.

이는 통상 '호혜적이고 민주적인 의사소통 구조'의 부재로 이어져, 회중의 의사결정 과정에서 청년들이 자유롭고 적극적으로 참여하지 못하도록 한다.

따라서 이 연구는 정통 종교경제론이 강조해 온 종교 간 또는 교파 간 경쟁과 같은 거시적 요인이 아닌, 교회 간 또는 회중 간의 경쟁과 같은 미시적 요인에 초점을 맞추고 있다. 이 미시적 차원의 접근은 교회나 회중 내의 비민주적 의사소통 구조에 지속적으로 영향을 미치는 문화적 경향성을 살펴보는 데에도 적용되었다.

이런 점들을 염두에 두면서, 청년 신자들이 왜 회중을 떠나는지, 해당 회중들은 청년신자 수의 감소 상황에 어떻게 대응하는지, 청년 신자들을 붙들어 두고 끌어들이기 위해 어떤 혁신적 방안들을 모색하고 실행하는지, 그리고 그 혁신적 방안들이 효과가 있는지 등을 분석했다. 비록 각 회중들이 변화하는 종교 상황을 심각히 여기고 있음에도 불구하고, 회중별로 상황에 대한 반응과 해법에는 차이가 있었다.

먼저, 성공회 서울대성당은 다른 네 기관들과 비교해 그러한 종교적 변화 상황에 대응하고 혁신적 방안을 실행하는 데 있어서 가장 적극적이었다. 성공회 서울대성당은 자신들이 그 상황을 하나의 기회로 바꾸어, 21세기에 중요한 종교적 역할을 수행할 수 있을 것이라는 확신을 갖고 있었다. 자신들이 혁신적 해법을 적극적으로 모색해 가는 리더가 될 수 있다는 것이다. 새로운 혁신적 실험의 하나의 예가 바로 '신학 잡담'이다. 이 프로그램을 통해 새교우나 청년 신자들을 회중에 붙들어 두거나 불러들이고자 노력한다.

지금까지 이 프로그램은 잘 나가는 듯하다. 하지만 청년 신자들에만 너무 많은 초점을 두는 것이 청년들만을 과도하게 선호하는 교회를 만들도록 함으로써 의도치 않게 기성세대 신자들을 배제할 우려가 있을 수도 있다.

변화하는 종교 상황에 대한 영락교회의 대응과 인식은 이 교회의 '중도 보수적' 가치지향성을 잘 반영한다. 청년회 리더들은 'SBNR'이나 'BWB' 같은 변화 상황들을 심각하게 받아들이지만, 동시에 이들을 '진정성이 없는 것'으로 본다. 왜냐하면 이와 같은 종교적 변형들은 '이기적이고 원자론적인 자아'로 이끌어 갈 수 있는 '유아적 신앙' 형태이기 때문에, 결국 바람직하지도 않을 뿐만 아니라 위험한 신앙이 되기 때문이라는 것이다. 때문에 그들은 그 변화의 상황을 종교적 및 회중적 경쟁 상황으로 보지 못하게 됨으로써, 결과적으로 그들은 그 상황과 관련된 창조적 혁신을 적극적으로 모색하려 시도하지 않는다. 이러한 점에서, 스케치북 프로그램은 청년신자들로 하여금 놓쳐버린 신앙의 언어를 개발하도록 돕는 것을 목표로 하는 것이지, 세대 간 신앙언어의 불일치를 낳고 있는 유교적 문화 경향성의 악영향의 문제까지 뚫고 들어가려는 혁신적인 시도는 아닌 것이다.

명동 대성당과 불광사는 각각 전적으로 다른 종교회중에 속했으면서도 변화하는 종교 환경에 대한 인식과 반응에 있어서는 유사한 듯하다. 두 곳은 청년신자의 감소와 그것이 함의하는 바에 주의를 기울이지만, 상황을 덜 심각하게 여기고, 그래서 양측 모두 청년신자를 붙들어 두고 끌어오기 위한 혁신적 방안을 적극적으로 탐색하지는 않는다. 이러한 까닭은 이들이 회중의 차세대와 불가분의 관계를 갖는 변화하는 종교 환경에 대한 전통적 패러다임으로부터 큰 거리를 두고 있지 않기 때문이다. 곧, 썰물이 있으면 밀물이 있는 것처럼, 그들은 청년들이 나이가 들어 자식을 얻게 되거나, 아니면 보다 '인습적인' 다른 청년들이 회중 신자가 되어 단절로 인한 신자 수 감소를 만회하게 될 때, 단절이 끝나지 않을까 생각하는 듯하다. 이러한 반응은 지난 20~30년간 일어난 급격한 기술적, 사회·문화적 및 종교적 변화를 도외시하고 21세기에 청년 신자들이 마주하고 있는 도전의 의미심장함을 무시하는 듯 보인다.

다른 한편, 지난 30~40년에 걸쳐 청년신자 수가 극적으로 감소하고 향후 청년집단의 존속 여부마저 회의적인 것에서 볼 수 있듯이, 천도교의 전반적 상황은 아주 심각하다. 천도교 청년신자들이 마주한 심각한 문제는 청년신자들의 현재와 미래 상황에 대한 어떠한 분석도, 대안적 계획도 존재하지 않는다는 것, 그리고 청년 집단의 미래에 대한 조망도, 회중에 청년신자들을 붙들어 두거나 끌어들일 혁신적인 시도도 없다는 데 있다. 이러한 견지에서 다섯 기관 중에서 천도교 서울 중앙대교당은 가장 수동적이고 보수적이다.

문화적 경향성이라는 변수와 관련해, 모든 인터뷰 응답자들은 유교적 유산에서 전승된 연공서열주의 규칙, 나이차별주의, 가부장적 규칙, 권위주의 태도 등이 회중에 미치는 영향력을 인정한다. 이러한 경향성들은 새 신자와 청년 신자들이 회중의 활동에 적극적으로 관여하고 의사결정 과정에 민주적으로 참여하는 것을 막는 일종의 장벽처럼 기능한다. 이는 회중 내 세대들 간에 '쌍방향적이고 민주적인 의사소통구조'의 부재를 낳는다. 이러한 요소들은 대부분의 회중들에서 아주 뚜렷하게 나타났다. 다섯 기관들 중에서 성공회 서울대성당이 회중 내에 민주적이고 세대통합적 관계를 일구는데에 가장 적극적인 것으로 보인다.

하지만 다섯 기관 모두에서 공통된 점은 'SNBR'이나 또는 'BWB'와 같은 종교적 상황을 '바람직하지 못 하거'나 '진정성이 없는' 것으로 본다는 것이다. 이 점은 그들이 모두 자신들이 고수해 온 전통적 종교 개념의 급진적 변화로 이어져 새로운 형식의 종교의 등장으로 이어질 수도 있는 '영성적 전환'이라 불리는 작금의 영성적 관심사와 운동의 의미심장함을 인정하는 데 주저하고 있음을 뜻한다.

따라서 청년 신자들을 붙들어 두고 끌어오기 위해 다섯 종교 기관들이 모색하고 채택해 온 전략들은 그것이 혁신적이건 아니건 간에 지금까지 그다지 효과를 얻지는 못해왔다. 이는 주로 그들이 모두 아직 청년신자의 지속적 감소의 문제를 전 세계적으로 일어나는 '영성적 전환'의 중요성과 마찬가지로, 불가피하게 다가오고 있는 종교 간 또는 회중 간의 경쟁의 결과로 인식하지 못하고 있기 때문이다. 결과적으로, 다섯 종교 기관들은 어떤 창조적 혁신을 적극적으로 찾아 나서기 보다는 아직까지 인습적이거나 일종의 교조주의적인 방법에 크게 의존하고 있다. 이미 언급한 것처럼, 성공회 서울대성당은 이러한 상황에 대해 적극적이고 긍정적으로 도전하는 단계에 이제 막 진입한 듯 보인다.

참고문헌

강인철. 2014. "정교분리 이후의 종교와 정치: 의미와 동학." 『민주사회와 정책연구』. 통권 26: 139-167.

김성건. 2017. "The Place of Evangelical Protestantism in the Korean Public Sphere." 담론 201: 143-70.

김성건. 2005. 『한국 사회와 개신교』, 청주: 서원대학교 출판국.

박영신 · 정재영. 2006. 『현대 한국 사회와 기독교』. 서울: 한들.

이말테. 2017. 『서울에서 만난 루터』. 서울: 신앙과지성사.

송재룡. 2013. "종교와 사회 발전: 잉글하트의 수정 속화론과 관련하여." 『현상과인식』 37(4): 109-132.

송재룡. 2009. "한국 사회의 문화구조 특성에 대한 연구: 전근대적 문화습속을 중심으로." 『담론201』 12(3/4): 5-34.

송재룡. 2002. "한국 사회의 "삶의 유형: 두 개의 언어 게임 사이에서." 『현상과인식』 26(1/2): 9-30.

유광석. 2014. 『종교 시장의 이해』. 서울: 다산.

이만열. 1989. "세계 기독교 사상의 한국 기독교." 이기백 엮음. 『한국사 시민포럼』. 서울: 일조각. pp. 101-137.

이정연. 2014. "도시화와 종교시장: 1960~2000년대 창신동지역 개신교회를 중심으로." 『경제와사회』 101: 226-257.

전세훈. 2017, "청년 신자들은 왜 교회를 떠나는가?." EYCK, NCCK청년위원회 엮음. 『한국교회, 청년이 떠나고 있다』. 서울: 동연, 15-35.

정태식. 2009. "공적 종교로서의 미국 개신교 근본주의의 정치적 역할과 한계." 『현상과인식』 33: 40-67.

추교윤. 2012. "한국 현대사에서의 가톨릭교회 : 한국의 정치적 민주화와 관련하여." 『사목정보』. 5(1): 96-99.

Bellah, Robert Neelly, Richard Madsen, William M. Sullivan, Ann Swidler, and Steven M. Tipton. 1996. *Habits of the Heart* (Updated Edition with a New Intro.). Berkeley: University of Berkeley Press. First published 1985.

Bowen, John P. 2010. *Growing Up Christian: Why Young People Stay in Church, Leave*

Church, and (Sometimes) Come Back to Church. Vancouver: Regent College Publishing.

Bush, Evelyn. 2010. *Explaining Religious Market Failure: A Gendered Critique of the Religious Economies Model. Sociological Theory*. 28: 304 – 25.

Chae, Byung Kwan. 2014. *Confucian Protestant Churches Crossing the Pacific: A Sociological Study of Pre-Christian Asian Influences on Korean Immigrant Churches in America*. Saarbrücken: Lap Lambert.

Chen, Jianlin. 2014. "Deconstructing the Religious Free Market". *Journal of Law, Religion and State*. 3: 1 – 24.

Collins-Mayo, Sylvia. 2012. "Youth and Religion: An International Perspective". *Zeitschrift für Religionspädagogik (Academic Journal of Religious Education) l*: 80 – 94.

Davie, Grace. 1994. *The Religion in Britain since 1945: Believing without Belonging*. Oxford: Blackwell.

Finke, Roger, and Rodney Stark. 1992. *The Churching of America, 1776–1990: Winners and Losers in Our Religious Economy*. New Brunswick: Rutgers University Press.

Fuller, Robert C. 2001. *Spiritual, But Not Religious: Understanding Unchurched America*. Oxford: Oxford University Press.

Fischer, Claude S., and Michael Hout. 2006. *Century of Difference: How America Changed in the Last One Hundred Years*. New York: Russell Sage Foundation.

Fulton, John. 2000. *Young Catholics at the New Millennium: The Religion and Morality of Young Adults in Western Cultures*. Dublin: University College Dublin Press.

Geertz, Clifford. 1993. *The Interpretation of Cultures*. London: Fontana.

Giordan, Giuseppe, ed. 2010. *Annual Review of the Sociology of Religion 1: Youth and Religion*. Leiden: Brill.

Heelas, Paul, and Linda Woodhead. 2005. *The Spiritual Revolution: Why Religion in Giving Way to Spirituality*. Oxford: Blackwell.

Hoge, Dean R. 2001. *Young Adult Catholics: Religions in the Culture of Choice*. Notre Dame: University of Notre Dame Press.

Holmes, Peter R. 2007. "Spirituality: Some Disciplinary Perspectives." In Edited by Kieran Flanagan and Peter C. Jupp. *A Sociology of Spirituality*. Hampshire: Ashgate, pp. 23 – 42.

Inglehart, Ronald, and Pippa Norris. 2007. "Why Didn't Religion Disappear?

Reexamining the Secularization Thesis." In Edited by Helmut K Anheier and Yudhishthir Isar. *Cultures and Globalizations: Conflicts and Tensions*. London: Sage, pp. 253–57.

Ivanhoe, Philip J., and Sungmoon Kim. 2016. *Confucianism, A Habit of the Heart*. New York: SUNY Press.

Kinnaman, David. 2011. *You Lost Me: Why Young Christians Are Leaving Church and Rethinking Faith*. Grand Rapids: Baker Books.

Krueger, Richard A., and Mary Anne Casey. 2008. *Focus Groups: A Practical Guide for Applied Research*, 4th ed. London: Sage.

Lechner, Frank J. 2007. Rational Choice and Religious Economies. In Edited by James A. Beckford and N. Jay Demerath. *The Sage Handbook of the Sociology of Religion*. London: Sage, pp. 81–96.

Martin, David. 2001. *Pentecostalism: The World They Parish (Religion and Modernity)*. London: Blackwell.

Mason, M., A. Singleton, and R. Webber. 2007. *The Spirit of Generation Y: Young People's Spirituality in a Changing Australia*. Mulgrave: John Garratt.

Norris, Pippa, and Roland Inglehart. 2004. *Sacred and Secular: Religion and Politics Worldwide*. Cambridge: Cambridge University Press.

Pew Research Center. 2011. *Global Christianity (Pew Forum on Religion & Public Life)*. Washington: Pew-research Center.

Putnam, Robert D., and David E. Campbell. 2012. *American Grace: How Religion Divides and Unites Us*. New York: Simon & Schuster.

Stark, Rodney. 2006. *Economics of religion. In The Blackwell Companion to the Study of Religion*. Edited by Robert A. Segal. Oxford: Blackwell, pp. 47–68.

Stark, Rodney, and Roger Finke. 2000. *Acts of Faith: Explaining the Human Side of Religion*. Berkeley: University of California Press.

Statistics Korea. 2017. 2015 *Population and Housing Census Report*. Seoul: Statistics Korea. Available online: http://kostat.go.kr (accessed on 5 December 2017).

Stolz, Jörg. 2006. Salvation Goods and Religious Markets: Integrating Rational Choice and Weberian Perspectives. *Social Compass* 53: 13–32.

Wittgenstein, Ludwig. 1953. *Philosophical Investigation*. Oxford: Blackwell.

Woodhead, Linda. 2017. "The Rise of "No Religion": Toward an Explanation." *Sociology of Religion: A Quarterly Review*. 78: 1 – 16.

Yang, Fenggang. 2006. "The Red, Black, and Gray Markets of Religions in China". *Social Compass*. 57: 93 – 112.

Yang, Fenggang. 2012. *Religion in China: Survival and Revival under Communist Rule*. Oxford: Oxford University Press. (송재룡 · 유광석 역. 2017. 『중국의 종교: 공산통치하에서의 생존과 부흥』, 서울: 다산).

3장

탈교회화 시대의 종교:

한국 개신교의 '가나안 교인'에 대한 종교사회학적 분석

최현종

독일 라이프찌히 대학교에서 종교사회학으로 박사학위를 받았다. 최근 저서로 〈현대
사회, 종교 그리고 돈〉이 있다. 현재 서울신학대학교 교양교육원 교수로 재직 중이다.

탈교회화 시대의 종교:
한국 개신교의 '가나안 교인'에 대한 종교사회학적 분석[1]

1. 들어가는 말: 탈교회 현상이란?

몇 년전부터 한국 교계에 '가나안 교인'이란 말이 유행하고 있다. 주지하다시피, 가나안교인이란 '기독교 신앙을 가지고 있으면서 교회에는 출석하지 않는 사람'들을 가리키는 용어이다. 이러한 현상은 한국에만 국한되지는 않는다. 일찍이 영국의 종교사회학자 그레이스 데이비(Grace Davie)는 '소속이 없는 믿음'(Believing without Belonging)이라는 용어를 통하여 이러한 현상을 정의하였고(Davie, 1990), 미국 학계에서는 "종교적이지는 않지만, 영적

---

[1] 본 논문은 최현종 『현대사회, 종교 그리고 돈』 (한국학술정보, 2019) 1장에 수록된 원고를 일부 수정한 것임.

인"(not religious, but spiritual)이라는 형용사로 이들을 표현하기도 한다. 루프(W. C. Roof)가 인용한 자료에 의하면 미국의 경우 '종교적'이라고 대답한 사람의 79%가 자신을 '영적(spiritual)'이라고도 규정하였지만, '종교적'이 아니라고 대답한 사람의 54%도 자신을 '영적'이라고 정의하였다(Roof, 2003: 145). 이러한 비율 - 영적이지만, 종교적이라고 규정하지 않은 -은 전체 조사 대상자로 보았을 때에는 약 14% 정도를 차지하였다. 최근에는 이러한 이들을 가리키는 용어로 '교회 난민'(Church Refugees)이라는 용어도 등장하였다(cf. Packard and Hope, 2015).

　이러한 현상은 왜 나타나는 것일까? 이러한 현상은 현대(modern) 혹은 탈근대(post-modern)적 사회변화의 결과로 볼 수 있을까? 기독교인의 입장에서 이러한 현상을 어떻게 바라보아야 할 것이가? 이 글은 이러한 '탈교회현상'을 종교사회학적으로 분석하고, 부족하지만 위의 질문들에 대해 어느 정도의 답을 제공하는 것을 목적으로 한다.

2. 탈교회 현상: 종교의 개인화?

　현대사회의 종교적 변화를 설명하는 중요 이론 중의 하나는 '세속화' 이론이었다. 일반적으로 세속화는 "종교가 사회생활의 다양한 영역에서 그 영향력을 상실해 가는 과정"이라고 정의된다(Giddens, 2011: 594). 역사적으로는 30년 전쟁의 혼란 상황에 이은 베스트팔렌 평화조약의 협상 과정에서 토지와 재산이 교회의 통제로부터 벗어남을 나타내는 용어였다(Reicke, 1986). 하지만 이는 점차로, 특히 19세기 이후 전체적인 근대 사회로의 변화과정, 특히 종교적 변천과 이와 관련된 전통적 가치들의 변화를 일컫는 용어로서 발전되었다(최현종, 2013: 87).

　세속화 이론의 일반적 입장은 종교의 '쇠퇴'이다. 즉, 사회가 '근대화', '합리화' 되어감에 따라 종교는 쇠퇴할 수밖에 없다는 입장이다. 이는 사실 서구 사회 일반의 소위 '근대화' 이론과 궤를 같이하는 것으로, 최근에는 서구적 '근대성'(modernity) 개념에 대한 재검토와 함께 많은 학자들에 의해 반박되고 있는 실정이다. 즉, 근대성이 기본적으로 근대화의 수렴 이론에 기초한 것처럼, 세속화의 개념도 이러한 '근대성'의 한 갈래로, 그 기반에는 계몽주의적, 근대주의적 규범적 편향이 자리 잡고 있다. 이러한 맥락에서 세속화는 과연 '보편적, 필연적인 과정인가?' 하는 문제가 제기되고 있으며, 다양한 근대성의 논의와 함께 다원적 세속성, 나아가 세속성 개념 자체의 재정의가 필요하다는 입장이 제기되고 있다.

　하지만, 실제적으로 세속화에 대한 반증은 이러한 이론적 형태가 아닌 실증적 자료의 형태로 더욱 강력하게 제기되고 있다. 사회가 발전함에 따라 종교가 쇠퇴할 것이라는 세속화 이론가들의 주장과는 반대로 유럽 일부를 제외하고는 전세계의 종교인구가 증가하고 있기 때문이다(cf. Jenkins, 2009). 물론 최근에는 서구 사회 가운데 세속화 이론의 예외라고 주장되었던 미국에서도 중교인구가 줄어드는 통계가 제시되고 있고, 이에 대한 활발한 연구도 진행되고 있지만(cf. Zuckerman, Galen, and Pasquale, 2016), 전세계적으로 종교인구는 여전히 늘어나고 있는 실정이다. 이러한 세속화 이론의 변화를 보여주는 대표적인 사례는, 세속화 이론의 대표적 학자라고 할 수 있는 피터 버거(Peter L. Berger)의 입장 변화이다. 그는 일찍이 『종교와 사회』(The Sacred Canopy, 1967) 등의 저서를 통하여서 세속화 이론의 주요한 대변자로서 활동하였으나, 1990년대에는 『세속화냐, 탈세속화냐』(The Desecularization of the World: Resurgent Religion and World Politics, 1999)라는 편저를 통하여 현대의 세계를 설명하는데 있어서 세속화 이론이 더 이상 유효하지 않음을 드러내었다.

종교의 '쇠퇴'를 주장하는 일반적 세속화 이론과는 별개로, 현대의 종교는 쇠퇴하는 것이 아니라 제도적 형태에서 보다 개인적인 형태로 '변화'하고 있음을 주장하는 또 다른 입장이 있다. 이러한 입장을 대변하는 대표적인 학자가 앞서 언급한 피터 버거의 동료이자, 많은 저서를 함께 출간하기도 하였던 토마스 루크만(Thomas Luckmann)이다. 루크만은 그의 저서 『보이지 않는 종교』(The Invisible Religion, 1967)를 통하여, 현대 사회에서 보이는 종교, 즉 제도적 종교는 쇠퇴하고 있는데 반해, 보이지 않는 종교, 즉 개인화된 종교는 여전히 의미를 지닌다고 주장한다. 그리고, 이러한 변화의 중심에는 종교의 개인화와 교회의 (의미) 해석의 독점의 상실이 자리 잡고 있다. 거룩한 영역과 관련된 주제는 더 이상 제도적 종교의 독점 사항이 아니고, 세속적, 비종교적 의미 체계와 경쟁하게 되었다. 즉, 사회의 기본적 가치체계는 더 이상 종교의 독점물이 아니며, 나아가 종교적 전문가들도 '거룩함'의 재화에 대하여 여타의 영역의 전문가들에 조언을 구하기도 한다. 이와 같은 상황에서 개인은 선택을 하여야 하는데, 이러한 종교성은 더 이상 공적이지 않으며, 사적으로, 개인적으로 정착하게 되며, 이러한 사적 신앙은 개인의 자율성을 존중하며, 공식적인 혹은 제도적인 종교의 모델과는 구분되는 양상을 지닌다.

사실 이러한 루크만의 주장은 몇 가지 기본적인 전제들을 지니고 있다. 먼저 그의 주장은 종교의 '본질적'인 정의 보다는 '기능적'인 정의를 바탕으로 하며,[2] 종교의 기능을 주로 의미 추구와 관련하여 보고 있다. 또한 루크만은 대, 중, 소의 초월성을 구분하고 있는데, 전통적인 종교가 일상 생활에서 접근할 수 없는 경험의 영역인 거대 초월성의 부분을 다루었다면, 직접적 경험이 제한적으로만 넘어설 수 있는 시간적, 공간적으로 도달할 수 없는 부분들(작은 초월성), 타인의 신념과 같은 다양한 사회적 경험의 간접성(중간적 초월성) 등도 종교의 범위에 포함시키고 있다. 이러한 루크만의 입장은 앞서 언급한 데이비의 '소속이 없는 믿음'이나, 벡(Ulrich Beck)의 '자기만의 신'(Der eigene Gott) 등의 주장으로 이어지고 있다.

물론 루크만 이전에도 이러한 종교의 개인화에 대한 주장은 존재하였다. 트뢸치(Ernst Troeltsch)는 종교의 유형을 설명하면서, '교회'(Kirche, church)와 '종파'(Sekte, sect)라는 집단적 유형 외에 '신비주의'(Mystik, mysticism)라는 개인적 유형을 제시하였고

---

2) 종교의 '본질적' 정의는 '거룩함', '영적 존재' 등 종교가 가지고 있는 특질들을 통하여 종교를 정의하려는 시도를 말하며, 이에 반하여 '기능적' 정의는 '사회통합', '의미 부여' 등 종교가 '무엇을 하는가'에 근거한 정의이다. 종교의 본질적 정의와 기능적 정의에 대하여는 이원규(2006) 2장 참조.

(Troeltsch, 1912), 짐멜(Georg Simmel) 또한 '종교'(Religion)와 '종교성'(Religiosität, religiosity)을 분리하여 제도적 종교와 개인적 종교를 구분하였다(Simmel, 1912). 짐멜의 사회학에 있어서 중요한 범주는 '내용'과 '형식'이다. 형식은 본래 내용을 잘 담기 위한 그릇인데, 시간이 지남에 따라 내용과의 관계보다는 형식 자체의 논리에 움직이게 된다. 이러한 형식과 내용의 관계는 종교와 종교성에 그대로 적용될 수 있다. 짐멜의 견해에 따르면, '종교'란 '종교성'을 담는 그릇, 형식인데, 이것이 점차로 종교성과 무관하게 자체의 논리에 의해 움직이게 되고, 이러한 문제를 극복하기 위해 순수한 내용, 즉 '종교성'을 회복하기 위한 노력이 개인적 종교의 형태로 나타나게 된다는 것이다. 짐멜에서 루크만에 이르는 입장을 탈교회 현상과 관련하여 해석해 보면, 결국 탈교회 현상은 현대의 개인화, 특히 종교의 개인화에 따른 것이며, 이러한 입장을 따르는 이들은 종교와 관련된 '의미' 해석에 있어서 더 이상 제도적 교회의 독점을 인정하지 않는 경향이 있다. 아울러 이들은 지나치게 형식화되어 종교 자체의 본래적 '내용'을 잃어버린 제도적 교회에 반발하여 종교 본연의 '내용'을 회복하고자 노력하기도 한다. 다음 장에서는 이와 같은 '탈교회적' 종교(성)의 특징을 '영성'이라는 주제 하에 좀 더 자세하게 살펴보고자 한다.

3. 개인화된 종교: 영성의 추구

현대의 학자들이 개인화된 종교를 제도적 종교와 구분하기 위하여 사용하는 대표적인 용어 중의 하나는 '영성'이다. 이는 앞서 언급한 짐멜의 '종교성'에 가까운 것이지만, 현대의 (특히, 영미권의) 학자들은 '영성'이라는 용어를 더 선호한다. 루프(W.C.Roof)에 의하면, '영성'(spirituality)은 제도적 종교의 교리 및 의례 중심의 형태에 반하여 "의미, 그리고 실존적 전체성을 향한 인간적 탐구"를 의미한다(Roof, 2003: 138). 우스나우(R. Wuthnow) 또한 이러한 상황이 사람들이 형이상학에 대한 믿음을 잃고, 좀 더 세분된 지식과 실용적 지혜를 찾는 경향에 기인한다고 말하고 있다. 이러한 변화된 경향이 과거의 '제도적 종교'보다는 새로운 형태의 '종교적인 것'을 요구하였고, 이것이 '영성'이라는 형태로 나타나게 되었다는 것이다. 우스나우는 제도적 종교와 새롭게 나타난 영성을 구분하면서 "거주자(dweller)"와 "탐색자(seeker)"라는 대조적 개념을 통하여 그 차이를 설명하고 있는데(Wuthnow, 1998: 3), 여기서 '거주자'가 기존의 잘 정립된 의례나 일상적 관행 속에서 질서와 의미를 발견하는 자라면, '탐색자'는 그 말 자체가 의미하는 바처럼, 의미 혹은 절대성의 여러 다양한 가능성에 대해 '개방성'을 갖고, 새로운 영적 가능성을 탐색하는 자를 의미한다. 그리하여 종교적, 영적 생활과 관련하여 전자는 정착된 삶을 사는 이의 이미지를, 후자는 여행자, 혹은 방랑자의 이미지를 전해 준다.

　　미국의 경우 이미 1970년대 중반의 조사에서 10명의 미국인 중 8명 가량이 "개인이 교회와 독립적으로 자신의 종교적 신앙을 가져야 한다"는 데에 동의하는 것으로 나타났고, 비슷한 비율의 사람들이 "교회나 회당에 참석하지 않는다 하더라도 그는 좋은 크리스찬 혹은 유대교인일 수 있다"고 답하였다(Princeton Religion Research Center, 1978). 이러한 제도적 종교에 얽매이지 않은 종교인/영적 탐색자의 모습은 벨라(R. Bellah)의 '쉐일라이즘(Sheilaism)'이라는 표현 속에서도 잘 드러나고 있다.[3] 쉐일라이즘은 현대의 종교 생활에 있어서의 '표현적 개인주의' 혹은 '공리주의적 개인주의'의 경향을 잘 보여주는 것으로, 특정 종교의 입장보다는 자신의 개인적 필요에 따라 접촉할 수 있는 다양한 종교적 원천으로부터 필요한 것을 소비하는 경향을 의미한다. 이는 물론 종교만의 현상이라기보다는 사회 전반의 상대주의, 다원주의, 개인주의와 같은 경향이 반영된 것으로 볼 수 있다. 또한 '자아' – 특히 '자아 실현'이나 '자아 표현' –, '창조성', '자발성'과 같은 심리학적, 사회문화적 개념이 종교적 현상에 투영된 것으로도 보인다.[4] 이러한 현재의 경향들은 종교의 선택 혹은 소비에 영향을 미치고, 나아가 자신의 필요에 따라 종교를 가공하는 것으로 발전하기도 한다. 즉 기존의 패키지화된 경험이 아니라, 자신의 창조물로서의 경험적 생산물을 추구하는 경향이 종교에 있어서도 나타나는 것이다(Flory and Miller, 2007: 203).[5] 이러한 추구에 있어 중심에 위치한 것은 '신'이 아니라, 앞

---

3) 종교 문제에 관하여 자기 자신의 내적 목소리를 좇아 행했던, 심리 치료 중에 있었던 한 젊은 간호원(Sheila Larson)을 묘사하기 위해 벨라 등이 사용한 용어. 종교의 개인화 경향을 단적으로 드러내 주는 표현으로 통용된다. 이와 관련하여서는 Bellah et al. (2001) 참조.

4) 루프는 이러한 변화에 중요한 영향을 미친 요소로 개인주의적 에토스, 치료적 사고방식 (therapeutic mentality), 증가하는 소비주의를 들고 있다(Roof, 2003: 142).

5) 미국의 이머징 처치의 경우에도 이러한 경향이 일부 나타나는 것으로 볼 수 있다. 또한 이러한 경향은 단순한 소비자가 아니라, 어느 정도 가공을 행하는 '프로슈머(Prosumer)'라는 일반 사회적 개념과도 상통하는 것으로 볼 수 있다.

서 말한 바처럼 '자아'이다.6) 따라서 자신이 소비하고자 하는 종교적, 영적 재화가 소비 욕구에 적합하지 않을 때, 그들은 쉽게 다른 종교적, 영적 재화, 혹은 나아가 비종교적 재화로 소비를 변화시킬 수 있다. 이제 진리는 '교회'의 진리가 아니라, '나'의 진리가 되어야 하며, '나'의 진리가 되는데는 '교리'보다 '경험'이 중요한 영향을 미친다. 이와 같은 상황에 대해 드루거스(André Droogers)는 '영혼의 탐색(soul-searching)'이 '진리의 발견(truth finding)'보다 더 중요해진다고 말하기도 한다(Droogers, 2007: 93f).

드루거스에 의하면 이와 같은 종교의 개인화의 경향은 실제로는 2가지 상반된 방향으로 진행될 수 있다. 하나는 공적/사적 영역에서의 종교의 '주변화'(marginalisation)이고, 또 하나는 실존적 불안정성의 야기에 따른 '새로운 종교성'으로의 발전이다(Droogers, 2007: 84). 자기 성취를 삶의 목적으로 만드는 주관성, 당대의 선택 경향을 좇게 만드는 불확실성은 단지 '지금 여기'에 집중하여, 과거의 전통이나 종말론적 희망의 자리를 앗아갈 수도 있지만, 때로는 일상생활을 지속적으로 스스로 통제하는 데 지친 현대인들로 하여금 거룩함에 대한 맹목적 복종을 통하여 위안을 얻도록 만들기도 한다. 결코 무시할 수 없는 이러한 현대의 종교적 추구 속에 종교 생활에서 조직화된 틀과 완전한 자유의 절묘한 조화 – 실제로는 쉽지 않은, 거의 불가능에 가까운 –를 요구하는 것에 대한 답으로서 나타난 것이 현대적 의미의 '영성'의 추구 현상이라고 생각된다.

---

6) 힐라스(P. Heelas)는 이와 관련 '거룩한 자아(sacred self)'라는 용어를 사용한다. 이와 관련하여서는 Heelas(1996) 참조.

4. 탈교회 현상의 출발로서의 개인화의 기원과 전개

영성의 추구와 관련된 이러한 개인화 현상은 주지하다시피 종교만의 문제는 아니다. 다시 말하면, 제도적 교회의 약화는 단순한 종교만의 문제가 아니라, 전반적인 사회변화에 따른 보다 일반적인 사회 현상의 한 양상으로 볼 수 있다. 교회의 변화는 정당 체제, 노동조합의 약화 등 관련된 여타 제도 영역, 다른 자발적 조직체들의 변화와 함께 살펴보아야 할 것이다(Davie, 2007: 92f.). 교회 뿐 아니라 정규적으로 모임을 요구하는 다른 사회적 활동들도 쇠퇴하고 있으며, 교회는 많은 자발적 조직체 중의 한 유형으로 존재하고 있다. 카메론(Helen Cameron)은 특히 사회적 자본의 생성과 관련된 집단이 쇠퇴하고 있으며, 반면에 상대적으로 구성원에 대한 요구가 적은 집단은 성장하는 추세를 보인다고 주장한다(Cameron, 2001). 반면, 종교적 집단에서 세속적 집단으로 전환하고 있다는 세속화의 증거는 나타나지 않는다.

그렇다면, 이러한 개인화는 언제 어떻게 일어난 것일까? 흥미롭게도 독일의 사회학자 벡은 이러한 개인화가 종교에서부터 시작된 것이라고 설명한다. 그는 자신의 책 『자기만의 신』에서 종교개혁을 '개인화의 혁명'이라고 표현한다(벡, 2013: 146). 그는 루터의 혁명의 골자를 종교의 개인화, 즉 '자기만의 신'을 발명한 것이라고 주장하며, "교회의 정통 교리에 대항해 주관적 신앙의 자유를 설파"했다고 기술한다(벡, 2013: 147). 이를 통하여 주관적 신앙은 교회의 권위로부터 이탈하고, '자기만의 신'과의 개인적 대면을 통하여 신앙의 확신을 얻게 된다. 제도적 교회를 통한 고전적 고해는 이제 신과 직접적, 즉 개인적으로 연결된 형식의 고해, '자기만의 신'과 대화하는 형태의 기도로 바뀌게 된다. 벡에 의하면 짐멜의 구분, 즉 형식으로서의 제도적 '종교'와 내용으로서의 개인적 '종교성'의 구분은 이미 루터에게서 나타난다. 벡은 루터가 '종교적'이라는 형용사를 '종교'라는 명사로부터 구분하였다고 주장하는데, 이는 짐멜의 구분에 상응한다. 벡은 이러한 변화를 전체적으로 '개인화의 제1단계'라고 명명하는데, 그에 따르면 "신앙의 확실성을 제공하는 근원을 교회의 위계질서 대신 자아에서 찾는 사람은 관점의 변화만을 가져오는 것이 아니라, '세계의 변화'까지도 가져온다"(벡, 2013: 148). 나아가 이러한 개인은 신과의 유사성, 그리고 신의 직접성으로 인해 스스로의 내면에서 '자기충족', '진정성', '창의성' 등의 근원도 발견하게 된다(벡, 2013: 153). 결국, 스스로를 성찰하는 '자율적이고 해방된 주체'는 자신이 도달한 '내면적 자유'를 통하여, 새로운 신이 되고 영웅이 된다.

벡은 '개인화의 제 2단계'는 개인화가 '제도화'되는 것으로 설명하고, 이는 국민국가의 등장, 그리고 그에 따른 복지국가의 등장과 관련된 것으로 주장한다. 벡에 의하면 이러한 국가는 개인들의 책임을 전제로 한 사회적 법체계를 가지며, 공민적 기본권, 정치적 기본권, 사회적 기본권 등은 이러한 체계의 산물이다(벡, 2013: 153). 이러한 체계가 대상으로 삼는 것은 집단이 아닌 개인이다. 이 단계에서 '복지국가의 아이러니'가 나타난다고 벡은 주장하는데, 국가의 발전과정에서 계급투쟁을 통해 복지국가가 어느 정도 실현되면, 이를 통해 계급이 의미를 상실하고, 개인화가 더욱 진행된다. 더 나아가 21세기가 시작되는 현재의 시점에서는 과거 국민국가, 복지국가, 계급, 가족 등에 속해 있던 특성, 기능 및 활동들이 밖으로는 지구적, 국제적 차원으로 이동되고(외주화), 안으로는 '개인'들에게 이전된다(내주화). 현대의 상황은 '제도화된 선택의 기회'와 '제도적으로 개인화된 선택의 강요'가 함께 존재하는 것이라고 벡은 기술한다(벡, 2013: 165). 벡은 "현재 확산되고 있는 것은 다양성이 아니라 다양성의 정상화"이며, 이를 통해 "개인화된 개인이 제도적인 뿌리를 통해 생산되고 재생산된다"고 주장한다(벡, 2013: 167f). 그리고 이러한 '개인화/세계시민화'가 나타나는 가장 중요한 영역이 노동세계와 함께 종교라고 벡은 주장한다(벡, 2013: 171).

  종교개혁이 사실은 '개인화의 혁명'이었다는 벡의 주장은 사실 반대로도 설명할 수 있다. 즉, 종교개혁 때문에 개인화가 일어난 것이 아니라, 개인화적 경향의 발달이 종교개혁을 일으켰다는 입장이다. 그렇다면, 개인화의 기원을 어디서 찾아야 할까? '유물론적' 종교사회학의 입장을 지닌 브라이언 터너(Bryan. S. Turner)는 그 기원을 사유재산제의 발달에서 찾는다. 즉, 개인주의는 재산권을 정당화하는 과정에서 나타난 경쟁적 자본주의 체제의 자연스러운 결과라는 것이다. 자본주의 체제는 사유재산, 개인의 권리 등의 개념을 전제하며, 재산의 소유, 이양, 침해 등과 관련된 개인주의적 법체계가 없이는 지속될 수 없다. 어떤 의미에서 '법적 주체'라는 개념은 '상품'이라는 형식의 법적인 표현이라고도 볼 수 있다. 이와 함께 소유자 계급의 경제적 이익을 보호하기 위해서도 개인주의적 가치관은 필수적이다. 결국 개인주의는 자본주의 사회에서 하나의 중심 이데올로기로 작용한다. 자본주의 국가의 중앙집중적, 관료적 · 위계적 작동에 있어 '개인'이라는 원자화된 작용 단위의 설정은 필수적이다(Turner, 1983, 160). 터너는 풀란차스(Nicos Poulantzas)를 인용하면서, 자본주의 국가는 이러한 개인화 · 원자화의 장치를 고정시키고, 형식적으로는 평등한 것처럼 보이는 이러한 단자들(monads)의 통합을 대변하는 것처럼 작용한다고 주장한다. 그 결과, 사회 내의 계급 간의 갈등은 개인 간의 갈등으로 경험되며, 국가는 정치 기구의 통합 하에 이러한 분열된 개인들을 조정한다는 '허구의' 역할을 감당한다는 것이다. 푸코(Michel Foucault) 또한 유사한 맥락에서 '개인'은 사회의 이데올로기적 표상에 있어서의 허구적 단위이며, 이들은 '규율'이라고 불리는 권력의 장치에 의해 만들어진다고 주장한다(푸코, 2003). 결국 개인화는 한편으로는 사람들을 구별되고, 분리된 단위로 만들지만, 다른 한편으로는 통제에 보다 종속되게 하는 역설적 작용을 하게 된다.

터너는 이러한 사유재산제에 근거한 상품 생산 사회에 가장 어울리는 종교가 개신교라고 생각한다(Turner, 1983, 155). 터너는 베버의 '자본주의 정신'과 '개신교 윤리'와의 관계에 대한 주장을 인과적이기보다는 '유사한'(analogous) 성격을 지닌 것으로 다르게 파악되어야 한다고 보며, 이러한 유사성은 상품생산에 있어서의 교환적 관계에 의해 설명될 수 있다고 주장한다(Turner, 1983: 169). 결국, 양심의 자유와 시장의 자유는 동시적으로 발달한 것이다. 터너는 트뢸치를 인용하여, 개신교 '종파'가 '교회' 조직의 전통적, 집단적 특성에 반한 개인주의를 배양하는 모판이 되었다고 주장한다 (Turner, 1983: 172). 개신교의 가장 중요한 특징 중의 하나는 종교의 주요 목적인 '구원의 추구'에 있어서 공동체적 '성사'의 의미를 제거, 혹은 축소한 것이다. 하지만, 이러한 '종파'들은 현대 자본주의 사회에서 개인주의의 발전에 따라 다시 '신비주의'의 보다 사적이고, 개인주의적 양태에 의해 대체된다는 것이 트뢸치-터너의 입장이다. 이러한 종교적 개인주의는 '개인'간의 관계는 중요시하지 않고, 오직 개인의 영혼과 신 사이의 관계를 강조할 뿐이다. 한편으로 이러한 개인주의적 종교는 '엘리트'적 성격을 띠기도 하는데, 그러한 의미에서 트뢸치적 '교회 · 신비주의'의 차이는 베버적인 '대가'(virtuoso) 종교성과 '대중적' 종교성의 구분에 상응하는 것으로도 볼 수 있다.

이상 언급한 터너의 입장이 반드시 벡의 견해와 반대되는 것은 아니다. 벡이 언급한 개인주의의 1단계와 2단계가 터너에게 있어서는 뒤바뀌어 있고, 2단계에 있어서 중요한 역할을 하는 국가와 법체제의 문제가 근원적으로는 자본주의적 상품 생산체제와 그 근거로서의 사유재산제에 기인한다는 것이 터너의 입장이다. 어느 쪽의 입장을 지지하든 개신교의 탄생이 개인주의의 출발과 깊은 관련을 맺는다는 것은 양자의 공통된 견해이다. 그리고 그와 같은 개인주의의 경향은 현재 더욱 심화되어, 개인주의의 시작에 기여했던(?) 개신교의 모습 자체를 변화시키고 있다. 터너는 개신교 '종파'는 외부 세계로부터 개인을 분리시키는 대신, 내부 구성원들간의 결속을 강화하는 경향이 있다고 보았으며, 그 역사적인 사례로 산업혁명기 영국의 감리교 운동을 들었다. 하지만, 이제 그 내부적인, '종파적인' 결속도 약화되고 있고, 이러한 상황은 현재의 '탈교회'적 현상으로 이어지고 있다.

5. 시장이론: 탈교회 현상의 또 다른 설명

사회발전에 따라 종교는 '쇠퇴'한다는 일반적 세속화 이론, 종교는 '쇠퇴'하는 것이 아니라, 개인화된 종교로 '변화'하는 것일뿐이라는 개인화 이론과 더불어 현대의 중요한 종교사회학적 이론의 한 줄기는 소위 '시장이론'(market theory, 혹은 합리적 선택 이론: rational-choice theory)이다. 과연 현대는 과거에 비해 세속화된 사회일까? 세속화 이론이 처음 제기되었을 때부터 여기에 대한 많은 반론이 제기되어 왔다. 그 중 가장 많이 제기되는 문제는, 과연 과거의 시기가 세속화 이론이 가정하는 만큼 신앙적 시기였는가 하는 문제이다. 보통 서구 사회의 경우, 현대 이전의 시기, 특히 중세를 매우 종교적인 시기로 보는 입장을 '카톨릭 유토피아주의'라고도 부르는데, '유토피아'라는 말의 어원에서도 알 수 있듯이, 이는 과거의 '신앙의 시대'의 주장이 허구일 뿐이라고 주장한다. 실제로 이 시기의 농촌 생활은 교회의 별 관심의 대상이 되지 못했고, 교회는 도시적 현상이었을 뿐이다. 그리하여 '카톨릭 유토피아주의'를 반박하는 사람들은, 중세의 시기는 '신앙의 시대'이기보다는 종교적으로 규정된 사회 질서의 시대일 뿐이라고 말한다.

과거가 더 종교적이지 않았을 뿐 아니라, 현대 또한 덜 종교적이지 않다는 주장들도 세속화에 대한 반론으로서 제기될 수 있다. 앞서 언급한 바처럼 종교의 쇠퇴는 서구 유럽에 제한된 현상이며, 아시아, 아프리카, 라틴 아메리카 등 소위 제 3세계에서는 종교는 여전히 부흥하고 있다. 심지어 가장 현대화한 국가라고 할 수 있는 미국에서도 최소한 종교는 쇠퇴하지 않고 명맥을 유지하고 있다.[7] 이와 같은 관점에서 유럽과 미국의 학자들은 서로 상대방의 경우가 보편적 사회 발전의 예외라고 주장하는 '미국 예외주의'와 '유럽 예외주의'를 주장하고 있다. 즉, 세속화를 주장하는 입장에서는, 아직 근대화, 산업화 도상에 있는 제 3세계 국가들을 제외한다면, 종교의 쇠퇴를 보이지 않는 미국이 예외적이라는 것이 '미국 예외주의'적인 입장이며, 그에 반하여, 유럽을 제외한 모든 국가들에 있어 종교적 부흥이 나타나고 있는데, 그렇지 못한 유럽이 예외적이라는 것이 '유럽 예외주의'의 입장이다. 앞에서 언급한 세속화론자들이 대개 '미국 예외주의'에 서 있다면, '유럽 예외주의'를 주장하는 대표적인 학자들은 스타크(Rodney Stark)로 대표되는 미국의 '시장 이론가'들이라고 할 수 있다.

스타크에 의하면, 시장 및 경쟁 상황은 반드시 종교의 약화로 이끌지는 않는다. 종교의 약화는 오히려 변화하는 환경에 대해 종교적 제도들이 불충분하게 적용한 결과이다. 또 다른 시장이론가인 야나코네(L. Iannacone)에 의하면 독점은 오히려 종교적 생명력 (vitality)에 해로운 영향을 미친다. 종교적 독점은 '무임승차'(free-ride)의 문제로 집단의 정체성에 장애 요소로 작용하며, 독점 종교

---

7) 최근에는 종교인이 감소하는 경향이 점차 나타나고 있다.

집단은 배타성을 지닐 뿐 아니라, 이들이 갖는 사회적 장벽과 진입 비용은 사람들을 상대적으로 종교에 무관심한 채로 그 집단 밖에 머물게 한다. 세속화 이론의 주장과는 달리, 미국의 교회에의 소속은 1789년 교회와 종교의 분리, 그리고 이어지는 19세기의 종교적 활동 속에서 급속도로 성장하여, 독립 당시 10%에 불과했던 미국의 교회 신도들은 이제는 거의 60%에 이르고 있다는 것이 이들의 주장이다(Stark and Finke, 2009). 시장 이론가들은 종교적 수요는 상대적으로 안정되어 있으며(이러한 면에서는 개인화론자들과 일치한다), 규제가 약할수록, 다원화될수록, 경쟁이 많을수록 종교적 생명력은 강하다고 주장한다. 즉, 유럽의 종교의 쇠퇴는 많은 규제, 독점, 경쟁의 부재의 산물이지, 세속화가 필연적인 것은 아니라는 것이다. 이에 반하여, 종교의 자유로운 시장이 보장되는 미국에서는 종교가 여전히 부흥하고 있는 것이 그 증거라고 이들은 주장한다.

그렇다면 탈교회 현상을 시장이론의 측면에서는 어떻게 설명할 수 있을까? 시장이론의 주요한 측면은 수요가 아닌 공급의 측면이다. 즉, 시장에서 적절한 종교적 공급이 나타나지 않기 때문에, 그 수요를 충족시킬 수 없는 수요자들이 시장에서 물러난다는 것이다. 이를 한국 사회의 탈교회현상에 적용해 본다면, 탈교회는 자신의 수요에 맞는 교회를 발견하지 못한 신자들이 종교시장, 적어도 교회와 관련된 시장에서 철수하는 현상이라고 볼 수 있다. 이를 역으로 해석하면, 그들이 원하는 교회가 나타난다면, 이들은 언제든지 다시 교회로 들어올 것이라고 예측할 수 있다. 시장이론이 모든 탈교회 현상을 설명하지는 못하지만, 일부의 탈교회 현상은 이러한 요인으로 설명이 가능한 것으로 보인다.

6. 나가는 말: 탈교회 현상을 어떻게 보아야 할까?

본고는 현재 한국사회에서 점증하고 있는 탈교회 현상의 원인을 종교사회학적 관점에서 살펴보는 것을 목적으로 하였다. 탈교회 현상은 종교만이 아닌 사회 전반의 개인화 현상의 한 단면이며, 역사적으로도 이러한 개인화는 종교, 특히 개신교의 탄생과 밀접한 관련이 있음을 살펴 보았다. 결국, 개인화된 종교는 종교적 의미 해석을 더 이상 교회의 권위에 독점적으로 의존하지 않으며, 개인의 종교 해석과 교회의 종교 해석이 충돌할 때 더 이상 신자들은 교회에 머무르지 않고 다른 교회로 이동하거나, 혹은 자신의 입장, 자신의 수요에 맞는 교회가 없을 때에는 교회 자체에서 벗어나기도 한다.

이러한 탈교회 현상을 우리는 어떻게 보아야 할까? 이를 "성직자 의존중심의 주술적 축복종교에서 주체적인 종교인이 되려는 계몽적 합리종교로의 종교의 발전과정"으로서, "〈교회주의 기독교〉에서 〈탈교회적 기독교 혹은 비종교적 기독교〉 현상의 출현으로" 이해할 수는 없을까? 이러한 이해 자체가 틀리지는 않다. 다만, 거기에 담긴 '주체적', '계몽적 합리주의' 등의 용어에 대한 비판적 검토가 필요하다. 똑같은 현상을 '변화'로 볼 것이냐, '발전'으로 볼 것이냐는 이를 위한 '가치판단'과 그 '기준'이 필요하다. 위의 용어 등은 대부분 긍정적으로 사용되고 있으나, 여기에 담긴 '근대주의적' 함의를 벗어나기는 힘들다. '탈근대'적 현대의 상황에서 과연 이러한 용어들이 긍정적 가치만을 갖는 것으로 볼 수 있을까에 대하여는 비판적인 논의가 필요하다.

유사한 맥락에서 "물질축복의 주술형 기독교에서 의미추구형 계몽적, 합리적 기독교"로의 '발전'을 얘기하는 것도 논의해 볼 필요가 있다. 이에는 '물질축복', '주술형'을 부정적으로 보는 근대주의적 시각이 깃들어 있다. '물질축복'만 얘기하는 것은 문제가 있지만, 이를 부정하는 것도 문제가 있다. 사람이 '떡'으로만 사는 것은 아니지만, '떡' 없이 살 수도 없다. 우리는 주기도문에서도 '우리에게 일용할 양식'을 구한다. 심리학적으로 보면, 이는 매슬로우(Abraham Maslow)가 얘기하는 욕구의 위계와 관련되고, 사회학적으로 보면, 매슬로우의 이론에 근거한 잉글하트(Ronald Englehart)의 물질주의 사회에서 탈물질주의 사회로의 변화에 상응한다. '자아실현'의 욕구는 '생리적' 욕구의 바탕에서만 가능하다. 이미 '생리적' 욕구를 해결하였다고, 이를 무시한다면, 이는 아직도 '생존'을 위해 싸워야 하는 많은 이들을 업신여기는 자문화·자계급 중심주의와 다르지 않다.

또한 "현대인은 종교는 거부하지만, 오히려 영적 갈급함을 추구한다"는 입장에는 부분적으로 동의하지만, 이것 역시 지나치게 '현대' 중심주의적으로 우리가 살고 있는 시대를 특별하게 취급하고 있는 것은 아닌지 검토해 볼 필요가 있다. '종교'와 '종교성'·'영성'의 대립은 짐멜과 트뢸치에게서 이미 언급된 현상이며, 현대에 있어 두드러지기는 하지만, 종교사를 통하여 지속되어 온 현상이다. 기독교 역사에 있어서의 여러 운동, 초기의 몬타누스 주의나, 중세의 초기 프란체스코파 운동이나 여러 천년왕국 운동들도 일종의 영성운동으로 볼 수 있다. 다만, 현대의 탈교회 현상은 보다 '개인화된' 현대의 '사회적' 특성을 지닌다. 그리하여 교회를 떠난 그들도 '참된 신앙을 찾는 그리스도인'일 수 있지만, "그들이야말로 역설적으로 진정한 그리스도인"이라는 주장에 대해서는 동의하지 않는다. 이들은 현대의 개인화된 '사회적' 특성 안에서 자신의 종교성을 추구하는 이들이고, 제도화된 교회의 '권위'와 '형식'에 반발하는 이들이라고 설명하는 편이 보다 적절하다고 생각한다.

마지막으로 "물질주의의 포로로 살아가는 현대인의 이면에 역설적으로 탈물질주의와 영성에 대한 욕구가 절실하다"는 점에는 동의하지만, 이러한 현상은 좀 더 면밀한 검토가 필요하다. 미국 사회에서 심리학, 특히 상담에 대한 욕구가 급증한 것은 미국의 산업화와 관련 있다. 현대에 급증하는 여행에 대한 욕구는 자본주의의 물질주의를 극복하기 보다는 그에 적응하면서 살아가게 만드는 효과를 지닌다. '탈물질주의와 영성'이라는 측면도 동일한 선상에서 얘기할 수 있다. 이러한 경향이 자본주의사회를 극복하고, 물질주의에서 탈물질주의로 나아가게 하는지, 아니면 물질주의 사회에서 갖는 부분적인 불만을 치유 혹은 견딜 수 있게 해 주면서 결국은 물질주의, 자본주의 사회를 유지시켜 주고 있는지 말이다.

21세기는 다양성의 시대이다. 벡의 표현을 빌면 "현재 확산되고 있는 것은 다양성이 아니라 다양성의 정상화"이지만 말이다. 과거에 '교회' 중심의 종교만이 정상적이었다면, 이제는 교회를 벗어난 '탈교회적' 종교도 존재한다. 그렇다고, '이것만이' 우리가 나아갈 방향은 아니다. 매일 새벽기도회에 나아가 '축복'을 위하여 기도하고, 통성기도를 통하여 그 마음에 쌓인 것을 신에게 호소하는 모습은 한국 기독교의 귀중한 자신이며, 소중한 종교적 가치를 지닌다.[8] 문제는 하나의 기준으로 다른 것을 판단하는 데 있다. 사람은 개인마다 서로 다르고, 또 서로 다른 환경과 조건에서 살아가고 있다. 그러한 사람들이 어떻게 하나님을 똑같은 방식으로 믿을 수 있겠는가? 중요한 것은 그들이 그들의 방식으로 '신과 소통한다'는 사실이 아니겠는가? 서로 다른 교회가 이들의 다양성을 포괄하기 위해 필요하다. 그리고, 혹시 그러한 교회가 아직 없다면 그들은 교회를 벗어날 수도 있다. 아마, 그러한 교회가 언젠가는 나타날 것이다. 그러나, 혹 그들이 좀 더 개인적인 형태로, 교회에서 벗어나 있다면 무엇이 문제인가? 그것은 어쩌면 '교회의 문제'일 뿐이다.

---

8) 필자는 이러한 모습을 '뜨거운 영성'이라고 규정하고, 현대 영성 연구자들이 주목하는 '차가운 영성'과 구별한 바 있다(최현종, 2017: 246).

참고문헌

이원규. 2006. 『종교사회학의 이해』. 개정판. 파주: 나남.

최현종. 2013. "세속화." 김성건 외. 『21세기 종교사회학』. 서울: 다산출판사.

_____. 2017. 『오늘의 사회 오늘의 종교』. 서울: 다산출판사.

Beck, Ulrich. 2013. 홍찬숙 역. 『자기만의 신: 우리에게 아직 신이 존재할 수 있는가?』. 서울: 도서출판 길.

Bellah, Robert N., Richard Madsen, William M. Sullivan, Ann Swidler and Steven M. Tipton. 2001. 김명숙 외 공역. 『미국인의 사고와 관습: 개인주의와 책임감』. 서울: 나남출판.

Berger, Peter L. 1967. *The Sacred Canopy*, New York: Bantam Doubleday Dell Publishing Group (이양구 역. 『종교와 사회』. 서울: 종로서적, 1981).

_____. 1999. *The Desecularization of the World: Resurgent Religion and World Politics*. Grand Rapids: Eerdmans (김덕영 · 송재룡 역. 『세속화냐 탈세속화냐』. 서울: 대한기독교서회, 2002).

Cameron, Helen. 2001. "Social Capital in Britain: Are Hall's Membership Figures a Reliable Guide?" 2001 ARNOVA Conference.

Davie, Grace. 1990. "Believing without Belonging: Is This the Future of Religion in Britain?" *Social Compass* 37(4): 455-469.

_____. 2007. *The Sociology of Religion*. London: Sage.

Droogers, André. 2007. "Beyond Secularisation versus Sacralisation: Lessons from a Study of the Dutch Case." In: Kieran Flanagan and Peter C. Jupp (eds.), A Sociology of Spirituality. Hampshire: Ashgate.

Flory, Richard W. and Donald E. Miller, 2007. "The Embodied Spirituality of the Post-Boomer Generations." In: Kieran Flanagan and Peter C. Jupp (eds.), *A Sociology of Spirituality*. Hampshire: Ashgate.

Foucault, Michel. 2003. 오생근 역. 『감시와 처벌: 감옥의 역사』. 파주: 나남.

Giddens, Anthony. 2011. 김미숙 외 역. 『현대사회학』 6판. 서울: 을유문화사.

Heelas, Paul. 1996. *The New Age: Religion, Culture and Society in the Age of Postmodernity*. Oxford: Blackwell.

Jenkins, Philip. 2009. 김신권 · 최요한 역.『신의 미래: 종교는 세계를 어떻게 바꾸는
가?』. 서울: 도마의길.

Luckmann, Thomas. 1967. *The Invisible Religion. New York: Macmillan* (이원규 역.『보이
지 않는 종교』. 서울: 기독교문사, 1982).

Packard, Josh and Ashleigh Hope. 2015. *Church Refugees: Sociologists Reveal Why People Are
DONE with Church but Not Their Faith*. Loveland: Group Publishing.

Princeton Religion Research Center. 1978. *The Unchurched American*. Princeton NJ: The
Gallup Organization.

Reicke, S. "Säkularisation," in: Religion in Geschichte und Gegenwart, 3. Aufl. Bd.5.
Tübingen: Mohr Siebeck Verlag, 1986.

Roof, Wade Clark. 2003. "Religion and Spirituality: Toward an Integrated Analysis." in
Michele Dillon (ed.), *Handbook of the Sociology of Religion*. New York: Cambridge
University Press.

Simmel, Georg. 1912. *Die Religion*. F.a.M.: Suhrkamp Verlag.

Stark, Rodney and Roger Finke. 2009. 김태식 역.『미국 종교 시장에서의 승자와 패자
(1776-2005): 미국 교회사 · 교단사에 대한 종교사회학적 접근』. 서울: 서로사랑.

Troeltsch, Ernst. 1912. *Die Soziallehren der christlichen Kirchen und Gruppen*. Tübingen:
Mohr Verlag.

Turner, Bryan S. 1983. *Religion and Social Theory: A Materialist Perspective*. New Jersey:
Humanities Press.

Wuthnow, Robert. 1998. *After Heaven: Spirituality in America Since 1950s*. Princeton, NJ:
Princeton University Press.

Zuckerman, Phil, Luke W. Galen, and Frank L. Pasquale. 2016. *The Nonreligious:
Understanding Secular People and Societies*. New York: Oxford University Press.

4장

청년세대와 종교혁신:

대학생 교목 프로그램 사례 분석

오세일

오세일은 미국 보스톤컬리지에서 사회학 박사를 취득하였고 현재 서강대학교 사회학
과 교수이다. 연구 관심 분야는 종교와 영성, 문화와 사회운동, 행복과 삶의 질 등을 포
괄하며, 통계 분석과 질적 방법론을 통해 사회현상의 구조적이고 심층적인 의미를 분
석하는 학술 연구를 수행하고 있다.

청년세대와 종교혁신:
대학생 교목 프로그램 사례 분석[1]

1. 들어가는 글

한국사회는 한국 전쟁 이후 경제발전을 최우선시하였던 산업화 시기, 독재 탄압에 저항하며 민주주의와 인권을 위해 투쟁한 민주화 시기, 그리고 IMF 이후 신자유주의 물결 속에서 경제난과 양극화를 겪어온 경제침체 시기를 대면하며 커다란 변화를 겪어 왔다.

종교는 사회변화의 한복판에서 주류 문화와 대항 문화의 긴장과 갈등 안에서 다양한 사회적 역할을 수행한다. 이를테면, 산업화 시기에는 농촌 고향을 떠나 도시에서 고생하는 이들에게 위로와 힘

---

1) 본 논문은 필자의 아래 영어논문의 일부를 새롭게 수정하고 보완하였다. Seil Oh, 2017. "Exploring the Religious Marketplace for Korean Young Adults: Riddles of Secular Change and Innovation". *Korea Journal*, 57(4): 42 – 71.

을 제공하던 성령 부흥회 혹은 카리스마 기도회가 성행하였고, 민주화 시기에는 군사 독재 권력에 대항하며 인권과 정의의 보루 역할을 해온 종교, 특히 천주교의 공신력이 눈에 띄게 확장되었다. 신자유주의 물결 아래 경제침체 시기에는 사회전반에서 종교의 영향력이 감퇴되는 '탈종교화' 현상이 확산되는 가운데, 종교생활을 통해서 성공을 향한 신념을 강화하며 동시에 사회자본과 문화자본을 폭넓게 공유할 수 있는 브랜드화된 대형교회의 약진이 두드러지게 나타난다.

그렇다면, 한국의 청년 세대, 특히 대학생들의 종교 성향은 어떻게 변화하고 있는가? 참고로, 청년 세대는 (연령 범주를 어떻게 잡든지 상관없이) 사회구성원들 중에서 미래의 주역인 동시에 성인이면서도 노동시장에서 안정적인 진입을 준비하는 가장 취약한 세대에 해당한다(이철승, 2019).

본 논문은 청년 세대, 대학생들의 종교 지형(religious landscape)을 이해하기 위해서 첫째 기존의 통계 데이터를 분석한다. 인구 센서스 자료를 통해서 지난 30여 년간 청년세대의 종교 인구 변화를 비교 분석한다. 둘째, 탈종교화 현상을 세속화 혹은 세속 시대의 관점에서 폭넓게 이해하고, 셋째 종교시장 안에서 청년세대에 맞게끔 새롭게 재구성한 종교 혁신에 상응하는 경험 연구로서 수도권에 위치한 세 종립 대학교의 교목 프로그램 분석을 시도한다. 넷째, 청년 세대의 탈종교화 경향에 관해서 대학생들의 심층면접 자료를 통해서 설명한다. 끝으로, 세속 시대, 청년들의 탈종교화의 흐름 속에서 종교혁신이 나아가야 할 방향과 과제에 관해서 성찰하고 토의한다.

2. 청년 세대의 종교성향변화

　　인구전체와 청년(20-29세) 세대에서 '종교없는 인구'의 비율
은 2005년까지 점차로 줄어드는 추세였지만, 2015년 센서스에서는
다시 증가하였다. 무종교인의 비율은 전체인구에서는 56.1% 이고
청년세대의 경우에는 65%에 이를 만큼 커다란 증가세를 보이고 있
다. 그렇다면 한국의 청년세대는 세속화되었다고 말할 수 있을까?
이런 상황에서 청년세대, 특히 대학생을 대상으로 종교기관은 어떻
게 새로운 혁신 프로그램을 제공하려고 노력하고 있으며 종교혁신
은 어떻게 수용되고 있을까?

〈표1〉 센서스: 종교 인구 변화와 청년(20 - 29 세)의 종교 인구 변화

	1985	1995	2005	2015
종교 인구	17,203 (42.6%)	22,100 (50.4%)	24,526 (52.9%)	21,554 (43.9%)
종교 없음 인구	23,216 (57.4%)	21,735 (49.6%)	21,826 (47.1%)	27,499 (56.1%)
총 인구	40,448 (100%)	43,834 (100%)	46,352 (100%)	49,052 (100%)
청년 (20-19세)				
종교 없음	4,799 (57.7%)	4,563 (54.1%)	3,696 (50.4%)	3,874 (65.0%)
불교	1,543 (18.6 %)	1,639 (19.4%)	1,414 (19.3%)	571 (9.6%)
개신교	1,438 (17.3%)	1,665 (19.7%)	1,310 (17.9%)	1,051 (17.6%)
천주교	404 (4.9%)	489 (5.8%)	821 (11.2%)	437 (7.3%)
기타 종교	128 (1.5%)	85 (1.0%)	90 (1.2%)	32 (0.5%)
총 계	8,315 (100%)	8,442 (100%)	7,333 (100%)	5967 (100%)

출처: 한국 인구주택 총조사(2015)에서 재구성. (단위: 1,000 명)

3. 세속 시대, 종교시장과 혁신

이른바 '세속 시대'[2]에 청년 세대를 겨냥한 종교의 혁신을 이해하기 위해서, 우리는 먼저 세속화와 탈종교 현상의 맥락을 이해할 필요가 있다. 현대세계에서 '세속화(secularization)'에 관한 수많은 논의가 존재하는데, 버거(Berger, 1967)는 종교적 세계관이 현대사회에서 의미하는 설득력 구조가 약화되는 현상이라고 보았다. 예컨대, 현대 무신론자는 과학이 종교의 신화적 설명체계를 대신한다고 믿는다.[3] 한편 테일러(Taylor, 2007)는 현대사회에서 세속화를 크게 세 차원에서 설명한다(오세일, 2015 참조). 첫째, 국가 정체(polity) 안에서 특정 종교의 특권적 혹은 우월적 지위를 공준하지 않는 상태를 의미한다. 이것은 폭넓게 '정치와 종교', '국가와 교회' 간의 분리를 요구하는 현대 정치사상과 맥을 같이 한다. 미국은 '국가와 교회의 분리'를 헌법의 토대로 국가를 건립하였지만, 서유럽의 많은 국가는 특정 종교를 국교로 지지하다가 철회함으로써 국가 정체상 세속화의 길을 걷고 있다. 물론 영국은 아직도 성공회를 국교로 신봉하고 타종교의 자유를 제한하고 있지만 말이다.

---

2) 테일러(Taylor, 2007)는 신화적, 초자연적, 형이상학적 세계관이 약화되고 삶에 내재된 경험이 중시되는 오늘날의 시대사조를 "세속 시대(a secular age)"라고 규정하고, 그 안에서 "충만한 삶"이란 화두를 찾아야 한다고 역설한다.

3) 과학은 경험적 현상에 관해서 불확정성의 원리와 통계적 확률에 기반한 명제를 생산하는데 비해서, 종교는 인간 내면의 경험과 직관에 내재된 신비와 의미를 생산하는 상징체계이다. 오귀스트 꽁트는 고대의 신화적 세계관과 중세 형이상학적 세계관은 현대의 실증적 과학으로 대체되었다고 주장하며, 본인 스스로 인류교를 창조했으나 에피소드로 끝나버렸다. 칼 융에 의하면, 종교에 담긴 인간의 신비는 신화적 내러티브에 내포된 인류의 집합적 무의식과 같은 심층적 지혜를 상징체계로 설명한다.

둘째, 현대사회에서 제도 간의 분화(institutional differentiation)가 일어난 결과로서 종교기관의 사회적 역할이 축소되는 현상을 세속화로 설명한다. 중세시대 교회는 종교의례의 중심이었을 뿐 아니라, 미술품을 보관하는 박물관이며 고급 음악이 연주되는 공연장이며 교회당(스퀘어) 경내에서는 바자(bazaar), 곧 시장이 서기도 하고 군중 토론회같은 정치집회가 열리기도 했다. 하지만, 현대사회에서 미술품은 박물관, 음악회는 콘서트장, 시장과 언론, 국회 등의 제도적 역할이 구분되면서, 종교기관의 기능은 고유한 종교 영역 안으로 축소되었다.

셋째, 현대사회에서 개인이 종교를 자유롭게 선택할 수 있다 (privatization). 전통사회에서는 가족이나 족벌이 동일한 종교를 신봉함으로써, 모두 유교식 조상 제사를 지내거나 종교 의례 (미사, 예배, 예불, 등)를 함께 수행하는 삶의 양식(modus vivendi)을 공유하였다. 개인의 사회화 과정에서 종교적 삶의 양식을 공유하는 문화화가 자연스레 가족 구성원들 안에서 재생산되었던 것이다. 하지만, 현대 한국사회에서 종교는 점차 가족 구성원들 안에서도 자유로운 선택의 대상으로 인식되는 경향이 크며, 청소년과 청년 세대는 특정한 종교를 강요하는 기성세대의 문화에 대해서 매우 경계하는 태도가 강하게 드러난다.

한국 사회는 조선시대에 주자학을 국교로 삼고 다른 종교를 박해하기도 했으나 구한말 이래 종교의 자유가 공인되기 시작했고, 전통 사회의 문화와 가치가 급격히 붕괴되고 있는 오늘날 세계화와 신자유주의 물결 아래서 세속화의 셋째 차원인 '종교의 사사화'

가 급격히 전개되어 가고 있다(오세일, 2015). 무종교인의 인구가 증가하는 동시에 특별히 종교를 신봉하던 가족에서 세례를 받거나 입교해서 신앙생활을 하며 성장한 후에 '종교 없음'을 선택하는 경우가 증가하는 현상을 설명하기 위해서, '탈종교화'라는 이슈가 부각되고 있다.

한편 '종교시장(religious market)' 이론은 개별 종교, 교단, 교회나 절의 흥망성쇠를 수요와 공급을 포괄하는 시장경제적인 관점에서 설명하고자 한다. 이를 간략히 요약하면, 종교조직[공급자]으로서 더 많은 신자[수요자]를 수용하기 위해서 보다 더 나은 서비스(설교, 전례 · 예배, 음악 · 찬양, 대면적 상담 및 돌봄 등)를 제공할 때, 합리적 선택(rational choice)을 추구하는 개인은 자기의 취향과 기대에 걸맞은 특정 교회나 성당, 절 등을 선택하고 소속하게 된다. 따라서, 종교 조직의 흥망성쇠는 다른 요인보다도 종교 조직의 우수한 서비스라는 단일 차원에서 설명하고자 한다는 점에서 장점과 동시에 한계를 지닌다. 요컨대, 종교시장 이론은 로드니 스타크(Rodney Stark)를 중심으로 발전해 왔는데, 미국의 종교 시장 상황, 특별히 대형 교회의 급격한 성장을 설명하는 데 매우 적합하다. 신자들에게 제공하는 양질의 서비스는 대면적이고 인격적인 차원의 봉사와 헌신일 수도 있으며 동시에 전략적이고 체계적인 비즈니스가 될 수도 있다.

그런데, 국가의 정치 상황이나 사회의 문화적 특수성과 같은 외적 변수가 종교시장에 미치는 판도를 무시할 수 없다는 반론도 만만치 않다. 호세 카사노바(José Casanova)는 유럽 교회의 특성을 통해서, 양평강(Fenggang Yang)은 중국 종교의 특성을 분석하면서, 종교시장론의 한계를 비판하였다. 한국 역시 일제시기에 독립운동에 적극적으로 참여했던 개신교와 천도교, 80년대 민주화 시기에 인권과 정의에 앞장섰던 천주교와 개신교의 약진은 단지 종교시장 내부의 서비스 차원에서 설명하기 어려운 한계가 있다.

더 나아가 필자는 본 논문을 통해서 종교 시장의 한계적 범주를 수정해야 '종교 혁신'의 의미를 보다 더 의미있게 수용할 수 있다고 주장한다. 기실, 종교 시장의 기본 전제는 종교(the religious)와 세속(the secular) 간의 이분법에 기초해 왔다. 그런데, 테일러가 주창하는 '세속 시대'에는 성과 속, 종교와 세속 간의 구별이 더 이상 명확하지 않다. 이는 '탈종교화' 현상을 심각하게 논의하는 한국의 종교 지형에서 더욱 더 의미심장한 도전이 되고 있다. 성과 속의 경계, 바로 이 지점에서 필자는 영성의 함의를 논할 것이다.

그렇다면, 오늘날 세속 시대에 '종교 혁신'은 어떻게 전개되고 있는가? 특별히 청년 세대 중에서도 대학생을 대상으로 선교 활동을 하고 있는 수도권에 위치한 세 대학교의 교목 프로그램을 중심으로 살펴보자.

4. 종교 교육의 혁신 프로그램

수도권 안에 위치한 A 대학교는 가톨릭, B 대학교와 C 대학교는 개신교(초교파)가 미션 스쿨로 설립하고 운영하는 사학의 전통을 갖고 있다. 세 학교 모두 한국에서 선교사에 의해서 설립된 대표적인 미션 스쿨인데, 이 학교들을 연구 대상으로 선택한 이유가 몇 가지 있다. 미션 스쿨은 개인 혹은 가족이 운영하는 사립과는 달리 종교적 이념에 담긴 보편적 가치를 지향하며 이를 실현하기 위해서 분명한 교육 목적을 갖고 종교 프로그램을 운영하고 있다. 한편 민족 종교 혹은 동양 종교의 특성과는 달리 서구 기독교는 '세속화' 테제에 관해서 역사적으로 의식하거나 대항해 왔기에 오늘날 종교혁신의 과제에 관해서 보다 민감할 수 있다. 특별히 종교적 이념에 기반한 교목 프로그램을 중심으로 살펴보는 이유는 대학 안에서 교목실이 오늘날 세속 시대의 청년 대학생들을 대상으로 구체적인 선교 교육 및 양성 프로그램을 계발하고 운영하기 때문이다. 요컨대 교목실은 때론 종교혁신의 가치와 의미가 내재된 프로그램을 생산하고 재생산할 수도 있는 기능을 맡고 있다. 이를 전제로, 본 연구는 종교와 행복, 의미와 가치에 관한 다양한 질문들을 담은 설문지를 학생들로부터 수집하였고, 각 학교별로 열 명 이상의 학생들과 심층 인터뷰를 하였으며, 종교교육을 전담하는 각 대학교 교목 교수, 스태프와도 심층 인터뷰를 수행하였다.

채플의 다양화

채플이 꼭 필요한가?[4] 개신교 사립학교의 경우, 이 질문은 자

---

4) '채플(chapel)'은 본래 대성전(cathedral)으로 표방되는 교회중심에서 벗어나서 학교, 병원, 군대 등 현장에서의 예배와 봉사, 목회·사목 활동을 총괄하는 개념이다(이대성, 2017 참조). 하지만, 본 논문에서는 협의의 의미로 개신교 대학교에서 학생들이 의무로 수강해야 하는 종교교육 수업을 지칭한다.

주 반복되어 올라오곤 하였다. 1998년 숭실대학교 학생이 채플과목을 강제로 이수하도록 만든 학칙은 국민의 기본권인 '종교의 자유'를 침해한다며 제기한 소송 사건에 대해서 대법원은 "사립대학은 신앙을 갖지 않을 자유를 침해하지 않는 범위 안에서 종교교육 이수를 졸업요건으로 하는 학칙을 제정할 수 있다"고 판결하였다(한일철, 2009: 103). 한편, 2004년 대광고등학교에서 강의석 학생은 종교교육과 예배를 강제하는 학교를 상대로 손해 배상 소송을 제기하며 미션 학교에서 '종교의 자유' 문제에 불씨를 지폈다. 거의 6년 동안 이어진 재판은 대법원 상고까지 이어졌고 최종적으로 학교가 패소하며 배상 결정이 났다(뉴스파워, 2010년 10월 7일). 2007년 숭실대 학생 두 명이 헌법재판소에 헌법소원을 제기하면서 채플의 폐지를 주장하기도 하였으나 합헌의 판결이 나왔다. 사립 고등학교는 개인이 선택하지 못하고 배정받아 입학하는 상황이지만, 사립 대학교는 개인이 선택해서 입학한 상황이기 때문에 법률적 해석과 판결에서 차이가 났다.

B 대학교는 4학기 수강(매주 50분, 학기당 8회) 의무 출석을 요구하고, C 대학교는 8학기 수강(매주 30분, 학기당 6~7회) 의무 출석을 요구한다. 강제된 종교 교과목으로서 채플을 반대하거나 축소하자는 의견은 오랫동안 학생회 선거철에는 기본 공약처럼 등장하곤 하였다. 이 같은 상황에서 교목실은 채플의 주제를 다양화하고, 채플 과목의 내용과 주제를 학생들에게 보다 덜 거부감이 들며 더 실질적이고 유익한 방향으로 변화시켜 왔다. 참고로, 말씀 채플 이외에 무용, 대화, 공연, 영상, 창극, 힐링, 드라마, 뮤지컬 등이 있다.

전통적인 예배와 설교에 해당하는 말씀 채플의 경우, 배타적인 종교성이 너무 강하게 표현되는 경우 학생들의 반발이 나올 가능성이 커서 외부 목사가 올 경우 교목들은 긴장하며 주의를 주곤 한다. 예컨대, "예수를 믿지 않으면 구원 못 받는다"는 식의 설교를 하면, 졸면서 채플을 듣던 천 여명의 학생이 일제히 고개를 들고 스마트폰을 꺼내서 거부감이 들었던 내용을 인터넷이나 SNS로 일제히 실어나르기도 한다.

이제 전통적인 형식과 내용이 아니라 새로운 문화 양식으로서 제공되는 채플 프로그램의 사례를 몇 가지 살펴보자.

힐링채플은 C 대학교에서 L 교목의 기획으로 음악치료를 전공한 전문 음악인들과 함께 방학부터 수개월 준비를 하여 '음악극'으로 공연한다. 생텍쥐페리의 어린왕자의 줄거리로 다룬 음악극에서는, 뮤지컬처럼 노래와 내레이션, 그리고 다양한 감정 표현을 반영하는 음악 효과를 통해서 몰입해서 감상하고 즐기도록 수준 높은 작품으로 연출되었다. 감미로운 음악극은 부드러운 내레이션을 따라 일상의 쳇바퀴에 눌려 바쁘게 살아가는 학생들 마음의 문을 편안하게 열어주고 자기의 삶 전체를 포용하고 바라보도록 위로해준다. 음악극이 끝날 때는 자기의 삶을 편안하게 뒤돌아보도록 성찰 질문이 뒤따르는데, 종교적인 어휘나 표현은 없었지만 삶에서 가장 중요한 것을 대면하도록 따뜻하게 초대하며 오늘을 끌어안고 살아가도록 격려하는 메시지가 담겨 있었다.[5]

---

5) 참고로 성찰질문은 다음과 같다. "이 이야기는 우리에게 삶의 가치를 어디에 두고 살아가는지 질문하고 있습니다. 사랑이란 이름으로 너무나 당연하게 많은 요구와 재촉을 하지 않았는지? 상처를 받았다고 소통의 노력 없이 회피만 하고 있지 않았는지? 내 역할이라고 상대

한편, 음악극으로 구성된 채플 '나의 꿈'이 끝난 후 백 명이 훨씬 넘는 학생들이 자기의 꿈을 소망 카드에 적었는데, 기독교 신자가 아닌 수많은 학생들도 힐링을 체험하게 되었다며 채플 수업에 대한 깊은 감사와 찬사가 이어졌다.

"오랜만에 채플 안 하다 들어왔는데 너무 따듯한 음악극에 예상치 못한 힐링하고 갑니다. 하트, 하트. 벗들도 교수님들도 이렇게 좋은 시간 만들어주셔서 감사합니다:) …"

"음악 채플을 통해 내 꿈이 단순히 취업에 관한 게 아니라 내 인생을 이루는 모든 것이 행복해지는 소소한 것도 꿈이라는 생각을 하게 되었다. 음악 너무 좋았습니다"

"꿈에 대한 확신이 없었는데, 채플로 인해 용기를 얻었습니다."

"오랜만에 정말 힐링했어요. 시험기간이라 힘들었는데, 감사합니다!"

사랑과 나눔 채플은 C 대학교 K 교목의 주관으로 전쟁 성폭력 희생자, 위안부 할머니들을 기억하고 지원하는 취지로 기획되었다. K 교목은 거듭된 교목회의와 세심한 숙고를 통해서 일본군 위안부뿐 아니라 한국군이 베트남전에서 저질렀던 성폭력 범죄문제도 다

를 무시하고 이해와 협조를 강요하지 않았는지? 매우 좁은 시야로 맹목적으로 살아오지 않았는지? 때로는 새로운 관계에 있어 너무 조급하고 내 마음대로 하려고 하지 않는지? 이 소중한 관계를 위해 서로에게 길들여질 수 있는 시간을 갖고 노력을 해왔는지? 여기서 소중한 것은 그 자체가 갖는 희소성이나 성과에 의해 결정되지 않고 서로 간의 소통의 노력, 보이지 않아도 가질 수 있는 서로에 대한 신뢰와 사랑입니다. 이렇게 소중한 것을 찾을 수 있으면 힘들어도 좌절하지 않고 설렘과 기쁨으로 삶을 채울 수 있습니다. 여러분의 삶 속에 보이지 않는 소중한 것이 무엇인가요?"

루고, 아프리카의 사례를 포함해서 '전쟁 시 발생하는 성폭력의 보편적인 문제'에 포커스를 맞추었다고 한다. 이를테면, 일제에 대한 일방적 비난에 그치는 것이 아니라 우리 역사에 대한 자기성찰, 그리고 현재에도 진행되는 전쟁 성폭력 희생자를 지원하는 인류애의 보편적 가치를 포괄해서 제시했던 것이다.

사랑과 나눔에 대한 공감과 이해가 맞닿으면서, 학생들의 반응도 매우 좋았다. "보통 사랑과 나눔 채플을 할 때보다 거의 두세 배 정도 더 모았다고 해요. 평소 때는 헌금 바구니를 패스조차 하지 않기도 하는데, …이 때는 카카오 페이를 도입하고 계좌이체 정보도 알리고 헌금 창구를 마련해서 위안부 정의대책과 콩고에 있는 전시 성폭력 피해여성을 돌보는 병원에 기부를 했습니다."(K 교목)

B 대학교 교목실은 강연채플 외에 실험채플이라는 이름 아래 연합 채플, 음악 채플, 무용 채플, 연극 채플, 대화 채플을 실행한다. 특히 무용 채플의 경우 학생들의 호응이 꽤 좋은데, 오디션 공고를 통해서 모집된 학생들이 춤 공연을 하거나 외부의 무용 채플팀이 와서 공연을 하기도 했다. 그런데 비용이 너무 많이 들어서 2019년 현재에는 중단된 상태이다. 한편, 대화 채플은 학생 언론기관 4개 단체에서 함께 상의하여 주제를 선정하고 동영상 인터뷰를 제작하거나 토크쇼를 진행하면서 패널로 참여할 만큼 학생들의 관심과 참여가 깊이 있게 반영되는 채플이다. 대화 채플에 직접 참여한 학생은 남다른 의미를 깊이 간직하곤 한다.

"아무래도 요즘엔 비종교적인 채플이 흥미롭고 또 좋은 내용들이 많이 있다 보니까 예전만큼 채플에 대한 불만이 많지는 않은 것 같은 데. … 종교적이지 않은 채플은 취직 준비를 위해서 필요한 좋은 말씀이나 명사들을 모시고 와서 좋은 강연을 듣고 하니까 좋아하는 애들도 제법 많은 것 같구. … 특별히 우리가 채플을 준비한 적이 있는데, 우리 사회에서 고생하시는 분들을 모실려고 고민하다가 소방관하고 인터뷰한 대화 채플이 있었는데, 참 좋았어요. 그리고 세월호 유가족들하고 대화한 것도 … 그때 나도 그렇고 학생들이 참 눈물 많이 흘리구… 그 채플이 나한테는 가장 의미가 깊었어요." (3학년 여학생)

영성 프로그램

A 대학교는 신입생을 대상으로 2박3일 '성찰과 성장' 워크숍을 진행한다. 매 주말 70명 정도의 신입생들이 교외 피정집에 입소해서 금요일 오후 4시부터 일요일 오후 2시까지 다양한 프로그램을 접하게 된다. 프로그램은 크게 소통과 성찰 두 차원으로 구성된다. 첫째, 건강하게 타인과 대화하는 능력을 키우는 '소통 훈련'을 통해서 경청하고 공감하는 감각을 배운다. 둘째, 자기 인생을 돌아보고 문제가 발생할 때 내 관점에 묶이지 않고 타인과 공동체의 입장에서 바라보는 '성찰 훈련'으로 이뤄진다. 특별히 청년들은 불확실한 미래를 바라보며 무엇이라도 하지 않으면 불안해하고 그래서 자기 착취를 정당화하며 피로사회에서 바쁘게만 살아가기 쉽지만 (한병철, 2013), 인생을 멈추고 잠시 자기의 내면 안으로 침잠하는 명상과 호흡 훈련을 하고 또 공동체 차원에서 타인과 함께 하는 훈

련은 '지식의 다발'을 강제적으로 주입해 온 기존의 제도 교육 기관에서는 깊이 다루어 오지 못했던 인생 공부의 여정이 아닐 수 없다(오세일, 2017).

성찰과 성장 프로그램에서는 일체의 종교적 어휘, 기도, 상징을 배제하고 개인의 '영적' 성장을 추구한다.[6] G 교목은 이 프로그램의 목적을 아래와 같이 설명한다.

"성찰과 성장은 종교교육을 목적으로 하는 채플과는 전혀 달라요. 성찰과 성장은 예수회 교육 이념에 따라 '이웃을 위한 인간'을 양성하는 것 그 자체가 목적이에요. 우리 학생들의 행복 그 자체를 추구하는 것이지요. 그리스도교적 가치에 뿌리를 두고 있는 보편적인 인간 가치를 추구하는 것이라고 말할 수 있는데, 프로그램의 구성은 사실 그리스도교 이념보다도 보편적 인간의 가치에 더 큰 방점을 두고 있다고 할 수 있어요."

예수회 교육 전통에 입각해서 '인격적 배려(cura personalis)'가 중시되는데, 매번 코어 스태프 5명(사제 3, 평신도 2), 조별 봉사자 10명이 프로그램에 함께한다. 봉사자들은 대략 7명으로 구성

---

6) 영성(spirituality)은 종교성(religiosity)과 중첩되기도 하지만 분리되기도 한다. 예컨대, 깔멜 수도회의 관상기도, 예수회의 영신수련과 같이 오랜 가톨릭 수도원의 종교적 훈련은 곧 영성적 자산이다. 한편 요가나 심신 혹은 명상 수련 등은 탈종교적인 맥락에서 인간의 자기이해와 자기계발을 위한 영성 프로그램이 대중화되고 있다. 요컨대, 영성이란 제도종교의 맥락 안에서나 밖에서 보편적으로 확인되는 인간의 내적 체험과 수행을 포괄하는데, 필자는 영성의 개념을 "참된 자기를 찾기 위한 여정으로서 궁극적 삶의 지평을 향한 내적 체험과 자기초월"을 추구하는 것으로 설명한다(오세일 2015:474, 2017:170 참조).

된 학생들의 조별 나눔에서 그 누구도 소외시키거나 배제하지 않
도록 그리고 자기표현을 어려워하는 학생들을 격려하는 숨은 조
력자(facilitator)로서 동반한다. 프로그램들은 다양한 그룹 활동
(activity) 후에는 성찰과 나눔(reflection & sharing)을 통해서 개인
적 통합과 공동체 안에서의 성장으로 나아가도록 구성되어 있는데,
학생들은 특히 '지뢰밭 통과하기' 공동체 게임, 아침 · 저녁으로 5분
씩 하는 '명상 시간', 촛불을 켜고 조원들 각자 각자에게 나누는 '긍
정 카드 나누기'를 많이들 좋아한다.

일례로 지뢰밭 통과하기 게임은, 6×8 직사각형의 커다란 바
둑판을 조원 모두가 3분 안에 통과하는 미션을 수행해야 한다. 학
생들이 보기엔 동일한 모양의 바둑판이지만, 진행자는 숨은 지뢰
의 위치가 담긴 지도를 보면서, 학생이 지뢰를 밟게 되면 종을 울
려준다. 지뢰를 밟은 학생은 자기가 밟고 지나왔던 칸을 똑같이 밟
고 퇴장해야 한다.

"대개 앞으로 나가는 건 쉬운데, 다시 뒤돌아가는 것은 어려워해
요. 그래서 조원들은 서로의 실패 경험을 함께 기억하면서 모두가
끝까지 지나갈 때까지 협동을 하게 되죠. 우리는 이것을 통해서 성
찰을 설명해 줍니다. 종 소리를 듣고 뒤로 돌아가면서 자기의 과오
를 바라보고… 그런데 밖에서 한발짝 떨어져서 전체를 바라보는 게
훨씬 더 잘 보여요. 그래서 서로서로 도와주고 함께 하는 즐거움도
있고 성취감이 커서 좋아해요."(Y 교목).

제도교육에서는 일반적으로 접하지 못했던 워크숍을 체험한 학생들의 평가는 매우 긍정적으로 보고된다. 워크숍에 참여했던 학생들이 가장 마음에 남는 경험으로 손꼽은 것들은, (순서대로) 새로운 사람들과 만나고 '친교'를 맺는 것, 소통과 감정의 공감, 상호 지지와 격려를 통한 '공동체 체험', 경험과 감정에 대한 성찰을 통해서 자기를 더 잘 알게 된 '자기이해', 평가에 구애받지 않고 자유롭게 자기의 생각과 감정을 나누는 '자기표현', 조원들과 함께 프로젝트를 준비하고 진행하면서 체험한 '협력', 잠시 멈춰서 자신을 돌아보고 쉴 수 있는 시간의 중요성을 발견하는 '명상'이다.

"스마트폰을 사용하지 않고 3일 동안 지내는 나 자신을 보면서 마치 어린 시절로 돌아간 것처럼 뭔가 재미있고 신기했어요. 무엇보다 이 프로그램들 중에서 가장 좋았던 것은 순수한 마음으로 놀면서 즐길 수 있었던 거에요. … 성찰과 성장 프로그램을 듣고나서 다른 사람들의 이야기를 주의 깊게 듣고 내 생각을 좀 더 정리하는 습관이 생겼어요. 예전보다 다른 사람들의 이야기를 경청하려고 노력해요. 나와는 다른 환경에서 자란 타인이 무엇을 또 어떻게 생각할지를 고려하는 습관이 생긴 것 같아요." (1학년 여학생)

"나는 매일 명상하는 것하고 조원들하고 칭찬 [긍정 감정] 카드 나누는 게 가장 기억에 남아요. '내가 오늘 무엇을 배웠나?' 하는 질문이 매일 나를 성찰하는데 도움이 되었어요. … 또 저는 사실 남들을 칭찬하는데 익숙하지 못 했는데, 이번에 많이 배웠어요. 타인의 긍정적인 모습을 칭찬해 주려면, 내가 먼저 그들의 성격이나 장점을 주의깊게 살펴봐야 해요. 사실 이렇게 나누는 과정을 통해서 내가 칭찬 카드를 나눠준 그 사람은 예전보다 더 좋은 사람이 되는 거에요. 마치 어린아이처럼 친구들에게 좋은 마음을 나누면서 우리 모두가 따듯하고 솔직해지는 걸 느꼈어요." (1학년 남학생)

5. 청년의 탈종교화

한편, 대학생 청년들은 종교 문제에 관해서 성인(成人), 즉 자율적 주체로서 스스로 판단하고 결정하고자 한다. 오늘날 이른바 탈종교화의 추세는 경험 분석 사례를 종합해 볼 때, 크게 세 가지 흐름으로 나타난다. 그것은 종교의 교리, 신학, 의미와 상징체계에 기인하는 세계관의 협소성, 종교조직에서 주된 활동을 하는 종교 지도자의 도덕성, 그리고 신자유주의 체제에서 강화되고 있는 세속문화의 폐쇄성과 연결된다.

첫째, 종교 교리에 담겨 있는 배타성에 대한 거부는 탈종교화로 연결된다. 특히 기독교 근본주의자들이 주장하는 배타적 구원관(예수 천당, 불신 지옥), 진화론과 대화를 거부하고 창조론만을 옹립하며 교리에 대한 비성찰적 맹신을 강요하는 태도는 기독교인으로 성장한 대학생이 교회 다니는 것을 포기하게 만드는 원인이 되기도 한다. 개신교 가정에서 성장했지만 대학에 들어와 교회를 더이상 다니지 않는 한 학생은 자기가 배워왔던 신앙교리를 이렇게 비판적으로 바라본다.

"만약에 진짜 하나님이 자비로우신 분이라면 만약에 하나님 밖에 없다 그런 거면 다른 종교를 믿는 사람들은 그렇게 막, 나중에 나쁘게 대하지는 않으실 것 같은 게 성경에 물론 우상숭배하지 말라 돼 있지만 그 사람들은 뭔가…하나님을 아는데 외면했다기보다는 그런 환경에서 태어났을 수도 있잖아요. 아예 종교가 전파되지 않았던 곳이던가 아니면 나는 어렸을 때부터 절과 관련된 집안이 다 그거라서…그런 걸 가지고 우상숭배라고 하는 건 그렇잖아요." (C 대학교 3학년 여학생)

둘째, 종교 지도자의 도덕적 추락은 종교적 권위에 대한 쇠퇴로 연결된다(Chaves, 1994). 한국 사회에서 언론에 드러나는 일부 목사들의 성폭력, 논문 표절, 교회 세습 등의 문제는 종교(宗教)가 말 그대로 '으뜸이 되는 가르침'의 표양이 되지 못하고 개인과 집단 이기주의의 굴레에 빠져 세상의 빛과 소금 역할을 수행하지 못하는 현실을 비춰준다. 대형교회를 다니기를 그만두고 성경공부와 봉사활동에 주력하는 학생은 이렇게 말한다.

"현시대는 왜 그런지 모르겠지만 지금까지 대한민국이나 미국이나 종교가 사회에 기여를 많이 했잖아요. 3.1 운동도 종교계가 일으켜서 했고 외국에서도 비슷하게 그러했고. 그런데 그때 당시랑 지금이랑 종교를 믿는 사람들이 가치를 똑바로 안 잡는 것 같아요. 옛날에는 그 사람들이 본을 보였으니까. 사회 전반적으로 종교가 선언능력을 발휘했다고 생각하는데 요즘에는 선언능력이 부각되기 보다는 교회목사 표절이거나 성추행이거나 이런 문제만 크게 화두가 되다 보

니까…" (A 대학교 3학년 남학생)

셋째, 오늘날 세속 시대에는 신자유주의 물결 속에서 생존을 향한 무한 경쟁과 양극화가 더 심해지고 있다. 대학생 청년들은 절벽같아 보이는 취업난 속에서 '불확실한 미래'를 마주하며 불안정한 실존의 삶을 살아간다(오세일, 2015; 오찬호, 2014). 불안정한 실존 문제는 '마음의 위로와 평화'를 찾아가는 종교적 귀의로 연결되기도 하지만, 끊임없이 자기계발의 미명 하에 음울한 자기착취를 인내하는 일상의 쳇바퀴에 구속된 삶이 되기도 한다. 이러한 현실에서 사랑과 연애는 실존적 구원을 체험하게 하는 '신흥종교'로서 기능하고(벡과 벡, 2006), 소.확.행.은 일상 안에서 소소하지만 확실한 행복감을 주는 '일상의 구원체험'이 된다(오세일, 박태진, 2016). 일상의 쳇바퀴를 잠시 떠나는 여행, 힐링, 레저, 취미 등은 소비문화 차원에서 '일상의 굴레로부터 탈출' 기회를 제공하고 있다.

6. 세속 시대, 종교 혁신의 과제

이같은 탈종교화 세속 문화 속에서 종교 혁신이 궁극적으로 나아가야 할 방향은 무엇인가? 종교적 혁신 프로그램 중에서 어떤 것은 긍정적으로 수용되고 어떤 것은 거부되고 있는가? 세 학교의 사례에서 공통적으로 나타나는 점들에 우선 주목하되, 각기 다른 프로그램에 내재된 차이점들을 반영하여 논의해 보겠다.

1) 의무 수강의 한계

　연구대상인 세 종립 대학교는 각기 다른 형식과 내용으로 쇄신된 종교 프로그램을 제공하고 있다. B 대학교는 4학기 동안 채플을 수강해야 하며, 수강 학기에 채플(50분)을 8회 이상 출석해야 하고 총 2학점이 부여된다. C 대학교는 8학기 동안 채플을 이수해야 하는데, 매 학기에 채플(30분)을 6~7회 이상 출석해야 하지만 학점은 제공하지 않는다. 8학기 내내 채플을 수강해야 하는 상황에서 비기독교 학생의 불만은 종종 학생운동을 통해서 표출되기도 한다.

　한편, A 대학교는 좁은 의미의 종교교육 채플과는 달리, 넓은 의미의 영성 교육이라는 관점에서 신입생 때 주말, 즉 금요일 저녁부터 일요일 오전까지의 일정으로 진행되는 '성찰과 성장' 프로그램을 제공하는데, 졸업 필수 요건인 의무 출석을 요구하지만 절대다수의 학생들이 이를 긍정적으로 평가한다.

　동일한 의무 수업에 대한 학생들의 태도는 사뭇 대조된다. C 대학교 L 교목은 "채플 시간에 고개를 들고 경청하는 학생은 대개 5% 정도"라고 하는데 비해서, A 대학교 G 교목은 "전반적으로 서서히 어울리면서 적극적으로 참여들 하죠. 매 수업 70명 중에서 불편한 마음으로 억지로 출석하는 학생이 두세 명 정도 있는 것 같아요."라고 말한다.

2) 자발적 참여, 갈등과 동반

의무적인 종교교육의 상황에서도 '자발적 참여'의 문제는 교육학적으로 매우 중요한 이슈이다. 특히 일방적인 소통으로 진행되는 수업일 경우, 배타적인 종교의 가르침(도그마)를 강요하거나 상식과 윤리에 맞지 않는 메시지가 전달될 때, 학생들은 강하게 반발하거나 거부감을 표현하며 갈등을 표출하기도 한다. 하지만, B 대학교 대화 채플처럼 학생들이 기획하고 주도하고 참여하는 경우 학생들의 눈높이와 공감대가 확장되면서 창의 교육의 효과가 커지는 사례가 있다. 탈종교와 탈권위 시대를 직면하고 있는 교목들은 학생들을 만나며 긴장과 갈등 사이에서 동반과 공감의 길을 추구하며 각자 다양한 방식으로 노력한다.

"우리 학생들이 젠더나 정치와 관련해서 의식도 높고 매우 민감하기 때문에, 어휘 선택, 표현에도 세심하게 준비를 많이 하고 있어요." (L 교목)

"평신도 스탭은 여러 꼭지를 맡고 있지만, 학생들이 힘들어할 때 즉시 상담가로 투입이 되요. 조별 봉사자들도 잘 못 어울리거나 힘들어하는 학생이 있으면 조용히 격려하도록 동반하면서 매끄럽게 진행되도록 학생들에게 계속 신경을 쓰죠."(G 교목)

이처럼 의무 수강으로 인해서 긴장과 갈등이 발생할 수 있는 상황 속에서 동반(companionship)의 의미는 더욱 새롭게 다가온다. 위에서 아래로 얘기하는 권위적이고 수직적인 소통과는 달리, 동반은 말뜻 그대로 '함께 빵을 나눠먹는 관계'와 '옆에서 함께 걷는 여정'을 중요시하기 때문이다.

3) 인간의 실존적 체험과 보편적 가치: 영성의 길

그렇다면, 동반에 기반한 종교 교육의 혁신은 어떤 가치와 문화를 내포하고자 할 때 그 의미가 더 깊이 공감되는가? 그것은 앞의 경험 사례 분석에서도 분명하게 드러난다. 먼저 형식의 차별성을 살펴보자. C 대학의 힐링 채플, B 대학에서 학생들이 주도적으로 기획하고 진행하는 대화 채플, A 대학에서 종교성을 배제하고 자기 이해와 성찰을 나누는 공감의 워크숍은 종교 교육의 새로운 장르라고 말할 수 있다. 전달 방식에서 종교인의 신분 자체로부터 오는 외적 권위에 의존하지 않고, 수직적 하달식 소통 방식을 지양하고 있으며, 피교육자의 자발적 수용과 공감적 참여를 지향하고 있는 '양성(formation)의 형식'이 기존의 종교교육 방식과는 분명히 달라 보인다.

두 번째로, 내용상의 가치와 의미를 살펴보자. 먼저 소설 어린 왕자의 줄거리는 동화의 형식을 띄고 있어서 얼핏 유치해 보일 수 있으나, 인간의 실존적 방황, 깊은 사색, 그리고 자기 성찰이 없으면 그 맛과 향을 제대로 음미할 수 없다. 권력, 소유, 애착의 굴레에 묶여 있는 각기 다른 별나라를 떠나서 여우를 만나 인간 실존의 양면이라고 할 수 있는 외로움과 길들여짐을 비로소 맛들이고 나서 얻은 '참으로 소중한 것은 눈에 보이지 않고 마음으로 볼 수 있다'는 깨달음은 시대를 관통하는 지혜가 아닐 수 없다.

그리고, 나눔 채플에서 커다란 공감을 이끌어내었던 '전쟁 성폭력 희생자'들과 대화 채플에서 학생들이 선정한 대상인 세월호 유가족은 우리 사회에서 가장 불의하게 고통 받고 있는 희생자들에 해당하며, 소방관은 세상에서 크게 인정받지는 못할지언정 가장 위급하고 힘든 상황에서 인명구조를 위해서 헌신하는 의로운 분들이라는 인상이 깊다. 기실, 위안부 할머니들과 아직도 전쟁 성폭력에 희생당하는 여성들, 세월호 유가족과 소방관들은 모두 우리사회의 중심부에서 많이 떨어져 있는 주변부에 위치해 있으나, 우리의 평화와 전쟁, 우리의 안전과 참사, 우리의 생명과 죽음 사이에서 '평화로운 세계' '나라다운 나라' '보다 더 안전하고 좋은 사회'를 향한 절규와 투쟁의 현실을 반영하고 있다. 이처럼 우리 사회의 주변부 혹은 삶의 최전선에서 치열하게 살아가며 희생을 무릅쓰는 분들의 진정성있는 내러티브는 우리가 습관적으로 살아오던 삶 전체를 새로운 시각에서 볼 수 있도록 성찰케 해 주며 우리 자신이 사회에서 길들여진 욕망을 넘어서 보다 더 큰 가치와 의미를 숙고해 보도록 우리의 실존을 흔들어 깨우기도 한다.

한편, 인간의 존엄성과 보편적 가치로서의 인류애 혹은 박애정신은 서구 역사에서는 기독교 문화에서 배태되어 발전해 왔다. 이처럼 보편 종교는 기독교(개신교, 천주교), 불교, 이슬람교 등은 인간의 존엄과 인권을 보편적으로 지지하는 교리를 갖고 있지만, 개별 종교 안에 특수하고 배타적인 성격의 교리도 있어서 때론 갈등을 일으키곤 한다. 예컨대, '예수 천당, 불신 지옥'과 같은 기독교 근본주의 정신은 가장 대표적인 교리라고 할 수 있는데, 가톨릭교회는 제2차 바티칸 공의회(1962-5)를 통해서 비그리스도인의 구원 가능성에 대해 공표하였다.[7] 그렇다면, 예수나 부처의 이름에 이데올로기적으로 갇혀 있지 않고, 그분들의 가르침인 사랑과 자비를 어떻게 온전하게 체험하고 맛들이고 증거할 수 있는가? 이것은 오늘날 영성 담론을 통해서 A 대학교 성장과 성찰 팀이 추구하는 공동체 안에서의 자기 이해라는 목표에 담겨 있는 실존적 해석학의 문제라고 볼 수 있다.

요컨대, 종교교육 혁신 프로그램들 중에서 일반 학생들에게도 깊이 공감을 얻을 수 있었던 공통요인들은 힐링 채플의 어린왕자에 나오는 '인간의 실존적 체험과 성찰', 나눔과 대화 채플에서 보듯 참여적인 기획 안에서 '사회 주변부에서 고통받는 이들'에 대한 관심, '공동체 안에서 보편적 인류애를 체험할 수 개인적 성장과 성찰'을 지지하는 것들이다.

4) 종교시장의 공적 규제 문제: 이단 · 유사종교로부터 피해 방지

다른 한편, 기독교 학교에서는 '이단 문제'로 인한 갈등이 심각한 이슈가 되기도 한다. 표면상 종교다원주의 시대에 종교시장은 '종교의 사사화' 즉 '종교에 대한 개인의 자율적 선택'을 전제로 하지만, 유사종교 혹은 기독교 내 이단 단체로 인한 심각한 폐해가 발생하는 사회문제는 제도적 규제와 개인적 배려를 함께 필요로 한

---

7) "사실, 자기 탓 없이 그리스도의 복음과 그분의 교회를 모르지만 진실한 마음으로 하느님을 찾고 양심의 명령을 통하여 알게 된 하느님의 뜻을 은총의 영향 아래에서 실천하려고 노력하는 사람은 영원한 구원을 얻을 수 있다"(《인류의 빛》 16항, "교회와 비그리스도인")

다. 특히 유사종교 혹은 이단 교회가 학내에서 학생들에게 접근하고 파급력을 미치는 것은 보편적 종교의 가치를 추구하는 종립학교 입장에서는 심각한 문제로 인식될 수 있다. 이것은 단지 개인의 종교선택의 자유라는 형식적 권리에 기반한 종교시장의 '사적 자율성' 문제가 아니라 종교의 이름으로 보편적 선익을 가로막는 실질적 폐해에 대한 종교시장의 '공적 규제' 문제를 반영한다.

이단 문제 혹은 유사종교의 문제는, 그리스도교 신학의 맥락에서 볼 때 예수를 신으로 이해하는 삼위일체 교리의 수용 여부 그리고 특정한 지도자[교주]의 종교적 권위를 −마치 예수와 동급으로− 신성화 혹은 절대화하는 문제와 같은 쟁점들과 연관된다. 하지만, 세속화 시대의 맥락에서 볼 때 이단 교회 혹은 유사종교로 인한 폐해는, 유사종교 지도자가 속한 개별 교회만이 독점적으로 구원의 보증을 소유한다고 믿게 만들어 각종 헌금을 강요하며 교세의 확장을 최우선시하는, 즉 개인의 인권과 자율성을 외면하고 인류애라는 보편적 가치를 거부하는 속성에서 찾을 수 있을 것이다. 특별히, 청년세대의 사회적, 실존적 취약성을 최대한 이용하는 유사종교 및 이단 교회의 폐해는 종교시장 안에서 서비스를 과용 혹은 남용하는 데서 비롯된다. 예컨대, 유사종교 혹은 이단 교회는 학내 동아리로 정식으로 인준받지 않은 채 학생들에게 은밀하게 접근하고, 특히 불안정하고 힘든 상태에 있는 학생들 각자의 필요에 맞게끔 맞춤형 서비스를 제공함으로써 신뢰와 친밀감을 확보하고 외부와 관계를 단절하도록 종용하며 교회 내 폐쇄적 집단생활에만 충실하도록 유도한다. 설문조사나 심리상담을 해주고 성경공부의 형식으로 구원에 관해 왜곡된 신념을 세뇌시켜서 때론 가족과 일상관계로부터도 단절하도록 종용하는 유사종교 및 이단 교회로 인한 피해는 심심치 않게 일어난다(이금재, 2019 참조). 이러한 상황에서 학교 교목실이 개입하여 가족과 상의할 경우, 유사종교 조직의 후원 아래 '사생활 정보보호'를 문제 삼아 소송을 제기하는 경우도 발생한 적이 있어서 사전 예방뿐 아니라 신중한 대책이 필요하다고 교목들은 말한다.

5) 개인과 공동체: 인류의 보편적 화두

오늘날 개인화 시대에 공동체는 과연 어떤 의미인가? 더군다나 그 어떤 선(善)이라도 무엇을 가르치고 강요하면 '꼰대'라고 규정하는 탈권위 시대에 공동체의 가치는 무엇인가? 극히 저조한 취업률을 바라보며 무한 경쟁의 압박 속에서 개인의 생존만을 최고의 가치로 신봉케 하는 신자유주의 교설(教說)은 과연 얼마나 심각하게 인간성을 훼손하고 폭력적으로 청년세대를 변화시키는가?(오찬호, 2014)

세계화와 정보화, 4차산업 혁명과 AI, 등 급변하는 사회에서, 교목들은 한결같이 '공동체' 혹은 '집단' 속에서 함께 공존하며 이웃과 더불어 행복하게 사는 보편적 인간의 가치를 지향하는 교육을 강조한다.

"본래 채플은 중세시대 교회 중심을 벗어나 현장 중심으로, 마치 '야전사령부'처럼 세상 사람들의 한복판에서 그들의 문화와 질서, 그들의 방식에 맞게끔 목회를 하는 걸 뜻합니다. … 문명사적 전환기에서 교목실이 고등교육의 이상과 가치를 전하는 역할이 중요하다고 봅니다." (Y 교목)

세 학교 교목들은 모두 '진리와 자유, 정의'와 같은 기독교 가치 교육을 통해서 졸업생들이 세상에 나가 더 좋은 사회(공동체)의 일꾼이 되기를 기원한다. 하지만, 기성 교회 집단에서 관습으로 행해져 온 수직적이고 권위적인 소통의 프레임을 넘어서 '열린 공동체'를 지향하는 혁신의 방식은 새로운 화두가 아닐 수 없다.

"나의 문제에 몰입해서만 사는 삶에서 탈피해서 타인을 이해하고 공감을 이루고 건강한 커뮤니케이션을 하고, 그래서 자아를 확장해 나가는 것이 무엇보다도 가장 중요한 교육의 목적이죠. … '같이 살아가는 길, 그것이 가치 있는 일이다'라는 거죠." (G 교목)

"신자유주의 사회에서 학생들 모두가 학점과 취업을 위해서 힘겹게 고생하며 살아가면서, … 각자가 개인적으로 소외되기 쉽고 공동체의 경험을 잃기 쉬운 상황에서 집단으로서 함께 하는 소중한 경험이 중요한 가치가 있다고 봐요." (L 교목)

하지만, 학생들과 종교 지도자 사이에는 서로를 의식하고 살피는 '건강한 긴장'이 요청된다. 공동체라는 이름으로 단일의 잣대를 요구하는 것은 때론 개인의 인격을 온전히 배려하는 종교 · 영성 교육과 마찰을 일으킬 수도 있다.

"저는 제한도 싫어하고 평가도 싫어하고 다 싫어하는데… 전도사님은 선을 잘 지키세요. 뭔가 권면해야 할 부분은 강하게 권면하시는데 또 놓아줄 부분은 확 놓아주시는 편이고 온전히 주님께 맡기는 부분은 완전히 맡겨버리시고 하니까 그분 반이 되고 나서 신앙이 많이 성장했던 것 같아요."(C 대학교 3학년 여학생)

"요즘 학생들은 서로서로 '꼰대 프레임'에 갇혀서 서로가 서로를 경계하고 멀리하고 있어요. 1년 선배라도 말할 때 되게 조심해요. '이렇게 얘기하면 꼰대라고 생각이 들겠지만,' 하면서… 저도 학생들을 만날 때 그런 게 의식이 되긴 하지만, 진짜로 필요한 것은 꼭 나눌 수 있어야 한다고 생각해요." (C 교목)

"요즘 학생들에게 도전이나 충격을 주는 것은 어떻게든 피하려고 들 하지요. 그래서 편안하고 부드럽게… 취업 준비로 힘들어하는 학생들을 다독여 주는 그런 게 가장 중요한 것 같아요." (K 교목)

　　1백여 년 전 사회학의 시조로 불리었던 에밀 뒤르켐은 일찍이 집단과 개인의 갈등을 예견하며, 폐쇄적 에고와 배타적 자율성에 갇힌 개인을 열린 공감과 소통의 공간으로 견인하는 '도덕적 개인주의'를 제시하였는데, 바로 그 화두는 오늘날에도 여전히 절실하다.[8]

---

8) "뒤르켐에 따르면 도덕적 개인주의는 각 개인의 고유성이 아니라 보편적 인간성에 호소하는 개인주의이며 그런 인간성의 소유자로서 개인을 존엄하게 바라보는 개인주의이다. 이것의 원동력은 이기주의가 아니라 인간적인 모든 것에 대한 공감, 모든 고통과 인간적 비애에 대한 한층 더 폭넓은 연민, 그리고 그런 것들과 싸우며 아픔을 덜고자 하는 열정적인 열망, 그리고 정의에 대한 큰 목마름이다. 그래서 그는 도덕적 개인주의가 '선한 의지를 가진 모든 인간의 공동체'를 성취하는 길이라고 말한다."(비판사회학회, 2012: 87)

참고 문헌

벡, 울리히 · 벡-게른샤임, 엘리자베트. 2006. 강 수영 외 역.『사랑은 지독한 그러나 너무나 정상적인 혼란』새물결.

오세일. 2015. "행복과 영성에 관한 사회학적 고찰: 한국 청년 세대 연구를 향한 시론". 『인문사회21』. 6(2): 463-489.

오세일. 2017. "교육 패러다임과 영성교육: 신자유주의 체제에서 참여영성의 과제"『신학과 철학』. 31: 157-186.

오세일, 김태진. 2016. "대학생의 연애와 행복: 문화 레퍼토리로서 사랑, 진정성과 성찰성"『사회이론』50: 207-248.

오찬호. 2014.『우리는 차별에 찬성합니다: 괴물이 된 이십대의 자화상』. 개마고원.

이대성. 2017.『교목학: 기독교 대학의 창립정신 구현을 위한 성찰』. 동연.

이금재. 2019.『신천지 팩트체크』. 바오로딸.

이철승. 2019.『불평등의 세대』, 문학과지성사.

한병철. 2012.『피로사회』. 문학과지성사.

한일철. 2009. "연세인의 삶과 채플: Y대학교 채플사례 연구."『한국신학논총』. 8: 103-134.

비판사회학회. 2012.『사회학』. 한울아카데미.

Berger, Peter. 1967. *The Sacred Canopy: Elements of a Sociological Theory of Religion*. Garden City, NY: Doubleday.

Casanova, José. 1994. *Public Religions in the Modern World*. Chicago: University of Chicago Press. 1994.

Chaves, Mark. 1994. "Secularization as Declining Religious Authority." *Social Forces* 72.3: 749-774.

Yang, Fenggang. 2011. *Religion in China*. Oxford: Oxford University Press.

Taylor, Charles. 2007. *A Secular Age*. Cambridge, MA: Harvard University Press.

뉴스파워, "강의석 승소판결." 2010년 10월 7일.

5장

대학 내 경쟁적 종교 환경과
불교학생회

이시윤

이시윤은 서강대학교 사회학과에서 대학원 과정을 마치고 박사학위 논문을 집필 중
이다. 사회학이론, 종교사회학, 비판이론을 주제로 연구하고 있으며, "한국 종교지형
에 대한 이론 분석과 통합 과제"(공저), "'두 개의 운동'으로서의 천성산 터널 반대 운
동" 등의 논문을 발표했다.

대학 내 경쟁적 종교 환경과 불교학생회[1]

1. 서론: 경쟁적 환경과 참여 사이의 간극

　　자본주의 사회 시스템이 심화되어 가면서 우리의 삶은 점점 더 팍팍해 지고 있다. 생존을 위한 경쟁, 이를 위한 자기 혁신은 현대인들의 필수 명제가 되었다. '4차 산업혁명 시대'에 끊임없는 자기 혁신을 꾀하라, 그래서 급변하는 경쟁 환경 속에서 살아남아라! AI 산업, 글로벌 전자 상거래 시장, 플랫폼 생태계에 먼저 뛰어들어 적응하지 못하면 당신은 금새 도태되고 말 것이다. 창업하고 도전하라! 기업과 언론은 물론 교육 현장에 이르기까지 사회 모든 영역에서 미래 시대 생존을 위한 혁신의 요구가 빗발치는 시대에 우

---

1) 이 글은 필자의 논문(이시윤, 2019. "'불교는 강요하지 않잖아요': 대학 내 경쟁적 종교환경 내에서 불교학생회의 현황과 재생산 내러티브." 〈불교와 사회〉. 11(1))를 수정, 축약한 것이다.

리는 살고 있다.

그런데 이렇게 혁신과 경쟁이 필수인 시대이지만, 좀처럼 이 행렬에 동참하지 않는 사람들도 있다. 적지 않은 젊은이들은 경쟁을 통해 시장에서 승자가 되기보다는 화려하지는 않지만 안정적인 공무원의 삶을 택하려 한다. 혹은 불투명한 미래 걱정에 시달리기보다 그저 비정규직 아르바이트 생활로 적게 벌고 그때그때 작은 만족을 얻으면서 '욜로'(YOLO)의 삶을 살려는 이들도 있다. 때로는 이런 저런 선택도 준비도 하지 못한 채 그저 무기력하게 하루하루 버텨 내며 살아가는 이들도 있다. 이처럼 아무리 시장 경쟁이 필수라는 이름으로 요구 되어도 그 경쟁의 흐름에 참여하느냐 마느냐는 온전히 우리들의 선택에 맡겨지고, 그래서 시장 환경에 대처하는 사람들의 모습도 가지각색이기 마련이다. 만일 이를 시장경쟁상황과 참여와 혁신이라는 개념 구도로 요약할 수 있다면, 양자 사이에 존재하는 간극은 종교영역에서도 마찬가지로 발견 된다.

이 글은 종교간 경쟁이 치열하고, 그래서 혁신을 통한 경쟁에의 참여가 현대 종교의 생존에 필수조건인 상황에서 조차 나타나는 실천의 차이에 관한 것이다. 필자는 이를 한국 현대 종교영역의 축소판인 대학이라는 경쟁적 선교(혹은 포교)의 장에서 학생집단들의 다양한 실천을 통해 관찰하고자 한다. 구체적으로, 본 연구는 불교 학생신자 모임들과 이들에게서 전형적으로 발견되는 무기력함에 초점을 맞춘다. 이 현상이 중요한 이유는 다른 유력 학생 종교집단들의 실천과 명확히 구별되는 독특한 것이라는 점에서도 그렇지만, 넓게는 한국 불교 공동체들에서 나타나는 전형적 현상이라는 점에서 우리의 관심을 끈다. 이 장에서 우리는 한국 종교영역의 축소판인 대학 선교의 장에서 불교학생회 학생들이 택하는 무기력이 대학 내 경쟁적 종교 '시장' 내에서 일종의 상품이 되고, 이 상품이 다시 이들의 무기력을 재생산하는 역할을 함으로써 시장과 학생 집단 사이 순환 고리가 형성되어 있음을 보게 된다.

2. 대학이라는 장(場), 불교 특유의 무기력

한국의 종교 환경은 갈수록 엄혹해지고 있다. 교파 간 경쟁은 물론, 같은 교파 내 개별 회중(또는 기관)들 사이 경쟁 또한 점점 더 심화되고 있다. 생존경쟁이 한창인 한국의 종교영역이 일종의 시장과 유사한 상태에 있다는 점은 많은 학자들에 의해 지적되어 왔다(김철수, 2013; 유광석, 2014; 2019; 이시윤·오세일, 2015). 지난 30년 간 한국은 종교 인구가 폭발적으로 증가한 '예외적' 국가들 중 하나에 속했다. 그러나 이것이 한국에서 종교들 사이에 '평화로운 공존'이 이뤄져 왔음을 뜻하는 것은 아니다. 오히려 지난 수십 년 간 종교 간 경쟁은 그야말로 치열하게 전개되어 왔고, 성장과 경쟁은 동전의 양면을 이루며 한국 종교 영역을 모양 지어 왔다. 그런데 2010년대에 접어들면서 이제 종교의 전반적 성장추세마저 꺾이기 시작했다. 이제 각 종교들은 더 이상 성장이 아니라 생존 자체를 걱정해야 하는 지점에 이르렀다. 결과적으로 현대 한국의 종교영역은 치열한 경쟁시장화 되었고, 그래서 종교경제론의 이론 틀은 (몇 가지 유보지점을 충분히 고려하면) 점점 더 강한 설명력을 얻어가고 있다.

이처럼 종교 간 경쟁이 심화되고 있는 한국의 상황에서 대학이라는 공간은 특별한 의미를 갖는다. 고등학교 졸업생의 무려 80%에 달하는 숫자가 대학에 진학하는 한국의 현실에서 볼 때, 대학은 단지 고등교육기관이 아니라 한 개인의 생애주기에서 핵심적인 고리를 이루는 사회적 공간으로 자리매김 되기 때문이다. 즉, 청소년을 거쳐 성인이 되는 시기 거의 대부분의 사회성원들이 대학이라는 공간을 통과하면서 성장하기 때문에, 종교 신자의 재생산을 목표로 하는 종교 집단의 관점에서 이 공간은 중요한 전략적 대상, 직접적으로는 "선교의 장"(조용훈, 2004: 226)이 된다. 특히 다음의 몇 가지 근거를 볼 때,[2] 우리는 대학을 한국 종교 시장의 축소판으로 고려할 수 있다. 첫째, 다소 소극적인 의미에서 대학은 기존의 젊은 신자들이 성인으로 성장하는 동안 자신의 신앙을 유지하고 강화하는 곳이 될 수 있다. 둘째, 보다 적극적인 의미에서 대학은 어떠한 종교 집단이 신앙을 가지지 않은 청년들을 새로운 성원으로 유치하거나 심지어 다른 종교 신자를 '빼앗아' 올 수 있는 기회의 공간이 될 수도 있다. 셋째, 대학은 청년들에게 특정 종교 교파의 메시지와 세계관을 설파함으로써 장기적으로 성원 재생산을 위한 토대를 놓는 곳이 될 수 있다.

이처럼 한국의 종교들에게 대학은 특별한 의미를 갖는 곳이다.

---

2) 이것은 '대학선교'에 적극적인 개신교계 담론에서 공통으로 강조되는(조용훈, 2004; 박정세, 2010; 김남일, 2017 등) 내용들을 토대로 정리한 것이다. 연구 형태로 정리된 내용이 훨씬 적고 관점에 따라 강조점에도 차이가 있지만, 다른 종교들이 취하는 기본적인 관점도 이와 크게 다르지는 않다.

실제로 다수의 대학들이 위의 세 가지 의미에서 포괄적인 선교의 장으로서 세워졌다는 점, 나아가 각 종교들이 적극적으로 대학을 중요한 선교의 공간으로 인지하고 실제로 이를 위해 많은 자원을 투입해 왔다는 점이 이를 방증한다.[3]

⟨표1⟩ D 대학교[4] 교내 종교 학생회 명단(2016년)

동아리명(첫 글자만 표기)	설립목적
C**	그리스도의 증거와 캠퍼스 선교활동
C**	캠퍼스를 통한 민족의 입체 복음화
J**	인격적 제자훈련, 리더십 향상, 캠퍼스 복음화
한******	대학과 지성사회의 복음화를 위한 선교활동
예****	하나님 나라에 대한 비전 제시 및 선교활동
한*********	그리스도를 본받아 실천적인 하나님 나라 운동 추구
재*****	온전한 복음화를 목표로 개인, 사회의 변혁
살****	찬양을 통해 **캠퍼스의 복음화, 국제적 복음 선교활동
젬*	카톨릭 신앙 전파 및 자주적 신앙공동체 형성
Y***	예수교훈을 실천함으로 평화, 정의사회 건설
이****	불법으로 인격도야, 친목도모, 교리공부
증*****	동양철학을 배우고 수해오가 도공체조로 심신계발
네*******	하나님의 주권적 개혁신앙인 양성
S**	사회 모든 영역에 하나님의 주권을 세우는 개혁신앙인 양성
이*******	일원의 종지에 따른 인격도야, 정의사회 실현
S*****	하나님의 말씀을 배우고 전도하는 찬양 밴드

---

3) 2018년 기준 국내 전체 종립대학 숫자는 145개로, 430개 국내 전체 대학 중 약 33%를 차지하고, 일반대학에만 한정하면 그 비중은 191개 중 86개인 약 45%로 높아진다(문화체육관광부, 2018).

4) 이 글에서 각 불교학생회 이름은 주요 연구 대상인 3개 학교를 각각 A, B, C로 칭하고, 자료 수집을 위해 사전 조사한 다른 곳의 경우 D로 칭하기로 한다. D 학교의 경우 개신교 재단에 의해 설립된 여자대학교로, 100년 이상의 역사를 가진 곳이다. 이 학교는 물론, 대부분의 개신교 재단 학교들은 채플 수업을 의무로 부과하고 있고, 다른 종립대학들도 학교를 설립한 종파의 종교정신을 전파하기 위해 의무적 학사제도를 직간접적으로 활용하는 것이 보통이다.

그중에서도 우리의 관심을 끄는 것은 통상 '종교학생회'라 불리는 집단이다. 종교재단에 의해 설립된 대학 뿐 아니라 종교와 관계없는 사립 또는 공립학교 어디에도 종교학생회들은 존재하고, 심지어 특정 종파에 의해 세워진 종립 학교에도 헌법상 종교의 자유를 보장하기 위해 다양한 종교학생회들이 활동할 수 있다. 그리고 이들 중 대부분은 적극적으로 청년 신자들의 유지와 재생산, 나아가 새로운 성원의 충원의 근거지 역할을 수행한다. 요컨대, 거의 모든 대학에 종교학생회들이 존재하고, 이들은 위에서 언급한 세 가지 기능을 동시에 수행하는 전략적 거점이 되어 왔다. 서울 시내 한 사립 대학교의 경우를 예로 하여 살펴보면(〈표1〉), 강한 개신교 정신을 바탕으로 설립된 이곳에서 조차 실로 다양한 종교 학생회들이 성원 재생산의 '전진기지'로서 다양한 활동을 벌이고 있음을 알 수 있다.

　　그런데 우리는 여기에서 어떠한 편차를 발견할 수 있는데, 다른 종교들과 대별되는 불교학생회의 예외적인 비활성화 상태가 그것이다. 아래(〈표2〉)에서 보이듯이 이러한 차이는 특히 개신교 모임과 비교할 때 뚜렷하게 나타난다. 앞으로 보겠지만, 이는 비단 이 학교만의 상황이 아니라 불교학생회들의 전반적인 분위기라 해도 과언이 아니다. 거의 모든 대학교에 불교학생회라는 이름의 모임이 있지만, 꾸준하게 활발히 활동하는 곳은 사실상 찾아보기 어렵기 때문이다. 필자는 앞으로 이러한 비활성화 상태를 대학 내 불교학생회들, 그리고 나아가 불교 공동체 전반이 공유하는 특유한 '무기력'이라 부르도록 하겠다. 그렇다면 이러한 무기력 현상은 무엇

〈표2〉 D 대학교 개신교 학생회 'C'와 불교학생회 'E'의 연간 행사목록 비교(2016년)

	개신교 학생회 'Y'	불교학생회 'E'
정기행사	−정기 예배(매주 수요일) −수요 새벽 기도회(매월 둘째 수요일) −금요 예배(매주 금요일) −수요 성경공부(매주 수요일) −금요 영어 성경공부(매주 금요일)	−정기 법회(매주 수요일)
비정기 행사	−시험기간 새벽예배 −하계 수련회 −동계 영성캠프 −부활절 기도회, 달걀 나눔 행사 −추수감사절 예배 −성탄절 콘서트 −대동제 부스 참여 −집중 선교 캠페인 주간 …	−부처님 오신날 연등행렬(대불련) 참가 −하계수련회(대불련) 참가

을 말하는 것일까?

분명 최근 불교관련 학생 모임들의 무기력은 이상하다. 우선 명실상부 한국의 '3대 종교'라는 위상과 걸맞지 않는다. 한국불교 대표 교단인 조계종을 비롯, 여타 불교 교단들도 대학교 내 불교학 생회들에 관심이 많다. 하지만 위의 비교에서 단적으로 나타나는 것처럼 불교학생회의 활성화는 좀처럼 이뤄지지 못하고 있는 듯 하다. 1960-70년대 앞 다투어 이뤄진 불교학생회 설립 시기의 분 위기, 1980년대 말 민주화운동 열기와 결합된 활성화된 분위기와 1990년대까지 이어진 이러한 상태의 지속을 고려하면[5] 불교학생

---

5) 한국대학생불교연합회(KBUF) 홈페이지(kbuf.org) 의 연혁란에 담겨 있는 1960년대~현재까 지 활동 내역을 살펴보면 이러한 분위기의 변화를 확연히 관찰할 수 있다. 대불련 총동문회 주최 한 행사에서 최승태 대학전법지원단장은 대불련의 과거의 분위기와 위상을 "한국대학

회들의 무기력은 항구적인 것이 아니라 분명 비교적 근래의 현상인 듯 보인다. 그렇다면 이렇게 된 이유는 무엇일까? 더 정확히 말하면, 최근 종교간 경쟁이 심화되어온 동안 어째서 불교학생회들은 오히려 더 약화되고 있는 것인가? 필자는 이러한 질문에 부분적으로나마 답하고자 서울지역에 위치한 주요 대학들 중 세 곳을 연구대상으로 설정했다.

〈표3〉 조사 대상 3개 대학 불교학생회와 인터뷰 대상자

	A 대학교 불교학생회	B 대학교 불교학생회	C 대학교 불교학생회
설립기반	개신교 재단	가톨릭 교단	불교 교단
소속 성원 수	24명	28명	37명
인터뷰 대상	3명 (현 대표a, 전 대표b, 일반회원 c)	3 (현 대표a, 현 부대표 b, 일반회원 c)	2 (현 대표a, 일반 회원 b)

구체적으로, 서울 시내 3개 대학에 위치한 불교학생회가 연구대상으로 선택되었다. A 대학과 B 대학은 각각 개신교와 가톨릭 정신을 바탕으로 설립된 종립사학이다. 반면, C 대학은 불교 교단에 의해 설립된 곳이다. 불교학생회의 입장에서 볼 때, 세 곳의 대학은 각각 자신들의 활동 조건을 제약하기도 하고 반대로 촉진시켜 주기도 하는 다양한 환경으로 여겨질 수 있을 것이다. 필자는 각 모임의 현 대표와 접촉하고, 이들로부터 눈덩이 표집 방식(snow-balling)으로 소속 성원들을 섭외하여 인터뷰를 수행했다. 인터뷰 대상자들

생선교회(KCCC)"와 "캠퍼스 포교를 양분해 주도해 왔다"고 자평하기도 했다.

은 모두 해당 학교 재학생들로, 2~4학년에 재학 중이었고, 평균연령은 약 23세였다. 인터뷰 기간은 A와 B 대학의 경우 2016년 6~8월 사이에, C 대학은 2017년 11월에 걸쳐 이뤄졌고, 개인 당 40분에서 1시간 20분 사이의 시간이 소요되었다. 또한 필요에 따라 추가 서면 인터뷰를 진행했다.

필자는 각 인터뷰에서 이들과의 인터뷰에서 각 학교 불교학생회의 활동 현황, 행사 목록, 각 행사 별 활동 내용을 시작으로 하여 모임의 분위기와 성원들의 참여도를 묻는 질문을 거쳐 자신들의 모임이 가진 문제점에 대한 응답자들의 평가와 진단에 대해 물었다. 또한 이들이 모임을 활성화하기 위해 어떠한 노력을 해왔으며 어떠한 대안과 비전을 가지고 있는지, 이 계획이 잘 실현되고 있는지, 그렇지 않다면 무엇이 장애요인인지 질문했다. 마지막으로 범위를 넓혀 자신들이 속한 학교와 대학이라는 환경에서 종교 간 경쟁 환경에 대해 얼마나 인지하고 있는지, 이들과의 관계 설정이 어떠한지 조사했다.

그러면 지금부터 인터뷰 내용 분석을 통해 불교학생회들 특유의 무기력한 현황과 그 원인을 종교경제론의 개념을 빌어 분석하고 조명하도록 한다. 이 과정에서 우리는 각 학교 학생들이 처한 환경의 차이에도 불구하고 이들이 공히 가지고 있는 문화적 분위기와 그 안에서 공유되고 있는 특유의 자기이해의 내러티브를 보게 된다. 그리고 이를 통해 경쟁적 환경과 이에 대한 참여 사이의 간극이 어떻게 다른 방식으로 매개될 수 있는지도 볼 수 있게 될 것이다. 마지막으로는 이렇게 공동체 내부에서 특유의 내러티브를 통해 재생산 되는 무기력이 다시 경쟁적 대학 종교 환경에서 어떠한 의미를 갖는지 살펴보도록 하겠다.

3. 현황과 인터뷰-"불교는 강요하지 않잖아요"

먼저 세 곳 불교학생회의 활동 현황을 살펴보면, 평균 20여 명의 성원으로 이뤄진 대동소이한 집단임을 알 수 있다. 그리고 예상한 것처럼, 모두 20~30년에 걸친 전통을 가진 곳들임에도 조사 기간 동안 이들 세 곳 모임은 활성화 되지 못하고 있었다. 그리고 이는 적어도 인터뷰 대상자들이 아는 한 "매우 오래된 분위기"였다. 여러 정황을 고려할 때, 이러한 분위기는 2000년대 중반께 일반화 된 것으로 보인다.

이들은 각기 한 달에 2~4회 정도 정기 모임을 가지고 있다. 봄철 대학교 축제에 부스를 마련하여 참여하거나 방학에는 하계 수련회에 참여하기도 하지만, 이는 '대불련(대학생불교연합회)'이라는 연합체 주최 행사에 참여하는 형식을 띠고 있고, 동아리 자체적으로 기획하여 꾸리는 특별한 행사나 이벤트는 사실상 없다. 이밖에 연중 가장 중요한 행사는 5월 부처님 오신날 연등축제에(주로 대불련 이름으로) 참여하는 것이다. 이 시기에는 각 모임에 비교적 활기가 돌기도 한다. 하지만 전반적으로 일상 모임에서 학생들의 참여도는 매우 지조한 편이다.

〈표4〉 3개 대학 불교학생회의 활동 현황(2016년-2017년)

	A 대학교 불교학생회	B 대학교 불교학생회	C 대학교 불교학생회
소속 성원 수	24명	28명	37명
평균 활동인원	8~9명	5~7명	10명 안팎
정기행사	-매주 정기법회 (지도법사 잦은 변경) -부처님 오신날 연등축 제 참가	-격주 정기법회 (지도법사 최근 합류) -부처님 오신날 연등축 제 참가 -대동제 대불련 연합 홍보부스 운영	-매주 수요일 정기법회 -부처님 오신날 연등축 제 참가 -대불련 하계수련 회 참가 -대동제 홍보부스 -가을 불교주간 홍보부 스 운영
비정기 행사	-템플스테이 개인 별 참가 -홍보 포스터 붙이기 -외국인 학생을 위한 영어법회	-템플스테이 개인별 참 가, SNS에 외부 참가 자 모집	-템플스테이 개인 별 참가

위 세 곳 대학 내 자치 불교 모임이 공통으로 겪고 있는 난점을 다음과 같이 요약할 수 있다. 첫째, 몇몇 공동 행사를 제외하면 개별 모임별로 개최되는 특별한 행사가 없고, 다양한 이벤트를 개발하려는 노력이 사실상 없다(A 대학의 경우 지도법사가 미국 대학 출신이어서 영어법회가 한시적으로 운영되었음. C 대학의 경우 봄가을 정기 자체 행사가 있으나 해마다 준비 정도의 편차가 심하다.). 둘째, 평소 행사 또한 유명무실화 되어 있다. 법회라는 이름의 정기 모임에서 의식의 종교성이 매우 약하고 서로 모여 그간의 안부를 교환하고 간단한 명상을 진행하는 정도로 연성화 되어 있다. 셋째, 대학 사회를 향한 새로운 성원의 유치(포교) 노력이 거의 없다. 결과

적으로 각 불교학생회들은 사실상 사교 모임화, (한 학생의 표현을 빌면) "휴게실화" 되어 있는 것이 현실이었다. 무엇보다 큰 문제는 이에 대한 진지한 문제의식도 개선의 의지도 좀처럼 발견하기 어렵다는 데 있었다. 이를 '무기력'이라 칭하는 것도 전혀 무리가 아닌데, 이는 학생들의 입을 통해서 그대로 드러났다.

> 분위기는 좋은데 모임 자체는 주춤한 것 같아요. 그냥 저냥 명맥이 유지되는 거거든요. 몇 년 간 기존 조직 구성원이 있고, 선배님이 지원해 주시고 해서 명맥을 유지했는데 기존 회원이 4학년 졸업반이 되고 난 시점에 지금 신입회원이 없어요(A 대학, a).

> 음. 전에 정말 안 될 때는 저 혼자라고 해도 과언이 아니었어요. 그러다가 잘 됐을 때는 재작년-작년? 정도. 신입생 들어오고 법사님 새로 모셔오고. 그 때 좀 잘 되고. 지금은 다시 내려가는 추세인 것 같아요. (B 대학, b).

> 지도법사님도 답답해 하시고 저희도 안타깝기는 한데 별 다른 방법도 없고. 매 주 하는 모임이 쉽지 않아서 격주간으로 바꿀까 생각하고 있어요(C 대학, a).

이처럼 세 곳 불교학생회는 모두 새로운 성원 충원이 쉽지 않을 뿐 아니라 정기 모임을 꾸리는 일조차 버거울 만큼 저조한 참여도로 인한 어려움을 호소했다. 그렇다면 그 원인이 무엇일까? 여기에 대해서는 여러 가지 요인을 생각해볼 수 있다. 예를 들어 내부의 리더십의 문제일 수도 있고 모임 외부에서 제공되는 지원의 유무도 생각해 볼 수 있다. 혹은 소속 학교의 종교적 배경도 변수로서 고려해볼 수 있다.[6] 아니면 근본적으로 불교 특유의 교리적 원천을 검토할 수도 있다. 그러나 보다 사회학적 관점에서 우리의 관심이 불교학생회들 일반에 있는 특유의 분위기에 있다 할 때, 논의의 초점은 이들이 스스로 현재의 상황을 어떻게 정의하고 있는지, 이로부터 어떠한 실천의 정당화 논리를 가지고 있느냐에 맞춰질 필요가 있다. 왜냐하면, 가장 기본적으로 이들이 얼마나 열정적으로 조직을 꾸려가려 하고 있는지, 자신들의 어려움에 대처하려 하는지에 초점을 맞추면, 모든 모임들에서 애초에 이러한 노력 자체가 별로 없다는 사실이 가장 분명히 떠오르기 때문이다. 우리의 관심사인 종교시장의 관점에서 본다면, 혹시 이들이 자신들의 모임을 둘러싼 종교간 경쟁 환경의 심각성을 제대로 인지하지 못하고 있는 것은 아닐까? 그러나 학생들의 답변은 그렇지 않았다.

---

6) 학생들은 세 곳 모두 모임의 대표가 사실상 "떠넘기기" 식으로 선출된다고 말했다. 또한 이들에게 주어지는 지원은 과거 활발히 활동했던(주로 1980~90년대) 선배들의 지원, 그리고 종단이나 특정 사찰에서 일부 지원, 대불련 차원의 지원으로 대동소이했다. 따라서 이들 문제에서 유의미한 차이는 발견되지 않았다. 반면, 소속 학교의 종교적 환경에는 다소 차이가 있었다. 개신교 기반 A 대학의 경우에는 학교 측으로부터 홍보 포스터를 붙이는 활동에 제약을 당하는 등의 문제가 있었다. 하지만 이 때문에 이곳 학생들이 다른 학교보다 특별히 더 위축되었다고 보기는 어려웠다. 반대로 불교기반의 C 대학에서는 공간 사용, 재정 지원 등에 있어서 상대적으로 학교 측에서 많은 배려를 받는다. 하지만 그렇다고 C 대학의 모임이 더 활발한 것도 아니었다. 한 편, B 대학 학생들은 학교가 가톨릭 기반이지만 불교 동아리에 대해 비교적 "우호적 분위기"를 가지고 있다고 답하기도 했다. 종합하면, 학교간 종교적 환경의 차이가 일부 존재하는 것은 사실이지만, 이것이 학생모임의 활성화 여부를 결정짓는 중요한 변수로 보기는 어려웠다.

한국사회에서 종교경쟁 있어요, 분명히. 정확히는 개신교만 강한 것 같다고 해야 되나(웃음). 저는 [주로 개신교 학생모임들의 활동이] 많이 부러워요. 어떨 때는 우리도 더 적극적인 활동을 해야 할 필요가 있다는 생각도 들어요(B 대학, b)

네 [종교경쟁이]있다고 생각해요…최근 한 2~3년 사이에 특히 [소속학교가 위치한]신촌 지역에 경쟁이 점점 심해지고 있는 것 같아요, 제 생각에는…일단 교회동아리는 처음에 학교 들어오면 처음에 피자 사줄게 들어와라. 피자파티, 이렇게 많이 부르더라구요. 거긴 명 수가 많고 활동을 엄청 열심히 해요, 기독교 친구들이. 활발하게 되는 것 같고요. 성당에서 특별히 행사는 못 봤지만 가는 친구들은 꾸준히 가는 것 같아요. 우리도 뭘 하고 싶다? 하는데 이게 좀… 저희도 되게 많이 생각해봤는데.(A 대학, c)

완전히 전쟁터 같달까… [종교인들이] 대학교를 일종의 '블루오션'이라고 생각하는 것 같아요. 선교활동 하는걸 보면 완전히 영업하는 거 같아요… 종교가 사실 이걸 믿냐 저걸 믿냐 차이다 보니까 최근에 옛날부터 불교가 하던 걸 개신교에게 뺏긴게 사실이라고 보거든요. 제 생각에는 불교는 너무 수동적이에요. 우리도 뭔가 해야 하는데.(C 대학, a)

위에서 주목되는 것은 바로 학생들이 대학 사회 내 종교적 환경이 매우 경쟁적이고, 이것이 자신들의 학생 조직은 물론 나아가 불교계 전반에게 모종의 위기라는 것을 분명히 인지하고 있다는 것이다. 또한 이들이 당위적으로 이러한 환경에 의해 강한 자극(특히 개신교 선교에 대한 위기의식)을 받고 있으며, 불교 또한 무엇인가 해야 한다는 필요를 부지불식간에 강하게 느끼고 있음을 알 수 있었다. 이곳에서 우리는 바로 시장경쟁상황과 참여와 혁신 사이에 존재하는 간극의 문제와 만나게 된다. 그렇다면 이제 다음과 같은 질문이 뒤따른다. 이들이 이처럼 강한 동기부여를 느끼고 있음에도 불구하고 그것이 실천으로 이어지지 않는 이유는 무엇일까? 뭔가 해야 된다고 생각하는데 실천으로 옮겨지지 않는 이유가 무엇일지에 대해 묻자 그들은 다음과 같이 나름의 정당화 논리를 제시했다.

그런데 이게 장점이자 단점일 수 있는데. 불교의 매력이 절대 강제하지 않는다는 거잖아요. 저희는 절대 먼저 나서거나 하지 않고, 유인물로 이거 가져가세요 믿으세요 하지 않아요. 앞으로도 않을 것 같고…저는 항상 생각하는 게, 되뇌이는 게 종교는 강요할 수 없다 저도 일 있으면 이거 있다 저거 있다 공지만 하지 강요하지 않아요 (B 대학, a).

원래 불교라는 특성상 뭉치는 걸 안 좋아해요. 교회는 청년부도 있고. 근데 불교에는 그런게 없잖아요. 불교는 가고 싶을 때 가고. 그런 특성이 동아리에도 반영이 되고… 종교적 색깔이랑 연결이 많이 되는 것 같아요. 개신교는 젊고 포교하고 하기에 엄청 좋은 환경을 가지고 있다고 보거든요. 불교는 이타적인 면도 있고 누구든 포용할

수 있고, 믿음에 대한 자율성에 맡기다 보니까 전도에 대해서는 어려움이 많은 것 같아요(A 대학, c)

더 적극적인 뭔가를 해야 하는 건 맞아요. 그런데 회원들은 늘 바쁘고 귀찮게 하는걸 싫어하거든요. 불교는 다른 사람을 괴롭히지 않잖아요?(C 대학, b)

여기에서 우리는 소속과 관계없이 모든 불교학생회 성원들이 공유하고 있는 어떠한 내러티브를 발견할 수 있다. 8명의 모든 학생들은 예외 없이, 그것도 묻지도 않았는데 각자 말하는 과정에서 자신들이 생각하는 불교에 대한 정의를 내렸고, 이를 모두 다 알고 있는 사실인 양 질문자에게 되묻곤 했다. 그리고 그 내용은 불교란 "다른 사람을 괴롭히지 않는", "강요하지 않는" 종교라는 동일한 것이었다. 그런데 이러한 나름의 정의는 어디에서 온 것일까? 이것은 혹시 불교의 교리적 특수성이 결정적 요인임을 증명하고 있는 것은 아닐까? 흥미롭게도 왜 그렇게 생각하냐고 물었을 때 이들 중 누구도 그 근거는 무엇인지, 교리적으로 정당화 될 수 있는 내용인지는 물론, 그 말을 누구에게 들었는지에 대해조차 답하지 못했다. 이들에게 이 정의는 일종의 현상학적 사회학의 관점에서 의문을 제기해 본 적이 없는 당연시된 지식(taken for granted knowledge) 혹은 암묵지(implicit knowledge)에 가까웠다.

물론 이것은 실제 불교 교리 자체에 내재한 어떠한 측면을 반영하고 있기는 하다. 즉, 불교에서는 개인의 내면과 깨달음의 성취가 우선시 되고, 그래서 불교 공동체에서 (막스 베버의 표현을 빌면) 타인과 현세계로부터 회피적(거부적) 성향이 발견되는 것도 사실이다. 하지만 불교 또한 대중종교라는 점에서 분명히 포교와 전교, 그리고 보다 외향적인 실천을 위한 정당화 논리가 존재한다. 특히 한국 불교가 택하고 있는 대승불교 전통은 개인의 깨달음 못지 않게 중생을 구제하는 것에도 동일한 종교적 무게점을 둔다. 그래서 도심지역에는 전교를 주목적으로 하는 포교원, 선원이 전략적으로 건립되기도 하고, 나아가 80년대 말 민주화 운동이나(정승안, 2015) 2000년대 중반 환경 문제 등에 관해서는(이시윤, 2018) 불교의 대승적-참여적 관점이 매우 강하게 발현되기도 한다. 결국 불교는 물론 한 종교가 얼마나 개인의 내면에 집중하느냐, 혹은 포교와 사회참여에 헌신하느냐, 그렇게 하면서 안팎의 누군가를 '괴롭히느냐'는 그 종교가 속한 사회적 맥락과 상황, 이를 해석하고 특정한 종류의 실천을 선택적으로 정당화하는 성원들의 내러티브에 따라 달라질 수 있다.

이렇게 보면 '불교는 강요하지 않는다'는 선택적 정의는 불교학생회 성원들이 의문 없이 공유하는 일종의 전제이고, 이것은 학생들이 때로 적극적인 공동의 실천을 모색하는 경우에라도 그것의 현실화를 스스로 포기하게 하는 정당화의 내러티브라고 할 수 있다. 특히 모임의 책임을 맡은 전·현 대표 학생들은 어김없이 자신들에게 어떤 실천 계획이 있지만 이를 실천으로 옮기지 못하는 결정적인 이유로 바로 이 내러티브를 들었다. 무엇보다 중요한 사실은 이 정의가 동시에 불교학생회 성원들이 가지고 있는 자기이해

(self-understanding)의 표현이라는 점이다. 이들에게 이 내러티브가 어디에서 온 것인지, 그것이 어떠한 교리적 근거를 가지는 것인지, 정말로 얼마나 '불교적인' 것인지는 중요하지 않았다. 이들은 이를 그저 의심 없이 불교에 대한, 그리고 자신들의 공동체의 성격에 대한 올바른 정의로 여기고 있었다. 결국 이 내러티브는 이들의 종교적 실천의 밑바탕을 이루는 일종의 자기이해이자 동시에 집합행동 차원에서 특유의 무기력이 재생산되는 근거지라 할 수 있다.

4. 경쟁적 종교 환경 내에서 무기력의 재생산 과정과 '괴롭히지 않음'의 딜레마

이렇게 '불교는 강요하지 않는다'는 정의가 자신들의 수동적 태도의 근거로 작동하면서 불교학생회 공동체들의 무기력이 재생산 되고 있을 때, 이것이 다시 경쟁적 종교 환경에서 어떠한 결과를 낳을까? 시야를 조금 더 확장해 보기로 하자.

먼저 여기에서 말하는 "괴롭힘", 또는 "강요"란 일종의 포교(선교)활동 자체와 이를 위해 노력하려는 일체의 행위를 뜻하는 것으로 보인다. 그리고 다른 종교(특히 개신교)의 적극적인 종교적 실천을 모두 부정적인 것으로 묘사한다는 점에서 여기에는 일종의 편견이 반영되어 있다고 할 수 있다. 그런데 여기에서 중요한 것은 불교에 대한 학생들의 정의가 바로 다른 경쟁적 종교 집단들에 대한 부정의 형태에 의존하여 이뤄지고 있다는 사실이다. 여기에는 한국의 대부분의 종교 집단들이 선교(포교)활동에 열을 올리고 매우 공세적으로 임하는 반면, 불교는 (이들이 생각하기에) 그러하지 않다는 의미가 담겨 있다. 즉, 이들의 불교에 대한 자기이해는 독립적인 것이라기보다는 다른 종교와 구별됨으로써만 의미를 갖는 상대적인 것이고 이는 다분히 경쟁적인 종교시장이라는 주변 환경의 산물이라 할 수 있다.[7]

이처럼 불교 신자 학생들의 자기이해의 내러티브가 경쟁적 종교시장 안에서 의미를 획득하는 상대적인 것이라는 점은 이들의 모임이 대학교 종교 환경 내에서 처해 있는 양가적 상황을 암시한다. 앞서 살펴본 것처럼 '불교는 강요하지 않는다'는 내러티브는 한 편에서 불교학생회 성원들이 현 상태를 타개하려는 적극적 실천의 장애요인이 되고 있다. 그런데 다른 한 편에서 이 내러티브는 경쟁적 대학 종교 환경 내에서 모종의 장점, 이들의 표현을 빌면 "매력적인" 의미를 갖기도 한다. 다수 종교 학생회들이 적극적으로 성원을 유치하기 위해 노력하면서 새로운 선교의 대상, 심지어 기존의 성원들에게 일종의 "강요"를 하는 것과 반대로, 불교학생회들은 성원들의 "자유로운" 참여를 내세운다는 점에서 다소간의 비교우위를 획득한다. 학생들은 입을 모아 자신들의 이러한 성향을 긍정적인 것으로, 심지어 "불교만의 매력"이라고 생각하고 있었다. 그리고 이 매력은 실제로 자주는 아니지만 불교학생회를 향해 새로운 성원을

---

7) 여기에서 필자는 하나의 종교 집단에서 외견상 내부 성원들 사이의 문제로만 보이는 상호작용 또한 사실 그 집단과 다른 집단들 사이 상호작용이기도 하고, 반대로 외견상 종교 집단 간 상호작용으로 보이는 실천 또한 사실은 집단 내 성원들 사이의 상호작용의 문제이기도 하다는 점에서 종교영역을 분석할 때 연구자가 "관계론적 관점"을 취해야 한다는 주장(이시윤·오세일, 2015)을 거듭하고자 한다.

끌어오기 위한 유인책이 되기도 한다.

　불교학생회 성원들 중 대부분은 기존 신자들이 대학생이 되어 모임에 가입한 경우-더 정확히는 부모님이 불교신자여서 권유에 의한 경우-였다. 혹은 일부 인원은 불교학생회 성원이 학과나 다른 동아리 모임 등 활동 중 "권유"-여기에서 권유의 내용은 주로 가족적이고 편한 분위기, 공강 시간을 보내기 좋은 동아리실의 존재가 강조된다-에 의해 입문하기도 한다. 그러나 가끔 이들의 바람대로 자발적으로 모임에 찾아와 가입하는 신규 성원이 없는 것은 아니다.

　제가 대학오기 전에 만난 기독교 사람이랑 안 좋은 일이 많아요. 무조건 교회 나가야 한다고 하고 무조건 무조건을 말하는 삶이 많아요. 제가 기독교에 대해서 그래서 인식이 안 좋거든요…근데 불교는 좋았어요… [포교와 개인의 신앙 추구 중에서] 전 후자가 더 중요한 것 같은데요…사실 그렇더라고요. 불교 교리가 싫다는 사람은 지금까지는 못 봤어요…교리 공부해보고 싶다고 찾아오는 사람도 꽤 있었어요. 저희도 굳이 그 사람이 불교가 아닌데 자율적으로 해야지 끌어들이려 노력한 적은 없어요(A 대학, b).

　아시겠지만, 불교는 개인의 내면에 집중하잖아요. 기독교랑은 다르죠. 저는 그래서 불교가 좋았고 교리도 흥미롭고. 그래서 여기에 들어왔어요(C 대학, a).

위 응답자 A 대학의 b와 C 대학의 a학생은 본래 신앙이 없었다. 이들은 불교에 입문하기 전에 본래 자신들이 종교나 삶의 근본적인 의미 등에 대한 궁금증을 가지고 있었다고 했는데, 우스나우(Robert Wuthnow)의 표현을 빌면, 이들은 일종의 영적 탐색자(spiritual seeker)였던 셈이다. 이들은 자신들의 욕구를 해소하기 위해 특정 종교 모임에 나가보기도 했지만, 그곳에서 "지나치게 적극적인" 선교 행위를 경험한 기억은 오히려 역효과로 남고 말았다. 이들은 불교학생회에서 비로소 모종의 "만족"을 찾게 되었는데, 왜냐하면 불교학생회의 분위기가 무척 "자유로웠기 때문"이다. A 대학의 b의 경우 불교 교리 때문에, C 대학의 a는 친구의 권유로 불교학생회에 들어왔지만, 이들이 공통으로 꼽는 중요한 계기는 불교의 강요하지 않는, 자유로운 분위기였다. 이러한 사례는 많지는 않아도 세 학교 모두에 꾸준히 존재한다고 학생들은 말했다.

이처럼 불교학생회의 무기력함은 때로 모임의 자유로운 분위기가 되어 타 종교 대비 비교우위로 비쳐지기도 한다. 조금 더 적극적으로 종교경제론의 용어를 사용하면, '불교는 강요하지 않는다'는 내러티브는 경쟁 일변도인 대학 내 종교 시장에서[8] 나름의 경쟁력을 갖는 상품으로서 구매자들에게 실질적 호소력을 발휘하기도 하는 것이다.

하지만 이것이 경쟁상황에 대한 적극적 참여의 결과로 창출된 창조적 혁신(creative innovation)이라 보기는 어렵다. 또한 이 상품

---

8) 쟁쟁적 전교 노력에 대한 피로감과 이에 대한 공유된 문제의식에 대해서는 최현종(2011)의 종교인식 조사를 참고할 것.

의 긍정적 측면이 과대평가 되어서도 안 된다. 어디까지나 이 상품은 불교에 호감을 가진, 그러면서 다른 종교에 대해서는 피로감을 느끼고 있는 극히 소수의 영적 탐색자들에게 매력을 가지는 것이고, 이는 결국 경쟁적 시장 환경의 부작용이 낳은 일종의 틈새시장에서만 비교우위를 갖는 상품이기 때문이다. 그래서 이 상품은 불교학생회들이 새로운 성원을 적절히 충원하여 조직을 재생산 해 나가는 기본적인 책무를 수행하고, 자신들의 모임의 목적을 적극적으로 구현하는 데 큰 도움이 되지 않는다. 그저 그런 상태로 명맥을 유지하는 데에는 도움이 될지 몰라도 말이다. 무엇보다 이 상품은 불교학생회들에게서 지속되는 비활성화 상태의 근거지다. 이곳의 기존 성원들은 이 내러티브를 공유하면서 조직의 생산적 갱신을 위한 노력을 조기에 포기해 버린다. 이러한 분위기에 매력을 느낀 소수의 새로운 성원이 이따금 자발적으로 합류하기는 하지만 이는 새로운 활력이 되기보다는 무력감의 지속에 일조할 뿐이다. 왜냐하면 바로 그 분위기가 그들이 "이곳에 온 이유"이기 때문이다.

　요컨대, 경쟁적 종교 환경이 낳고 그 안에서 의미를 획득하는 '불교는 괴롭히지 않는다'는 내러티브는 한 편으로 불교학생회 특유의 무기력이 재생산되는 근거가 된다. 다른 한 편 이것은 다시 동일한 환경 하에서 나름의 경쟁력 있는 상품이 되면서 소수의 새로운 성원을 끌어들이는 원천이 되기도 한다. 하지만 이렇게 남을 괴롭히지 않는다는 불문의 규칙 하에 기존의 성원은 물론 새로이 유입된 성원 중 누구도 어떠한 새로운 시도도 감행하지 않으려 하면서 불교학생회는 대학사회 내 경쟁적 종교환경에서 유지는 되지만 점점 고립되어 가고 있는 것으로 보인다.

5. 결론

지금까지 우리는 불교학생회 사례들을 통해 경쟁적 종교환경이 때로는 종교 공동체들의 사활을 건 경쟁으로 반드시 이어지지는 않을 수 있음을 보았다. 그리고 이 상황을 종교경제론의 용어들을 사용하여 분석해 보았다. 또한 틈새시장의 창출이나 이곳에서 비교우위를 차지하는 어떤 상품의 개발이 반드시 적극적인 혁신의 노력의 결과물인 것은 아니라는 점도 목격했다. 그런데 사실 종교경제론은 이 문제, 그러니까 조건과 실천 사이의 매개 논리에 별다른 관심을 기울이지 않아 왔다. 더 분명히 말하면, 종교경제론에서는 자주 경쟁적 상황이 집단들의 경쟁에의 참여로 이어지는 자동적인 관계를 상정하고 있는 것처럼 보인다.

종교경제론의 핵심 저서인 『종교경제행위론』에서 스타크와 핑키는(2016) 만일 한 사회에서 종교경제를 향한 외적 규제가 없다면 그 내부는 거의 자동적으로 다원화되고 경쟁이 활성화 되는 것처럼 묘사한다. 다음 명제들은 이러한 측면을 보여준다. "명제71. 어떤 종교경제가 비규제 되는 정도에 따라 그것은 매우 다원주의적인 경향을 보일 것이다(306)." "명제75. 종교경제가 비규제적이고 경쟁적인 정도에 따라 전체적인 수준의 종교 참여는 높아질 것이다(역으로, 경쟁이 결핍되면 지배적 기업들은 지나치게 비효율적이 되어 활기찬 판매 전략을 유지할 수 없을 것이며, 일반인들이 종교적 비용의

지불을 미루고 최소화함으로써 낮은 수준의 종교적 참여를 낳을 것이다)(311)" 여기에서 의도했건 그렇지 않건 간에, 저자들은 비규제 상태-다원화와 경쟁-참여도 상승 사이에 자동적인 연관관계를 설정하고 있거나, 적어도 연관관계에 대한 설명을 누락하고 있다.[9]

하지만 경쟁상황이 반드시 혁신을 통한 경쟁 참여로 이어지는 것은 아니다. 이론가들의 기대와는 달리 행위자 집단들은 각자 나름의 상황과 논리에 따라 집합행동에 참여하기 마련이고, 이것은 기실 사회학자들을 고민하게 만든 핵심 주제 중 하나였다. 특히 적극적인 경제활동에의 참여 여부가 어떤 사회 집단이 공유한 문화에 따라 달라질 수 있음은 일찍이 다양한 프로테스탄트 교파들, 나아가 세계종교의 경제윤리와 생활양식 분석을 통해 막스 베버가 보여주었고(베버, 2008), 아비튀스 개념을 바탕으로 피에르 부르디외가 알제리 부족민 연구를 통해 내린 결론도 같은 것이었다(부르디외, 1995). 결국 보다 섬세한 사회학적 설명이 되려면, 각 조건들이 어떠한 종류의 다양한 실천으로 어떻게 이어지는지에 대한 보다 구체적인 설명이 보완되어야 할 필요가 있다.

그리고 본고에서 우리는 불교학생회의 사례에서 이와 비슷한 상황을 발견했다. 경쟁적인 대학 종교 환경 내에서 왜 유독 불교학생회들만 비활성화 되어 있는 것일까? 우리는 종교경제론의 이론 틀을 사용하면서도 그 주요 원인을 설명하기 위해 보완적으로 공동

---

9) 스타크와 핑키 또한 개방적인 분위기의 집단이 종교 시장 내에서 처하는 문제에 대해 다루기는 한다. 이른바 "개방적 틈새"에 대한 분석이 그것이다(324-326). 그러나 경쟁적 환경과 참여가 자동으로 연결되는 것처럼, 개방적인 집단은 오래 살아남지 못하고 시장논리에 의해 금새 도태된다는 것이 이들의 생각으로 보인다.

체의 문화적 차원에서 이들이 공유하고 있는 특유의 내러티브에 주목했다. 그리고 이것이 다시 대학 종교 환경에서 가지는 양가적인 의미가 무엇인지에 대해 살펴보았다.

본고가 다룬 논의를 불교 전반으로 확대 적용할 수 있을까? 불교학생회들의 내러티브와 그로 인한 주변 환경에 대한 소극적 대응은 불교신자들 일반에 적용될 수도 있어 보인다. 한 예로 최현종의 연구조사에 따르면, 불교신자들은 자신들은 너무 수동적이고, 더 많은 포교와 홍보 노력이 필요하며, 적극적으로 교리와 포교 프로그램을 개발해야 한다고-다른 사람을 조금 더 '괴롭혀야' 한다고- 생각한다(최현종, 2011: 57-58). 그러나 정작 외부에서 비쳐지는 이들의 이미지는 포용적이고, 자율적이고, 자비롭다(95-96)는 것-그러니까 '다른 사람을 괴롭히지 않는다'는 것-이다. 그리고 이렇듯 불교 성원들이 적극적 실천의 필요를 느끼고 있음에도 불구하고 사실상 별다른 실천이 관찰되지 않는 것은 물론이다(예를 들어, 이 책의 〈제2장〉 참조). 이러한 이중성 혹은 모순적 상황은 불교학생회들이 겪고 있는 난점이 불교 교단 일반의 고민일 수도 있음을 엿볼 수 있는 대목이다.

이렇게 경쟁적 시장 환경에서 불교 공동체들이 겪고 있는 내 · 외부 시선 사이 모순이 어떻게 해결될 수 있을까? 물론 이 질문에 답하는 것은 본고의 목적을 벗어난다. 경쟁적 환경이 혁신과 경쟁 참여를 자동으로 결정할 수 없는 것처럼, 어떠한 종류의 조직적 실천이 종교 집단의 생존과 번성에 유리한지에 대한 논의는 종교사회학자들을 계속해서 자극하는, 상황에 따라 열려있는 담론일 수밖에 없다. 그러나 적어도 한 가지 말할 수 있는 것은, 현재 불교 공동체 성원들이 공유하고 있는, 근거 조차 빈약한 지금의 자기이해의 내 러티브는 별로 좋은 해결책일 수 없어 보인다는 사실이다.

참고문헌

김남일. 2017. "소그룹리더 훈련을 통한 학원선교 방안에 관한 연구."『복음과 선교』
　　37: 53-80.

김철수. 2013. "한국의 종교지형." 김성건 외.『21세기 종교사회학』제10장. 서울: 다산
　　출판사.

문화체육관광부. 2018.『2018년 한국의 종교 현황』.

박정세. 2010. "한국 대학교회의 태동과 변천 - 연세대학교를 중심으로."『대학과 선
　　교』19: 10-37.

베버, 막스. 2008. 전성우 역.『막스베버 종교사회학 선집』파주: 나남.

부르디외, 피에르. 1995. 최종철 역.『자본주의의 아비투스-알제리의 모순』파주: 동
　　문선.

유광석. 2014.『종교시장의 이해』서울: 다산출판사.

_____. 2019.『현대 한국의 종교시장 정책론』서울: 다산출판사.

스타크, 로드니 · 핑키, 로저. 유광석 옮김. 2016.『종교경제행위론』성남: 북코리아.

이시윤 · 오세일. 2015. "한국 종교지형에 대한 이론분석과 통합 과제."『사회이론』48:
　　101-134.

이시윤. 2018. "'두 개의 운동'으로서의 천성산 터널 반대운동: 종교시민운동 축의 복원
　　과 시민환경운동과의 관계 분석."『사회사상과 문화』21(1): 169-215.

정승안. 2015. "한국에서의 불교사회운동과 사회발전." 송재룡 외.『종교와 사회진보』
　　제3장. 서울: 다산출판사.

조용훈. 2004. "대학선교의 역사와 미래과제에 대한 한 연구."『선교와 신학』13: 225-
　　246.

최현종. 2011.『한국 종교인구변동에 관한 연구』부천: 서울신학대학교 출판부/현대기
　　독교역사연구소.

6장

서울 속 이주민들의 종교 사례 연구:

혜화동 필리핀 가톨릭 공동체(HFCC)의 특성 이해

장형철

장형철은 영국 맨체스터 대학교에서 종교사회학 박사학위를 취득하였다. 최근 논문
으로는 "한국 개신교의 근본주의적 특성에 대한 종교 사회학적 고찰-형성과 발전을
중심으로", "2005년과 2015년 인구 총조사 결과 비교를 통해서 본 불교, 개신교, 천
주교 인구 변동의 특징-연령과 행정구역을 중심으로", "한국 개신교 보수 진영의 정
치 담론 분석: 2000년 이후 국가조찬기도회와 한국기독교총연합회를 중심으로", "유
형별로 나누어 본 문화적 혼성화-종교문화를 중심으로" 등이 있다. 현재 인덕대학교
교목으로 재직 중이다.

서울 속 이주민들의 종교 사례 연구:

혜화동 필리핀 가톨릭 공동체(HFCC)의 특성 이해[1)]

1. 들어가는 말

우리는 세계화 시대에 살고 있다. 세계화의 결과 중 하나는 정치적 경제적 사회적 변화로 인해 이주민이 증가하는 것이다. 그런데 이주민들의 종교는 당연히 그들이 이주해 들어온 곳의 종교와 다르다. 그들은 역사와 전통과 문화가 다른 곳에서 왔기 때문이다. 그리고 이주민은 자신들의 국적만이 아니라 문화와 종교도 가지고 들어와서 자신들이 이주해 들어온 곳에 문화를 변하게 한다. 이에 관한 여러 연구가 발표되었다. 예를 들어 쿡(Cook, 2002: 84)은 어

---

1) 본 논문은 필자의 아래 영어논문의 일부를 새롭게 수정하고 보완한 것이다. Hyung Chull Jang. 2017. "Practicing Filipino Catholicism in Korea: Charateristics of Hyehwa-domg Filipino Catholic Community(HFCC) in Seoul." *Korea Journal*, 57(4): 72-97.

떻게 라틴 아메리카 기독교가 미국으로 들어오게 되었는지 연구한다. 야마다(Yamada, 2014: 55, 61)도 일본에 있는 브라질 개신교인들의 특징을 연구 하였다.

종교는 성스러운 것 또는 신적인 것에 대한 인간의 이해를 다룬다. 사회학적 관점에서 본다면 종교는 개인적이거나 사회적인 삶 속에서 실천되고 있다. 종교는 새로운 곳에서 새로운 삶을 사는 이주민에게도 중요한 기능을 한다. 이에 대해 세 가지 질문으로 나누어 생각해 볼 수 있다. 이주민들에게 종교는 무엇인가?, 이주민들에게 종교는 어떤 기능을 하는가? 이주민들은 새로운 사회문화적 맥락에서 자신들의 종교를 어떻게 행위하는가? 이러한 질문들에 답하기 위해 본 연구자는 혜화동 필리핀 가톨릭 공동체(Hyehwa-dong Filipino Catholic Community, 이하 HFCC)에 대한 사례 연구를 진행 하였다. 연구자는 먼저 일반론으로서 이주민에게 종교가 어떻게 기능하는지 논의할 것이다. 다음으로 국내 필리핀 이주민 통계와 혜화동 필리핀 가톨릭 공동체의 사회문화적 지리학에 대한 개요를 제시할 것이다. 다음으로 연구자는 믿음(belief), 의례와 종교적 축제를 포함한 행위(practice), 그리고 공동체(community)의 측면에서 혜화동 필리핀 가톨릭 공동체의 특성을 찾아볼 것이다. 그리고 마지막으로 연구자는 그러한 특성들이 무엇을 의미하는지를 논의할 것이다.

2. 이주와 종교

　이주는 쉬운 결정이 아니다. 이주민 개인들은 자신의 고국에서 겪었던 어려운 환경에서 벗어나 새롭고 보다 나은 삶을 위해 이주를 선택하였다. 현대 세계에서 이주는 글로벌 경제와 정치의 관점에서 이해해야 한다(Nititham, 2011:198-199). 이주는 종종 글로벌 자본주의의 상징으로 인한 것이라고 여겨진다. 대부분 이주민은 제3세계 출신들이다. 산 주앙(San Juan, 2009:112)에 따르면 전 세계적으로 약 2백만의 이주 노동자들이 후진국 출신이다.

　코너(Cornor, 2014:78)는 종교가 이주민들이 새로운 곳에 적응하도록 하는 다리 역할을 한다고 주장한다. 종교조직에 정규적으로 참여하는 이민자들은 그렇지 않은 이민자들보다 보다 행복해하며, 덜 우울하며, 감정적으로 덜 스트레스를 받는다(Cornor, 2014:78). 예를 들어 일본에서 종교는 페루 이민자들이 소속감을 경험하도록 한다(Milani, 2014:143). 본 연구자 또한 이 글에서 종교가 이주민들의 삶에 나름의 역할과 특성을 가지고 있다고 가정한다. 물론 이주민들은 이민자들과는 다른 사회적 경제적 지위를 가질 수 있고 계약기간이 끝나면 대개 고국으로 돌아간다. 그러나 종교는 모국 밖 타국에 있는 그들에게 격려와 힘을 주고 편안함을 줄 수 있다. 이러한 종교의 기능은 가족과 친척에게서 떨어져있는 필리핀 이주자들에게서도 발견할 수 있다. 필리핀 이주민들은 유럽의 가톨릭을 가지고 한국에 들어오지 않았다. 그들은 필리핀 가톨릭을 가지고 들어왔다. 그러므로 이 사례 연구의 목적은 HFCC의 특성을 파악하고 그들의 삶 속에 필리핀 가톨릭 신앙이 어떻게 작용하는지 살펴보는 것이다. 다시 말해 이 사례 연구는 어떻게 종교가 – 특별히 가톨릭이 – 필리핀 이주민들의 삶에서 작동하는지 살펴보려 한다.

3. 연구방법

이 연구에서 연구자는 먼저 문헌연구를 하였다. 그러고 나서 미사, 절기 행사, 축제, 행사 등에 참여하는 참여관찰(participant observation)을 포함한 문화 기술적 현장연구(ethnographic fieldwork)를 실시하였다. 또한, 연구자는 HFCC의 구성원들과 개인 또는 초점집단(focus group)과 준구조화된 인터뷰(semi-structured interview)를 실시하였다. 인터뷰에 응한 대부분의 사람은 축제나 기도회에서 봉사하며 혜화동 필리핀 가톨릭 공동체를 이끄는 평신도들이었다. 그들의 개인 상황을 가리고 보호하기 위하여 이 글에서는 그들의 이름 대신 영문 머리글자를 사용하였다.[2] 또한 연구자는 HFCC의 구성원 중 2015년 11월 18일 수요 미사에 참여한 25명을 대상으로 설문조사를 하였다. 이날에 조사한 이유는 수요 미사는 HFCC 센터에서 드리기 때문에 그들이 좀 더 편안

---

2) 연구자는 A를 2015년 11월 18일, B를 2015년 8월 29일, C를 9월 12일에 각각 인터뷰하였다. 또한, 2016년 1월 17일에 D, E, F, G, H와 집단 인터뷰를 하였다. 그들은 신부, 한국 내 다른 필리핀 이주민 조직 임원, 일요 필리핀 마켓의 가게 주인, 요리사, 가사 도우미, 구직자, 공장 노동자, 평신도 사목자들이었다. 그들은 최소 6개월에서 14년 까지 한국에 체류 중이었다. 그리고 공고를 하자 인터뷰에 자발적으로 참여 하였다. 인터뷰는 영어로 진행되었다.

함을 느끼기 때문이다. 주일미사는 혜화동 성당에서 오후에 드리는데 매우 바쁘고 사람이 많아서 설문조사를 하기에는 어려움이 있었다. 이 설문을 위해 연구자는 미국 남가주 대학(University of South California)의 종교와 시민문화 센터(the Center for Religion and Civic Culture, CRCC)에서 개발한 설문지를 사용하였다.[3] 이 설문지에 연구자는 2개의 추가 문항을 삽입하였다. 하나는 자신들의 믿음이 이전보다 더 강해졌다고 생각하는지 묻는 질문이었고 다른 하나는 어떻게 그렇게 생각하는지 물어보는 질문이었다.

4. HFCC의 사회문화적 지리학

아래의 〈표1〉에서 볼 수 있듯이 2016년 1월 법무부 보고를 기준으로 53,437명의 필리핀 이주자들이 한국에 살고 있다. 이때를 기준으로 필리핀 이주자들은 중국, 미국, 베트남, 태국에 이어 다섯 번째로 많다.

〈표1〉 국내 이주민 통계

	전체	중국	미국	베트남	태국	필리핀	일본	기타
사람 수	1,879,880	981,610	136,008	134,164	89,211	53,437	36,063	499,387
%	100	52.2	7.2	7.1	4.7	2.8	1.9	26.6

출처: 법무부, 출입국 외국인 정책 통계 월보 2016년 1월(http:// www.moj.go.kr. 017년 11월 20일 접속)

---

3) CRCC는 회중 공동체 지도자들을 조사하기 위한 설문을 개발하였다. 그러나 이 설문은 또한 회중들을 위한 연구에도 사용할 수 있다. 이 설문은 크게 두 부분으로 나뉜다. 앞부분은 회중 공동체 지도자의 지도능력과 관리 능력에 관한 설문이다. 그리고 뒷부분은 회중 공동체의 특성과 활동에 대한 설문이다.

또한, 〈표2〉를 보면 국내 필리핀 이주민 중 E-9 비자로 입국한 비숙련 노동자(unskilled migrant worker)가 49.7%, F-6 비자를 받아 배우자를 따라 들어온 이주자(대부분 이주결혼여성)가 19.7%이다. 필리핀 해외 위원회(Commission of Filipino Overseas)에 의하면 전 세계에 약 천만 20명 정도의 필리핀 이주자들이 있다고 보고되고 있다.[4]

〈표2〉 한국 내 필리핀 이주자 통계

비자	전체 필리핀 이주자	E-9 (비숙련노동)	F-6 (결혼)	C-3 (임시방문)	E-6 (예술흥행)	F-1 (단기비자)	F-2 (장기체류)	기타
사람 수	53,437	25,421	10,559	5,185	3,336	3,106	483	5,347
%	100	47.5	19.7	9.7	6.2	5.8	0.9	10

출처: 법무부, 출입국 외국인 정책 통계 월보 2016년 1월
(http:// www.moj.go.kr. 017년 11월 20일 접속)

지리적으로 보면 HFCC는 서울의 중심가와 가까운 혜화동에 위치해 있다. 잘 알려졌다시피 이곳은 한국의 젊은이들에게는 친구를 만나고, 다양한 음식을 즐기고, 연극을 관람하고, 최신 유행의 옷과 물건 등을 쇼핑하는 곳이다. 그러나 종교적으로도 혜화동은 중요한 곳이다. 이곳에는 조선시대에 유교 사상을 교육하던 명륜당이 성균관대학교 안에 있으며 성균관 대성전에서는 매년 석전대제[5]가 펼쳐진다. 그리고 가톨릭 학교로서 동성중고등학교가 있고 가

---

4) Philippine Daily Inquirer, "Stop Illegal Remittance Agents, BSP Urged," November 14, 2012.
5) 석전대제는 중요무형문화재 제85호이다. 이 의식은 공자를 비롯한 선성선현(先聖先賢)에 제사를 지내는 의식이다. 매년 봄·가을 성균관을 비롯한 전국 234개 향교에서 동시에 봉

톨릭대학교가 있다. 또한, 〈표3〉에서 보듯이 가톨릭은 국내 3대 종교 중 하나이다. 물론 국내 가톨릭 교인은 HFCC에 직접적인 영향을 미치지 않는다. 그러나 한국사회에서 이슬람과 같은 아직 소수의 신자만을 가진 종교보다는 주요 종교로서 가톨릭이 갖는 위상은 HFCC에게 좋은 사회문화적 환경을 제공하는 것은 사실이다.

〈표3〉 2015년 통계청 발표 종교 통계

종교	개신교	불교	카톨릭	기타	무종교
%	19.7	15.5	7.9	0.5	56

출처: 통계청(2016)

HFCC가 현재의 모습으로 성장하기까지 나름의 과정이 있었다. 먼저 1989년 메리 앤 수녀(Sr. Mary Anne, the Good Shepherd Sisters)가 최초의 필리핀 이주 노동자들의 공동체 삼파기타(Sampaguita, 필리핀 국화 이름)를 만들었다. 삼파기타는 자양동 성당에서 미사를 드렸었다. 1994년에 메리 앤 수녀가 귀국하고 나서 라에스터(Raester) 신부가 이를 이어받아 미사를 드렸다. 이때부터 필리핀 가톨릭 공동체(Filipino Catholic Community)라고 불리기 시작했다. 1996년 미사 참여 인원이 늘어나자 혜화동 성당으로 장소를 옮기었다. 그리고 지금의 이름 혜화동 필리핀 가톨릭 공동체(Hyehwa-dong Filipino Catholic Church, HFCC)로 이름을 다시 바꾸었다. 최근에 HFCC는 국내 필리핀 가톨릭 공동체 중

___
행 된다.

<사진1> 성북동에 위치한 HFCC 센터 건물 모습과 수요미사가 드려지는 HFCC 센터 지하

에 가장 크게 성장하였고 필리핀외방선교회(Mission Society of the Philippines)에서 파송한 사제들이 서울대교구 이주사목위원회의 지원을 받아 사목하고 있다. 혜화동 성당에서 필리핀 필리핀 공동체는 매주 일요일 오후 1시 30분에 미사를 드리고 있다. 이 미사에 매주 약 500명에서 1000명의 필리핀 가톨릭 신자들이 참석하는 것으로 추정된다. 2000년 이후에는 HFCC는 성북동에 HFCC 센터를 세워 운영하고 있다. 이 센터는 혜화동 성당에서 걸어서 20분 정도의 거리에 있다. 이 센터는 서울대교구가 지원하고 HFCC가 운영하고 있다. 센터는 3층으로 이루어져 있고 여러 개의 방을 가지고 있다. 이 센터 지하에서 수요 미사가 진행되고 있으며, 음식도 나누고, 쉬기도 하고, 주일미사 이전이나 이후에 여러 프로그램을 진행하고 있다. 이 센터에는 또한 쉼터(Shelter)가 있다. HFCC에는 평신도 자원봉사자들에 의해 여러 위원회(전례, 교육, 재정, 영성체,

스포츠와 여가, 관리와 진행, 그리고 필리핀 이주자 선교를 위한 평신도 협의회 등)가 조직되어 있다.

5. HFCC의 특성

HFCC의 특성은 믿음, 의례(전례와 기도를 포함한다), 공동체 세 가지 측면에서 접근할 수 있다.

1) 필리핀 이주민들의 믿음

가톨릭 신앙은 HFCC의 근본이다. C는 "일요일 필리핀 사회는 가톨릭 신앙에서 만들어졌다"라고 말한다. 연구자가 만난 필리핀 가톨릭 신자들에게 특히 HFCC 자원봉사자들에게 교회는 그들의 제1의 관심사이며 다른 어떤 것보다 우선한다. C는 "만약 교회가 움직인다면 교회 앞 필리핀 마켓6)도 따라갈 것이다"라고 말한다. 그러나 이는 그들만의 특성이 아니라 현대 필리핀 가톨릭의 특성이기도 하다. 코넬리오(Cornelio, 2016: 77)는 현대 필리핀 가톨릭은 개인과 신앙과 경험을 적극적으로 강조하는 특성을 형성하였다고 주장한다. 이는 다른 사람에게 선을 행하고 해를 입히지 말라는 것을 의미하는 "실천 중심의 관계(action-oriented relationality)"라는 개념으로 설명 될 수 있다(Cornelio, 2016: 86). 이러한 실천에

---

6) 매주 일요일 혜화동 성당 앞에는 필리핀 마켓이 열린다. 시장에서는 필리핀에서 온 다양한 상품, 채소, 그리고 바로 먹을 수 있게 조리한 필리핀 음식을 판다.

대한 강조는 현대 필리핀 가톨릭의 특징이다. 엘 샤다이(El Shaddai DWXI Prayer Partner Foundation International Incoporation)는 이에 대한 좋은 예이다. 엘 샤다이는 필리핀에서 나타난 평신도 중심의 가톨릭 카리스마 운동이다. 이 운동은 1981년 초교파 라디오 프로그램에서 시작되었다. 이후 15년 동안 엘 샤다이는 9백에서 천백만 가톨릭 신자들이 참여하는 커다란 운동으로 발전하였다(Wiegele, 2005: 4-5). 엘 샤다이는 치유, 부요해지기, 긍정적 증언과 같은 번영복음(prosperity gospel)의 세계화의 한 예로 볼 수 있다(Wiegele, 2005: 7). 엘 샤다이는 HFCC 안에서도 조직되어 있다. 엘 샤다이는 미사나 다른 행사를 할 때 자신들만의 찬양과 워쉽 댄스의 시간을 가지고 있다. 엘 샤다이는 또한 축제나 기도회 그리고 평신도 집회(Recollection Day)[7]을 기획하고 진행하고 있었다.

연구자가 만난 필리핀 이주자들은 자신이 한국으로 이주한 것은 그들 자신의 결정이 아니라 하느님이 보내신 것이라고 표현하였다. E는 "내가 비자를 신청했을 때, 나는 충분한 서류를 준비하지 못하였다. 그러나 하느님이 내가 이곳에 오는 그것을 허락하였다." 그들에게 경제적인 것만이 이주의 이유는 아니다. 이주의 요인으로 경제적인 이유에만 의존하는 이론은 문화적 요소를 간과한다. 그리고 그러한 이론은 또한 이주과정에서 종교의 역할을 설명하는

---

7) 평신도 집회는 말 그대로 평신도들이 주최하고 주관한다. 2015년 12월 6일 연구자가 참여한 평신도 집회의 참가자의 절반 정도가 엘 샤다이 회원이었다. 이 날 집회는 평신도 강론, 엘 샤다이의 찬양과 댄스(Rock My Soul 등), 평신도 강론에 대한 생각과 응답을 나누고 토의하는 소모임, 엘 샤다이의 찬양과 댄스, 소모임에서 나눈 토의 내용을 나누기 등의 순서로 약 2시간 동안 진행이 되었다. 본 연구자는 이 집회에서 개신교 오순절 교단의 부흥 집회와 매우 유사한 분위기를 경험하였다.

〈사진2〉 평신도 집회(Recollection Day)

데 특히 이주 결정에 영향을 주는 영적인 부분들을 설명하는 데 실패한다(Hagan, 2002: 89). 종교는 이주에 중요한 역할을 한다. 종교는 어떻게 이주민들이 자신들의 이주와 이주 장소에 대한 의미를 부여한다. 미국의 이민 역사를 보면 코너(Cornor, 2014: 32)는 미국 역사에서 이주민은 유럽에 왔던 중남미에서 왔던 모두 영적인 이유가 있었다고 주장한다. 그들은 종교적 상상, 상징, 서사 등으로 자신들의 이주과정의 시련과 도전을 의미 있는 것으로 해석하였다.

나아가서 하간(Hagan, 2002: 89)은 확신에서 비롯된 심리적 영향은 이주민이 이주의 어려움을 견디도록 한다고 주장한다. HFCC 구성원들은 하느님이 나를 한국으로 보내셨다는 자신들만의 확신이 있다. 이러한 이주에 대한 확신은 다른 이주민들의 경우에서도 볼 수 있다. 한국에 온 페루 이주민들을 인터뷰하고 연구한 보겔(Vogel, 2014:332)은 어떻게 그들이 한국으로 이주한 것을 하느님에 의해 미리 예정한 일로 이해하는지 설명한다. 그러나 필리핀 이주민들과 페루 이주민들 사이에는 차이가 있다. 페루 이주민들은 그들의 사회적 지위를 이주민에서 교회의 지도자로 바꾸기를 원한다. 페루 이주민들은 하느님이 올바른 그들의 선택에 대한 보상을 하실 거라고 믿는다. 그들은 미등록 이주노동자에서 페루와 한국을 잇는 가교가 되기를 바란다. 반면에 대부분의 HFCC 구성원들은 필리핀으로 돌아가는 것을 염두에 두고 있기 때문에 가톨릭교회에 깊게 연관되기를 원하지 않는다.

또한, HFCC 구성원들은 인터뷰에서 자신들의 가톨릭 신앙이 이전보다 성장하였고 강해졌다고 말하였다. F는 "나는 하느님에 대해 이전보다 강한 신앙을 갖게 되었다. 나는 영적으로 그리고 육체적으로 어려운 시간을 보내었다. 그 어려움이라는 것은 필리핀과는 다른 한국사회와 문화 때문이었다. 나는 하느님이 필요하다는 것을 깨달았다. 나는 요즘 하느님의 말씀(the Word of God) 기도를 한다." D는 "나는 하느님이 나를 여기에 보내시고 모든 것을 경험하도록 하셨다고 믿는다. 나는 많은 경험을 하였고 또한, 더욱 나은 삶을 위한 새로운 경험을 하고 있다." D는 또한 이렇게 말하였다.

나의 신앙은 이전과 같은 신앙이다. 그러나 신앙이 성장하였고 이전보다 강해졌다. 왜냐하면, 나는 내가 살던 곳에서 멀리 떨어져 있기 때문이다. 한국에 있으면 감정적으로 그리고 육체적으로 싸워야

할 것들이 많다.

　나아가 H는 "한국에 사는 것은 나의 신앙을 강하게 만들었고 나는 카톨릭 교인으로 죽을 것이다"라고 말하였다.

　또한, 25명의 설문자 중에서 20명이 자신들의 신앙이 강해졌다고 대답하였다.[8] 필리핀 이주자들은 한국에서 여러 가지 차이를 경험하고 도전해야 할 것들이 많아서 적극적이며 긍정적인 신앙이 필요했던 것으로 보인다. 그들은 제도적, 사회적, 문화적 차이와 기후를 포함한 지리적 차이를 경험했다. 특히 필리핀에는 추운 겨울이 없기 때문에 그들은 추위에 매우 취약하다. 그들은 또한 힘든 노동으로 인한 육체적 어려움과 일터에서 다른 한국 사람들과 의사소통하는 데 어려움도 경험하였다. 그러한 그들에게 신앙은 그들을 격려하고 어려움을 극복하게 하였다. 그리고 그들의 신앙은 주일미사와 기도회 그리고 가톨릭 축제에 참여하며 강화된 것이다. 이에 대

---

8) 질문은 "이전보다 믿음이 더 강해졌다고 생각한다면 어떻게 그리고 왜 그렇게 되었다고 생각하는 서술해 주세요" 였다. 이에 대해 그들의 답변들은 "지금 내가 가진 문제 때문에 더욱 강하다.", "그렇다, 그래야만 한다. 여기에 나의 가족은 없다. 하느님만이 오직 나의 힘의 원천이다", "나의 신앙은 한국에 오고 나서 그리고 혜화동(HFCC)의 자원봉사자가 된 이후부터 강해졌다", "허리 수술 이후 나의 신앙은 강해졌다.", "그렇다. 나는 내가 한국 내 이주 노동자들의 도전을 목격하면서 신앙이 강해졌다고 생각한", "나의 신앙은 이 공동체에 들어오면서 강해졌다. 왜냐하면, 한국에서 어려움을 겪는 동안 나는 하느님을 붙잡았기 때문이다", "내 믿음은 이전보다 강하다. 왜냐하면, 내가 한국에 머무를 동안 겪는 어려움의 시간 속에서 예수 그리스도만이 나의 구원자, 위로자, 기쁨이 되시기 때문이다", "강해졌다. 왜냐하면, 내 삶이 더 의미 있게 되었고 내 삶에서 하느님이 어떻게 일하시는지 목격한 사람으로 나의 신앙을 다른 사람에게 전하기 때문이다", "나의 사랑과 강한 동감(love and compassion) 때문에 강해졌다", "내 신앙은 더 강해졌다. 왜냐하면, 나는 내 나라와 가족으로부터 멀리 떨어져 있는 나는 나의 신앙을 강하게 하려고 공동체 구성원 친구들에게 의존했다. 이러한 신앙의 공유는 나를 일으켜 세운다" 등이다.

하여는 다음 장에서 다루겠다.

2) 종교적 실천들(주일미사, 기도회, 가톨릭 축제)

　　종교는 개인적 그리고 집단적 삶에 모두 영향을 준다. 종교는 개인적 삶이나 사회적 관계들을 새롭게 만들어준다. 이주민의 종교 행위는 이주민을 사회의 적극적인 구성원이 되게 한다. 이주자들은 그들이 이주한 곳에서 믿음과 의례가 중요하다는 것을 깨닫는다. 2003년 세계가치조사(World Values Survey)를 분석한 코너(Cornor, 2014: 31)는 미국으로 온 필리핀 이민자 중 많은 사람이 고국에 있을 때보다 더 많이 자주 종교의례에 참여한다는 것을 밝혀냈다. 미국 내 필리핀 이주자의 79%가 고국에 있을 때 의례에 정기적으로 참가했다고 했다. 그러나 미국에 도착하고 나서부터 그들 중 90%가 정기적으로 의례에 참가한다고 하였다(Cornor, 2014: 90-91). 또한 밀라니(Milani, 2014: 143)는 일본 내 페루 이주자들이 '주님의 기적과 성체의 축제(the Fiesta of the Lord of Miracles and the Eucharist)'라는 조직을 만들어 그들만의 공동체를 세운 것을 연구하였다. 나아가서 이주민들이 종교 행위를 할 때 적극적이라고 발표하는 연구들도 있다. 예를 들어 야마다(Yamada, 2014: 61)는 일본 내 브라질 출신 개신교인들이 연령대별 활동과 2시간 이상의 긴 예배에서 매우 정열적이라고 말한다.

　　〈표2〉에서 볼 수 있는 바와 같이 한국 내 있는 필리핀 사람들의 절반 정도가 이주 노동자이다. 따라서 HFCC의 많은 구성원이

이주 노동자라는 것을 추측하는 것은 어렵지 않다. 매주 다른 미사 출석 인원으로 그들의 숫자를 가늠하기는 쉽지 않다. 그런데 그들은 미사 출석을 매우 강조한다. A는 "필리핀 이주민들은 미사에 참가하려고 노력한다. 어떤 사람들은 2시간이나 버스나 기차를 타고 온다"라고 말한다. 그들은 다른 어떤 것보다 성당에 오고 미사에 참가하는 것을 중요하게 여긴다. B는 "필리핀에서 성당에 가는 것은 쉽다. 내 주변에 언제나 성당이 있기 때문이다. 그러나 한국에서 우리는 성당에 가기 위해 큰 노력을 해야 한다"고 말한다. D는 이렇게 말한다.

주일미사에 참가하면 한 주 동안 겪었던 모든 어려움이 사라진다. 우리는 주일에 모든 것을 주님께 드린다. 주중의 모든 문제가 미사 후 사라진다. 주중에 매일 스트레스를 직장에서 받지만.

필리핀 이주자들은 세 가지 방식으로 종교 행위 또는 종교적인 활동을 한다. 첫째로 그들은 필리핀의 공용어인 따갈로그를 사용한다. "우리는 따갈로그를 학교에서 배웠다. 따갈로그는 공식언어이다. 따갈로그로 말하면 우리는 집에 온 것 같다"고 A는 말한다. "필리핀 신부님이 집전하시는 미사는 다르다"라고 D는 말한다. "필리핀에서 우리는 서로 다른 언어를 사용한다. 그러나 여기서 우리는 따갈로그를 사용한다"라고 E는 말한다. 따갈로그 언어로 미사를 드리는 것은 종교적으로 가톨릭 그리고 국가적으로 필리핀이라는 자신들의 정체성을 모두 유지하게 한다.

둘째로 그들은 전통적인 필리핀 미사를 드린다고 생각한다. 그들은 자신들이 드리는 미사가 필리핀에서 드리는 미사와 다르지 않다고 생각한다. "여러분의 주일미사에 대해 어떻게 생각하십니까"라는 질문에 D는 "우리 미사는 전통적이다"라고 주장했고 E, F, 그리고 G가 동의하였다. 그리고 설문조사에 응답한 16명 중 12명이 "미사는 전통적이다"라고 말했다. 이러한 그들의 생각은 그들이 주일미사에 참가하는 동기를 부여한다. 미사가 전통적이라고 하는 것이 필리핀에서 드렸던 미사와 똑같은 미사를 드린다는 것을 의미한다면 그것은 필리핀 이주자들의 관심을 끌었을 것이고 나아가서 공동체가 성장하는 결과를 가져왔을 것이다. 또한, 우리 미사는 전통적이라는 말은 아마도 엄격한 필리핀 가톨릭 미사라는 의미로 볼 수도 있다. 야나코네(Iannaccone, 1994: 1183; 1193)는 종교적 엄격함은 무임 승차자(낮은 책임감과 참여도를 보이는 신자)들이 가져오는 문제를 감소시킨다고 주장한다. 필리핀적인 또는 전통적인 그들의 미사와 미사 출석에 대한 강한 요구는 낮은 책임감을 가진 신자들 즉 회중이나 성당이 주는 정신적 또는 물질적 이득은 누리면서 의무는 다하지 않는 신자들을 고무시킬 수 있었다. 이렇게 해서 HFCC는 한국 내에서 가장 크고 군집성이 강한 필리핀 공동체로 성장할 수 있었다.

셋째로, 필리핀 이주자들은 한국에서 그들만의 축제를 한다. H는 "우리는 여기서(한국에서) 많은 기념행사를 한다. 그것들은 필리핀과 같다. 우리는 똑같은 전통과 기념행사를 하고 있다". HFCC는 심방가비(Simbang Gabi)[9], 성 로렌조 루이즈(Saint Lorenzo Ruiz) 기념일[10] 그리고 산토니뇨(Santo Niño)[11]와 같은 필리핀 가톨릭 축제를 연다. 그리고 HFCC 구성원들은 로사리(Rosary)[12]와 노비나(Novena)[13] 기도를 한다. 그리고 평신도 집회, 크리스마스 파티, 크리스마스 전야 미야 등이 있다. 또한, 그들은 자신들만의 행사를 추석에 진행한다.[14] 이러한 다양하고 많은 종교 행위와 활동들은 필리핀 가톨릭 신도라는 자신들의 정체성을 확인할 수 있게 한다.

필리핀 가톨릭 신자들이 필리핀 가톨릭 문화와 전통에서 유래하는 종교적 실천들을 한국에서 한다는 것은 그들이 디아스포라(diaspora)라는 것을 의미한다. 디아스포라로서 이들의 정체성은 한국이라는 새로운 사회문화적 장소에서 그들이 하는 종교적 행위

---

9) 심방가비(Simbang Gabi)는 크리스마스 이전 9일간 성모 마리아를 추모하는 미사를 의미한다.

10) 성 로렌조 루이즈(Saint Lorenzo Ruiz)는 필리핀 가톨릭의 대표적인 성자이다.

11) 산토 니뇨(Santo Niño)는 거룩한 유아 예수라는 뜻으로 필리핀에서 가장 크고 오래된 가톨릭 축제이다. 이 축제는 세부를 포함한 비사야(Visaya) 군도에서 시작되었다. 줄리아(Julia, 2016: 359 - 360)에 의하면 이 축제의 시작은 필리핀 기독교 역사의 처음까지 즉 스페인 식민주의자들이 상륙한 1521년까지 거슬러 올라간다.

12) 로사리(Rosary)는 성모 마리아를 기리는 가톨릭 기도이다. 설문 답변자들은 필리핀에 있을 때보다 한국에서 더 많이 이 기도를 한다고 대답하였다.

13) 노비나(Novena)는 성모님의 도움을 구하는 공중 기도이며 또한 개인의 기도이다. 이 기도는 필리핀 토속 종교 전통과 가톨릭이 접합된 것으로 여겨진다. 여러 가지 종류의 노비나 기도가 있다. 그러므로 이 기도는 지역 정체성을 나타내기도 하고 지역인들의 연대를 강화 하기도 한다. 이 기도는 주 중 필리핀 이주민의 기도이다. 그리고 한국에서 노비나 기도문은 필리핀 이주 노동자의 상황에 맞추어 재구성되었다.

14) 2016년 추석에 열린 필리핀 이주민들의 행사는 엘 샤다이의 춤, 영광송, HFCC의 합창과 퍼포먼스, FEWA의 댄스, 신부들의 팝송 메들리(Like a Bridge over Trouble Water, Just the Way You Are 등), 필리핀에서 온 가수들의 공연 등으로 이어졌다. HFCC가 주최 주관한 이 행사에서도 가톨릭의 성격은 잘 드러나고 있었다.

〈사진3〉 필리핀 이주민들을 위한 혜화동 성당에서의 주일미사와 일요 필리핀 마켓

의 결과이다. 예를 들어 HFCC는 1월 셋째 주일에 산토니뇨 축제
를 한다. 미사 시작 전에 그들은 원주민 의상을 입고 춤을 추며 유
아의 모습을 한 예수상[15]을 안고 행진한다. 그들의 산토니뇨는 그

---

15) 유아 예수의 얼굴은 전형적인 동남아시아 유아의 얼굴과 매우 유사하다. 그러나 유아 예수

들의 가톨릭이 필리핀 가톨릭이라는 것은 분명히 보여준다. 이 행사는 한국에서 하는 것이기 때문에 필리핀의 세부(Cebu)처럼 대대적으로 치러지지는 않지만, 세부출신 필리핀 이주민뿐만 아니라 모든 HFCC 구성원을 위한 행사이다. 톤도(Tondo, 2010: 19)는 어떻게 뉴질랜드의 필리핀 이주자들이 외국에서 자신들의 정체성을 유지하는지 산토니뇨 축제를 통해 설명하였다. 필리핀 이주민들에게 그들의 가톨릭 신앙을 실천하는 것은 그들의 정체성을 실천하는 것이다. 그런데 이러한 필리핀 디아스포라 정체성은 그들의 고국 필리핀 정체성의 복사판은 아니다. 왜냐하면, 그들의 종교 문화적 행위를 단순히 고국 문화와 전통을 필리핀에서 하는 것이 아니라 한국이라는 외국에서 그들이 필리핀 사람임을 스스로 느끼기 위해서 하기 때문이다.

역사적으로 보면 산토니뇨의 주요 요소들은 토착문화에서 왔다. 그래서 산토니뇨를 필리핀 문화라고 부를 수 있다. 톤도(Tondo, 2010: 221)에 의하면 산토니뇨는 필리핀의 토속적인 의례가 가톨릭 신앙과 합쳐진 것이다. 산토니뇨는 필리핀 가톨릭 정체성의 매우 중요한 부분이 되어있어서 이를 이해하기 위해서는 필리핀의 토착문화와 3백 년간의 스페인 식민지의 역사를 알아야 한다(Tondo, 2010: 222). 톤도(Tondo, 2010: 239-240)는 뉴질랜드에서 실행되는 필리핀 이주민들의 산토니뇨는 두 가지 의미가 있다고 주장한다. 먼저 뉴질랜드에서 펼쳐지는 산토니뇨는 필리핀 이주민들의 공통적인 정체성을 나타낸다. 그리고 또한 산토니뇨는 뉴질랜드에서

는 왕의 의복과 왕관을 쓰고 있다.

또 하나의 문화로서 그들만의 디아스포라 문화를 형성하게 한다. 그리하여 뉴질랜드 정착자로서 필리핀 이주민이라는 그들의 정체성을 형성하는 데 도움을 준다(Tondo, 2010: 239-240). 이와 유사하게 HFCC에서 산토니뇨와 같은 필리핀 축제는 필리핀 이주민들의 가톨릭 신앙을 실천하는 기회이다. 그리고 동시에 그들은 이를 통해 한국 내 필리핀 이주민들의 디아스포라 정체성을 형성한다.

3) 영적인 가족과 연결망으로서의 HFCC

서구의 학자들은 종종 제도화된 종교 안에서의 삶은 이제 더 이상 영성(spirituality)과 연관되지 않는다고 주장한다. 우드와 힐라스(Wood and Heelas, 2005: 5; 7)는 현재 서구사회에서 영성은 제도화된 종교가 아니라 "자기만의 독특한 주체적 삶(unique subjective-life)"과 연결되어 있다고 주장한다. 그리고 교리나 신에 대한 헌신과 같은 원칙에 순응해야 하는 제도종교와 달리 이러한 개인의 주체성과 연결된 영성은 앞으로 계속 성장할 그것으로 예상하기도 한다. 그러나 코너(Cornor, 2014: 71)에 의하면 종교 공동체는 여전히 영적이며 감정적인 지지를 이주민에게 제공할 수 있다. 그래서 이주민들은 종교를 통해 어려움 많은 새로운 지역에서의 삶 속에서도 고향에 온 것 같은 느낌을 갖는다. 이러한 심리적 지지는 기도회나 미사와 같은 의례나 종교 축제와 같은 종교적 행위를 할 때 이루어진다.

HFCC의 구성원들도 이러한 종교적 행위에 의해 서로 강하게 연대한다. 그 결과 그들은 함께 있을 때 좀 더 평안함을 느낀다. D는 아래와 같이 말한다.

크리스마스나, 새해 첫날, 필리핀 휴일과 행사 등 매번 나의 휴가 기간에 나는 혜화동에 온다. 그러면 마음이 매우 따뜻해진다. 당신은 당신의 직장 사람들과 있을 때 외로움을 느낄 것이다. 나는 미군 부대 안에서 살기도 했다. 그때 나는 그곳의 가톨릭교회에서 자원봉사를 하기도 했다. 그러나 크리스마스, 생일, 내 아이들의 생일 때마다 나는 여기 사람들이 보고 싶었다. 그래서 혜화동에 왔다.

HFCC 구성원들의 영성은 성당과 공동체 밖에서 경험하는 주체적인 영성이 아니라 제도화된 종교 즉 가톨릭과 연결되어 있다. 나아가서, HFCC의 구성원들은 그들 자신을 영적인 가족이라고 생각한다. H는 "우리는 가족 같다. 우리는 하느님의 모든 말씀을 나눈다. 우리는 로사리 기도를 함께 한다. 우리는 함께 식사도 한다"고 말한다. D도 "비록 하루지만 우리는 행복한 가족이 되길 바란다. 우리는 가족들과 멀리 떨어져 있어서 외롭다. 성당 자체가 우리에게 경제적으로 영적으로 커다란 힘이 된다".

필리핀 이주민들은 서로 가족 같다는 생각을 공유하고 있다. 필리핀에서는 핵가족이 지배적인 가족 유형이기는 하지만 여전히 확장된 가족 개념이 그들의 실제적인 심리에서 작동하고 있다(Castillio, 1979: 116). 필리핀 사람들은 그들의 직계 가족뿐만 아니라 많은 친척과 가깝게 지낸다. 그러므로 그들은 가족처럼 기댈 사람이 필요하다. 확장된 가족처럼 함께 지낸다는 것은 HFCC의 구성원들이 서로를 돌본다는 것을 의미한다. H는 아래와 같이 말한다.

최근에 부산에서 온 한 소녀가 있었다. 그 아이는 집에서 뜨거운 물에 뎄다. 실수로 뜨거운 물을 부었다. 그 아이는 3도 화상을 입고 우리에게 도움을 구했다. 그래서 우리가 도왔다. 우리는 또한 의료 상의 문제를 가진 사람들도 돕는다. 그리고 직장을 바꾸거나 새로운 직장을 찾는 노동자들은 우리 센터 2층에 있는 쉼터(shelter)에 머무를 수 있다. 음식과 모든 것이 무료로 제공된다.

그리고 이러한 사회적 연결망은 HFCC 구성원들에게만 제공되지 않는다. 인도주의적인 입장에서 누구에게나 제공된다. 그래서 비 카톨릭뿐만 아니라 필리핀 이주민이 아닌 사람에게도 제공된다. H는 또한 아래와 같이 말한다.

HFCC 쉼터는 가톨릭 신자만을 위한 것이 아니다. 예전에 파키스탄 사람이 있었다. 그는 무슬림이었다. 그는 작년 내내 거기에 머물렀다. 그는 이후 가톨릭으로 개종했다. 그의 형제나 자매는 그를 돕지 않았다. 그래서 그는 쉼터에 머물렀다. 그는 사고로 직장에서 손가락을 잃었다. 그래서 HFCC는 그에게 잠자리, 음식, 모든 것을 제공했다.

이 일화는 HFCC는 열린 연결망으로 기능한다는 것을 보여준다. 이러한 연결망은 HFCC의 구성원들에 의해 작동한다. 설리번 (Sullivan, 2000: 203)은 미국 휴스턴의 세인트 케서린에서 헌신적으로 활동하는 필리핀 이주민들에 의해서 어떻게 연결망이 시작하고 조직하고 유지되는지 연구하였다. 그녀에 의하면, 필리핀 이주민들의 연결망은 그들이 고국에서 가져온 종교적인 축제나 헌신적인 행위에 초점에 맞추어져 있는 경향이 있다(Sullivan, 2000: 204). 본 연구자도 필리핀 이주민의 연결망으로서 HFCC가 자원봉사자들의 헌신에 의해 운영되고 작동하며 확대되고 있다는 것을 발견하였다. D는 "자원봉사란 시간과 재능을 주는 것이다"라고 말한다. G도 "군대 경험만 빼고 자신의 재능, 기술, 능력을 주는 것이다"라고 말한다. D는 부언하기를 "우리는 모든 것은 주님을 위한 것이라고 말한다. 우리는 모든 것을 주님께 돌려 드리려고 한다. 우리는 하느님이 주신 모든 것을 다시 돌려 드리려 한다." 그들은 또한 매우 잘 조직화 되어있다. H는 아래와 같이 말한다.

우리는 여러 분야와 위원들이 있다. 하느님의 말씀을 읽기 위한 해설자들, 영성체를 위한 강단 봉사자들, 성가대, 음식과 다른 여러 가지를 준비 관리하는 집행부들 등 7개 이상의 부서가 있다. 평신도 사목 분야가 그렇다는 거다.

더욱이 HFCC 연결망 안에서 구성원들은 사회적 자본을 창출한다. 콜만(Coleman)에 의하면 사회적 자본은 크게 세 가지의 사회적 요소 즉 개인들이 사회 안에서 타인들 사이에 갖게 되는 신뢰

(trust), 공유하는 규범(norm), 연결망(network)에 의해 형성된다 (Coleman, 1990: 300-324). 그리고 또한 그것들이 사회 구조적으로 어떠한 특성을 갖느냐에 따라 그 사회의 사회적 자본은 규정될 수 있다. HFCC 연결망은 구성원들이 의례와 종교적 행위를 실행하는 것을 가능하게 한다. 이러한 종교적 행위는 종교적 확신만 증가시킬 뿐만 아니라 한국에서 서로 신뢰할 수 있게 한다. 또한, 이러한 연결망과 신뢰를 바탕으로 서로를 가족으로 여기며 행동하는 규범이 작동한다. HFCC 안에서 이러한 연결망, 신뢰, 규범은 그들 모두를 위한 사회적 자본을 형성한다.

6. 실제적인 편의와 사회 서비스(복지)

HFCC와 연결되어 함께 활동하는 조직과 기관들이 있다. FEWA(EPS Workers Association) KASAMMAKO(Alliance of Filipino Workers in Korea), 우리은행, 국민은행, 서울 대교구 라파엘 클리닉, 일요 필리핀 마켓 등이다. 표2에서 보았듯이 한국 내 필리핀 이주자들의 47.5%가 E-9(비숙련 노동자) 비자로 입국하였다. 그들은 2004년부터 실시한 고용허가제[16]를 통해 입국하기 시작하였다. 앞서 말한 FEWA는 고용허가제로 한국에 입국한 노동자들에게 어떻게 직장을 바꾸고 중요한 법률적인 처리들을 해야 하는지 상담하고 돕는다. H는 아래와 같이 말한다.

---

16) 고용허가제(Employment Permit system)는 한국에서 비숙련 외국인 노동자를 고용하는 법률제도이다. 이 제도에 의하면 외국인 노동자는 계약 기간 후 한국을 떠나야 한다.

그러나 그들은 HFCC가 아니다. 그들은 다른 조직이다. 그들도 혜화동 성당에서 미사를 드린다. 그러나 그들은 HFCC가 아니다. 오늘은 산토니뇨 축제이다. FEWA에게는 전통춤을 추어 달라는 요청을 했다. 그래서 그들은 오늘 미사 직전 춤을 추었다. 이렇게 우리는 서로 연결되어 있다. 우리는 서로 연결되었고 협력한다.

KASAMMAKO는 필리핀 이주 노동자들의 권리와 미등록 이주 노동자에 대한 문제에 대해 적극적으로 활동한다. 이 조직은 몇 명의 HFCC 구성원들에 의해 1998년에 조직되었다. 첫 회장은 HFCC 구성원이었다. 이 조직은 필리핀 정부와 한국의 산업연수제도[17]에 반대하는 운동을 하기도 하였다. 그러나 이 조직은 점점 약화 되고 있다. 2008년 이후 한국에 입국하는 필리핀 이주 노동자들은 모두 E-9 비자로 입국하기 때문이다. D는 "만약 필리핀 이주 노동자들이 문제가 있어서 신부님께 오면 신부님은 필리핀 대사관에 물어보기도 한다"라고 말한다. E는 "그들은 HFCC가 아니다. 그들은 그들만의 목적이 있다. 만약 어떤 법적 문제가 발생한다면 그들은 대사관에 갈 것이다. HFCC는 법적 문제를 해결할 수가 없다. 그러나 신부님이 대리자가 될 것이다"라고 말한다.

라파엘 클리닉은 이주민에게 의료지원을 하는 가톨릭 의료 센

---

17) 외국인 산업연수제도(Trainee System)는 저개발 국가로부터 입국한 외국인에게 중소기업의 연수생 자격을 부여하고 기술 전수를 한다는 목적으로 만들어진 제도이었다. 그러나 실제로는 노동자로 일하는 그들의 지위를 인정하지 않아 노동착취, 임금체불, 산업재해 보상, 미등록 노동자 양산 등과 관련한 심각한 문제들이 발생하였다. 이에 따라 2004년 외국인 고용허가제가 새롭게 실시되고 있다.

터이다. 앞에 말했듯이 이 센터는 HFCC와 협력하여 의학적 치료가 필요한 이주민을 돕는다. 우리은행과 국민은행은 일요일에도 이주민들이 은행 업무를 볼 수 있게 문을 연다. 필리핀 마켓은 앞에서 말한 바와 같이 매주 일요일 교회 앞에 열린다. 그런데 마켓 상점 주인들은 자신들의 사업에만 몰두하지 않는다. D는 아래와 같이 말한다.

매년 12월에 대부분의 상점 주인들은 밤에 오는 미사 참가자들에게 음식을 제공한다. 이 상점 주인들은 하룻밤 미사를 오는 모든 사람에게 음식을 제공한다. 그리고 미사에 오는 사람들은 그들의 물건을 산다. 이런 것이 지금까지 가져온 관계다.

C도 "가끔씩 크리스마스 같을 때 상점 주인들은 미등록인 사람들을 위해 돈, 음식, 물품을 기부한다. 대사관 근처에 쉼터가 있다"라고 말한다. 서울 대교구는 HFCC 건물을 제공하고 필리핀 이주자들을 돕는 프로그램에 연결되어 있다. A는 아래와 같이 말한다.

서울 대교구는 빌딩만 제공한다. 우리 자신이 물, 전기, 가스 등 모든 다른 비용을 부담한다. 우리는 또한 주일미사를 참여하기 위해 토요일에 도착한 사람들을 위해 음식과 방을 제공한다.

이러한 조직과 기관들은 HFCC의 성장에 기여하고 있다. 이러한 조직과 기관들은 단독으로 활동하기도 하지만 함께 협력하기도 한다. 그리고 실제로 대부분의 FEWA와 일요시장의 구성원들은 미사에 참여한다. 결과적으로 많은 필리핀 이주민들은 일요일에 혜화동에 오기를 원한다. 왜냐하면, 필리핀 이주민을 위한 미사에 참여할 수 있을 뿐만 아니라 이러한 조직과 기관들이 쉽고 편리한 사회적 서비스(노동 관련 상담, 의료 지원, 쇼핑, 은행 업무 등)를 받을 수 있기 때문이다.

7. 지역성 전환으로서의 재소속과 재영토화

이민과 종교에 관한 연구를 진행한 워너(Warner, 1998: 9)에 의하면 종교는 이주 공동체의 구체적인 특성과 표현을 발전시킨다. 워너는 이러한 발전의 과정을 문화화(inculturation), 상황화(contextualization), 또는 토착화(indigenization)이라고 언급한다. HFCC의 경우 두 가지 사회문화적 과정이 진행되고 있는 것으로 보인다. 그것은 재소속과 재영토화이다.

먼저 재소속(reaffiliation)에 대해 살펴보자. 필리핀 카톨릭 신자들은 자신들의 고향을 떠나면서 소속이 없게 된다. 그들은 한국이라는 다른 사회와 문화를 경험하고 다른 종교 전통에 소속감을 느끼지 못한다. 그러므로 그들은 그들이 소속할 곳을 찾는다. 그리고 그들은 자신들을 HFCC에 재소속 시킨다. 축제, 기도회, 따갈로그 언어로 드리는 미사 등을 통해 다시 말해 필리핀 가톨릭을 행위하는 것을 통해 그들은 한국 내 필리핀 이주민 사회에 재소속할 수 있게 된다. 물론 그들의 이러한 종교 행위와 참여는 한국사회에 통합되는 것을 의미하지 않는다. HFCC가 혜화동 성당과 서울 대교구와 연관되어 있지만 그들은 한국 가톨릭 신자들과 연합하는 것을 바라지 않는다. 오히려 대부분의 HFCC 구성원들은 필리핀 공동체의 일원으로 소속하는 것에 관심이 많다. 왜냐하면, 그들의 목표는 이민자로서 한국사회 안에 안착하고 한국국민이 되어 한국사회에 융화되는 것이 아니기 때문이다. 한국인 배우자와 결혼한 필리핀 사람들을 제외하고 대부분의 HFCC 구성원들은 고용허가제로 한국에 입국하였다. 고용허가제로 입국한 이주민 노동자는 한국에 평생 살 수가 없다. 그것은 법적으로 불가능하고 또한 그들도 한국국민이 되어 한국문화에 흡수되는 것도 필수적이라고 여기지 않는다. 오히려 그들은 필리핀 사람으로서 자신들의 정체성을 행위하고 유지하기를 원한다. 이러한 입장에서 보면 대부분의 국내 필리핀 이주민들은 특히 이주 노동자들은 이민자들과 다르다. 그들은 한국 안에서 필리핀 사람이기를 원한다. 그리고 그들은 한국사회 안에서 미사 참여, 기도회, 필리핀 가톨릭 축제 진행, 그리고 자신들의 연결망을 세우는 것과 같은 필리핀 가톨릭을 행위를 통해서 한국사회 안에서 자신들을 위한 공동체를 건설하기를 원한다.

다음으로 재영토화(reterritorialization)를 살펴보자. 한국인의 관점에 보면 HFCC의 종교 행위는 게토 문화나 하위문화로 보일 수도 있다. 그러나 다른 관점에서 볼 수도 있다. 그들의 종교 행위는 매주 일요일 청년문화와 소비문화의 혜화동을 필리핀 문화 영역으로 바꾸고 있다. 좀 더 구체적으로 필리핀 이주민들은 혜화동을 한국인으로부터 탈영토화(deterritorialization) 시키고 자신들의 영토로 재영토화 시킨다. 이러한 사회적이고 지리적인 현상은 지역성 (locality)의 변화를 의미한다. 지역성이란 특정 지역에 대한 인간의 지각과 의식이다. 그러므로 지역성은 지역인들의 지역에 대한 의식과 지각에 의해 결정된다. 그리고 지역성은 언제나 장소의 특성을 강조한다. 노트(Knott, 1998: 283)에 의하면 지역성이라는 용어는 일관성이 있으며 기능적으로 그리고 개념적으로 관리가능한 개념이다. 지역성은 그 지역 안에 있는 사람들을 위한 의미를 제공하고, 개인과 집단의 정체성을 만들고, 실제적으로 활동하는 환경이 되기 때문에 지역의 주민들에게 중요하다. 그리고 지역성은 지역인들의 생각에 기반한 지리적 인식의 활동에 의해 지속적으로 재창출된다. 세계화 시대에도 이러한 지역성은 그 영역을 잃지 않는다. 오히려 지역성은 나름의 방식과 과정으로 자기만의 영역을 소유한다. 톰린슨은 세계화 시대에 지역성을 생각하려면 반드시 문화적 영역을 고려해야 한다고 말한다. 그에게 있어서 세계화 시대에 나타나는 지역 문화의 탈영토화는 일방적 과정이 아니라 밀고 당기는 쌍방의 과정이다. 그래서 그는 "탈영토화가 있는 곳에 재영토화도 있다"라고 주장한다(Tomlinson, 1999: 148). 탈영토화는 지역성의 종말을 의미하는 것이 아니라 좀 더 복잡하게 변화하는 것이다. 그래서 재영토화라고 부른다.

HFCC의 경우 재영토화는 필리핀 이주민들이 지역을 차지하고 광경을 바꾸는 것 이상이다. HFCC에 의해서 진행되는 재영토화는 종교적 믿음과 행위를 통해 지리적 영역을 문화적으로 재점유하는 것이다. HFCC는 혜화동을 서울의 청년문화와 소비문화로부터 매주 일요일 탈영토화 시킨다. 그리고 필리핀 가톨릭을 행위하여 매주 일요일 자신들의 문화 영역으로 만든다. 즉 재영토화 시킨다. 앞에서 언급하였듯이 필리핀 이주민은 또한 쇼핑, 은행 업무, 이주 노동자의 권리와 지위에 대한 법률상담, 쉼터, 의료지원 등 실제적인 편의와 사회적 서비스를 받는다. 이러한 모든 것들은 일요일 혜화동에서 일어나는 필리핀의 재영토화에 기여하고 있다.

지역에서 하는 문화 행위들이 지역성을 구성한다. 다시 말해 지역성은 지리적 위치에 대한 상상과 생각 그리고 그것의 실천에 의해 새롭게 재구성될 수 있다. 이렇게 인간이 만든 개념으로서 지역성은 인간들이 사는 장소이다. 그리고 지역성은 문화 행위의 바탕이 되는 문화적 영역을 변화시킬 수 있다. 그러므로 어떻게 지역성이 한 영역을 차지하는지 아는 것은 지역의 문화 변동을 이해하는 데 중요하다. HFCC를 보면 필리핀 가톨릭 신자들은 이주로 인한 새로운 사회문화적 환경에 적응만 하지는 않았다. 오히려 그들은 탈영토화와 재영토화를 통해 그들의 종교 문화적 행위의 다름과 새로운 물리적 장소를 의미 있게 한다. 그들은 혜화동의 지역성을 전환한다. 그들은 혜화동을 그들을 위한 종교적이고 문화적인 영토로 만들었다. 톤도(Tondo, 2010: 222)는 디아스포라들은 물리적 사회적 상황을 바꾼다고 말한다. 예를 들어 그녀는 뉴질랜드에서 펼쳐지는 산토니뇨와 같은 종교 축제는 새로운 장소를 디아스포라들의 새로운 고향으로 전환시킨다고 주장한다. 산토니뇨 축제 속에서 유아 예수 이미지는 뉴질랜드의 필리핀 이주자들의 성스러움에 대한 애착과 외국의 장소를 의미 있는 장소로 즉 새로운 고향으로 바꾸는 전환의 과정에서 중요한 역할을 담당하고 있다. 이와 유사하게 HFCC의 산토니뇨 축제도 필리핀 가톨릭을 보여주고 혜화동을 필리핀 이주민의 영역으로 바꾸는 전환에 기여한다.

나아가 이러한 지역성의 전환은 한국사회의 다문화 과정을 보여주는 하나의 예이다. 한국사회와 문화는 오랫동안 단일하였다. 그러나 이러한 단일문화라는 개념으로는 세계화가 진행되는 시대에 들어와 계속 변화하는 지역성을 설명하기 어렵다. 나아가서 단일문화의 사회는 문화간 대화에 의한 창조적 긴장을 제공하기 어렵고, 상상력이 발전하기 어렵고, 도덕적이고 지성적인 공감을 만들기 어렵다. 그러나 다문화 사회는 좋은 사회를 만드는 균형을 성취할 수 있게 한다(Parekh, 2000: 171). HFCC에 의해 일어난 지역성의 전환은 다문화 사회로 변화하고 세계화 시대에 새로운 특성과 모습을 갖기 시작하는 한국사회에 기여할 수 있다.

8. 나오는 말

이 연구는 세계화가 진행되는 시대에 이주민의 삶에서 종교가 어떻게 기능하는지 확인하려 하였다. HFCC 사례 연구로서 본 연구는 이주민의 삶에서 종교는 세속화되는 것이 아니라 여전히 중요하며 중요한 기능을 하고 있다는 것을 보여준다. 구체적으로 필리핀 이주민 공동체로서 HFCC는 믿음, 의례(미사와 기타 활동들), 그리고 공동체 세 가지 측면에서 특징을 바라보았다. HFCC의 구성원들은 그들의 신앙이 고향·고국에 있을 때보다 강해졌다고 말한다. 그들은 하나님이 나를 한국으로 보냈다는 믿음을 가지고 있다. 연구자가 만난 필리핀 이주민들은 자신들의 필리핀 가톨릭 신앙을 행위하기 위해 주일미사, 기도회, 종교 축제 등 다양한 활동들을 하고 있었다. 그리고 HFCC 구성원들은 자신들의 공동체를 가톨릭 공동체일 뿐만 아니라 영적인 가족이라고 생각하고 있었다. 이는 그들만의 강한 연결망의 특성이다. 또한 FEWA, KASAMMAKO, 일요 필리핀 마켓, 라파엘 클리닉, 서울 대교구, 우리은행과 국민은행 등과 같이 협력하거나 도움을 주는 조직과 기관들은 사회적 서비스와 실제적인 편리함을 제공하고 있었다. HFCC에 들어가면 필리핀 이주민들은 그들의 종교적(또는 영적) 그리고 실제적 필요를 채울 수 있다. HFCC에서 필리핀 이주민들은 자신들의 종교 문화적 정체성을 행위하여 자신들을 한국 내 필리핀 사회에 재소속 한다. 나아가서 청년문화와 소비문화로 알려진 혜화동은 매주 일요일에 이러한 필리핀 이주민들에 의해 재영토화 된다. 일시적이지만 정규적으로 일어나는 이러한 재영토화는 필리핀 가톨릭 이주민들에 의한 것이기 때문에 종교에 의한 지리적 변화라고 볼 수 있다. 따라서 HFCC의 경우 필리핀 이주민들은 자신을 새로운 환경에 적응하는 것만이 아니라 재소속과 재영토화를 통해 한국의 지리적 장소를 필리핀 영역으로 전환하기도 한다. 이러한 지역성의 전환은 한국사회가 다문화 사회로 변화하는데 기여하고 있다.

참고문헌

Berger, Peter. 1969. *The Social Reality of Religion*. London: Faber and Faber.

Castillo, Gelia T. 1979. *Beyond Manila: Philippine Rural Problems in Perspective*. Ottawa: International Development Research Centre.

Connor, Philip. 2014. *Immigrant Faith: Patterns of Immigrant Religion in the United States, Canada, and Western Europe*. New York, NY: New York University Press.

Cook, David. 2002. "Forty Years of Religion across Borders: Twilight of a Transnational Field?" In edited by Helen Rose Ebaugh and Janet Saltzman Chafetz. *Religion across Borders: Transnational Immigrant Networks*. Walnut Creek, CA: Alta Mira Press. pp. 51-74

Coleman, James S. 1990. *Foundation of Social Theory*. Cambridge: The Belknap Press of Havard Univ. Press.

Cornelio, Jayeel Serano. 2016. *Being Catholic in the Contemporary Philippines: Young People Reinterpreting Religion*. London: Routledge.

Hagan, Jacqueline Maria. 2002. "Religion and the Process of Migration: A Case Study of Maya Transnational Community." In edited by Helen Rose Ebaugh and Janet Saltzman Chafetz. *Religion across Borders: Transnational Immigrants Networks*. Walnut Creek, CA: Alta Mira Press. pp. 75-92.

Heelas, Paul, and Linda Woodhead. 2005. *The Spiritual Revolution: Why Religion Is Giving Way to Spirituality*. Oxford: Blackwell.

Hondagneu-Sotelo, Pierrette. 2007. "Religion and a Standpoint Theory of Immigrant Social Justice." In edited by Pierrette Hondagneu-Sotelo. *Religion and Social Justice for Immigrants*. New Brunswick, NJ: Rutgers University Press. pp. 3-15.

Hondagneu-Sotelo, Pierrette, Genelle Gaudinez, and Hector Lara. 2007. "Religious Reenactment on the Line: A Genealogy of Political Religious Hybridity." In edited by Pierrette Hondagneu-Sotelo. *Religion and Social Justice for Immigrants*. New Brunswick, NJ: Rutgers University Press. pp. 122-140.

Iannaccone, Laurence R. 1994. "Why Strict Churches Are Strong." *American Journal of Sociology* 99(5): 1180-1211.

Julia, Norlan. 2016. "Strengthening Filipino Migrants' Faith through Popular Religiosity."

Mission Studies 33(3). pp. 352 – 375.

Knott, Kim. 1998. "Issues in the Study of Religions and Locality." *Method and Theory in the Study of Religion* 10(3). pp. 279 – 301.

Milani, Olmes. 2014. "Transnational Believers: Understanding the Religious Experience of Peruvian Immigrants Japan." In edited by Hugo Córdova Quesro and Rafael Shoji. *Transnational Faiths: Latin-American Immigrants and Their Religions in Japan.* Farnham: Ashgate. pp. 129 – 152.

Nititham, Diane Sabenacio. 2011. "Migration as Cultural Capital: The Ongoing Dependence on Overseas Filipino Workers." *Malaysian Journal of Economic Studies* 48(2): 185 – 201.

Parekh, Bhikhu. 2000. *Rethinking Multiculturalism: Cultural Diversity and Political Theory.* London: Macmillan Press.

San Juan, Epifanio, Jr. 2009. "Overseas Filipino Workers: The Making of an Asian – Pacific Diaspora." *Global South* 3(2): 99 – 129.

Stark, Rodney, and Roger Finke. 2000. *Acts of Faith: Explaining the Human Side of Religion.* Berkeley, CA: University of California Press.

Statistics Korea. 2016. 2015 *ingu jutaek chongjosa bogoseo* (2015 Population and Housing Census Report). Daejeon: Statistics Korea.

Sullivan, Kathleen. 2000. "St. Catherine's Catholic Church: One Church, Parallel Congregations." In edited by Helen Rose Ebaugh and Janet Saltzman Chafetz. *Religion and The New Immigrants: Continuities and Adaptations in Immigrant Congregations.* Walnut Creek, CA: Alta Mira Press. pp. 210 – 233.

Tomlinson, John. 1999. *Globalization and Culture.* Cambridge: Polity Press.

Tondo, Josefina Socorro Flores. 2010. "Popular Religiosity and the Transnational Journey: Inscribing Filipino Identity in the Santo Niño Fiesta in New Zealand." *Asia Pacific Journal of Anthropology* 11(3 – 4): 219 – 244.

Vogel, Erica. 2014. "Predestined Migrations: Undocumented Peruvians in South Korean Churches." *City and Society* 26(3): 331 – 351.

Warner, R. Stephen. 1998. "Immigration and Religious Communities in the United States." In edited by R. Stephen Warner and Judith G. Wittner. *Gathering in Diaspora: Religious Communities and the New Immigration.* Philadelphia, PA: Temple

University Press. pp. 3 – 36.

Wiegele, Katharine L. 2005. *Investing in Miracles: El Shaddai and the Transformation of Popular Catholicism in Philippines*. Honolulu: University of Hawaii Press.

Yamada, Masanobu. 2014. "'Bestowing the Light of the Gospel in Japan': The Formation of an Ethnic Church in the Dekassegui Community." In edited by Hugo Córdova Quesro and Rafael Shoji. *Transnational Faiths: Latin-American Immigrants and Their Religions in Japan*. Farnham: Ashgate: 53 – 74.

7장

도시 공간의 변화와 교회시장의 변모:

서울 창신동의 사례분석

이정연

서울대학교에서 사회학 박사학위를 받았다. 현재 서울여자대학교 기초교육원 교수로 재직 중이다. 종교, 도시 공간과 불평등, 생활문화, 메가처치 등에 관한 연구를 하고 있다. 최근 논문으로는 "1990년대 강남문화와 상류층의 '신성적 자기계발론': 강남 상류층 교회의 신념(belief) 분석", "서울, 자본의 도시와 교회의 비대화", "근대성과 종교 연구에 대한 검토", "근대적 인간과 전근대적 종교의 심원: 1970년대 성장주의와 여의도순복음교회" 등이 있다.

도시 공간의 변화와 교회시장의 변모:

서울 창신동의 사례분석[1]

1. 서론: 도시와 교회

한 사회의 종교시장은 정치, 경제, 문화 등이 변화하면 함께 변화한다. 종교시장의 변화는 종교가 팽창·쇠퇴하는 양적변화와 종교의 특성 및 성격이 변화하는 질적 변화를 모두 포함한다. 한국의 가톨릭, 개신교, 불교의 3대 종교를 비롯한 종교시장의 변화는 한국 근현대사의 사회변동과 맥을 같이 한다. 한국이 경험했던 식민지와 전쟁, 급속한 경제개발과 성장, 민주화, 도시화 등은 한국 종교시장의 구조와 특성을 모두 변화시켰다. 이러한 사회변동과 종교시장의

---

1) 이 글은 필자가 〈경제와 사회〉 2014년 봄호에 "도시화와 종교시장: 1960~2000년대 창신동 지역 개신교회를 중심으로"의 제목으로 게재한 글을 수정 및 보완한 글임을 밝힙니다.

변화는 '공간'을 통해 가시화된다.

교회, 사찰, 성당 등은 특정한 공간에서 만들어지고 그 지역에 사람들이 유입되거나 유출됨으로써 팽창하거나 축소한다. 사회변동으로 인한 특정 공간의 쇠퇴와 활성화, 인구 이동, 그리고 거주민의 계층적 변화는 그 지역의 종교시장에 직접적인 영향을 미친다. 여러 종교 간, 또는 단일한 종교 내부의 경쟁은 신자를 확충하기 위한 노력을 고취시키고 종교시장은 공간의 변화에 맞는 포교전략을 모색하게 된다.

본 연구는 창신동과 관련된 각종 문헌과 자료 검토, 창신동의 부동산, 가게, 교회, 사찰 등에 관한 조사 및 인터뷰를 통해 이루어졌다. 이를 토대로 본 글은 1960년대부터 2000년대까지 서울 종로구 창신동의 역사적인 변화와 개신교 종교시장의 관계에 대해 설명하고 있다. 창신동의 개발과 재개발, 상권 및 주거지역의 변화는 어떻게 달라졌는지 그리고 이 과정에서 개신교 종교시장이 어떻게 변모해갔는지를 분석한다. 이를 통해 사회변동의 흐름이 공간을 통해 어떻게 나타나는지, 그리고 공간의 변화가 개신교 시장의 외연과 내부적 특성에 어떤 영향을 미치는지를 고찰하고 있다.

본 글에서 다루고 있는 것은 창신동의 사례다. 그러나 1960년대부터 2000년대까지 창신동에서 나타난 변화는 단순히 창신동만의 경험은 아니다. 한국전쟁 이후 서울의 도시 개발과 그로 인해 수반된 각 지역의 변화들은 창신동의 경험과 상당부분 닮아있기 때문이다. 가령, 한국의 경제개발과 함께 만연했던 성장주의의 이념은 특정 공간이나 특정 종교 기관에만 국한된 것은 아니었다. 또한 국가주도의 서울 만들기 과정에서 일어난 도시개발과 재개발은 많은 지역의 사람들을 이동시켰다. 이러한 과정은 서울 각 지역들의 공간적 구조변화와 생활터전의 변화, 구성원의 변화, 계층적 성격의 변화를 모두 수반하는 것이었다.

그런 점에서 창신동의 사례는 한국의 사회변동이 서울의 특정한 도시 공간에서 어떻게 나타났는지, 그리고 그로 인해 교회시장은 어떻게 변모해왔는지를 거시적 차원에서 설명해준다. 이 점이 창신동의 공간변화와 교회시장의 변모 사례를 검토하고 해석하는 의미일 것이다.

2. 창신동의 공간적 특성

서울의 창신동은 도시화와 종교시장의 변화를 파악하기에 특히 적합하다. 도시화 과정은 공간의 재편과 더불어 지역민의 이동과 인구구성의 변화, 그리고 그로 인한 계층의 변화를 모두 수반한다. 한국전쟁 이후 서울은 빠르게 변화했기 때문에 변화의 역사적인 흐름을 볼 수 있는 공간이 많지 않다. 반면에 창신동은 서울의 도시화로 인한 인구 구성의 변화, 주택양식의 변화, 공간구조의 변화 과정을 볼 수 있는 장소 및 건물을 상당부분 간직하고 있다.

창신동은 일제시기부터 수공업 상권이 형성되고 후에 동대문 상권이 형성된 곳이다. 이로 인해 일찍부터 서민 주거지가 형성되었다. 또한 창신동에는 설립시기를 달리하는 교회들이 대거 밀집되어 있다. 특히 1930년대, 1950년대, 1970년대에 설립되어 지금까지 유지되는 교회가 많고 이들 교회의 역사는 그 자체로서 서울의 역사와 지역의 변화과정을 고스란히 담아내고 있다. 이런 점 역시 창신동이 서울의 변화와 종교시장이 맺는 관계를 역사적으로 파악하기에 적합한 장소임을 보여준다.

창신동은 흥인지문을 마주하고 있는 성곽 밖의 낙산 아래에 있는 곳이다. 숭인동을 마주하고 있으며 현재 창신 1, 2, 3동으로 나뉘어 있고 서울의 타 지역보다 인구밀도가 높다. 흥인지문을 마주하기 때문에 조선전기부터 인구가 밀집되고 성 밖과 안을 연결하는 공간으로서 육로 교통이 발달했다. 이후 19세기 말에 서대문과 종로, 동대문, 청량리를 연결하는 단선 전차가 운영되었다. 이런 요건으로 일찍 상업이 발달했다.

창신동은 일제 강점기부터 대표적인 빈민 거주지였다. 일제 강점기 말에는 약 6천 호의 토막집이 존재했고(서울역사박물관, 2013) 해방 후에 밀려드는 상경인구로 인해 무허가 판잣집이 대거 생겨났다. 청계천과 낙산동, 창신동, 숭인동 등의 판자촌은 도심 가까이에 위치한 대표적인 저소득 노동자들의 촌락이었고 전쟁 이후 대규모 시장 등이 입지하면서 인구는 더욱 밀집되었다(서울역사박물관, 2011).

당시 낙산의 경사지대에 빼곡히 들어찬 판자촌은 1945년 동대문 시장 판자촌이 철거된 후 정부가 국민주택 건설계획을 세우면서 철거되었다. 현재 창신동에는 채석장이 남아있는데 일제강점기 경성부 직영 채석장으로 사용되었던 곳이다. 당시 조선총독부와 대형건물을 짓기 위한 돌을 캤던 곳이었고 후에 이 채석장 부근으로

〈사진 1〉 창신동의 골목길

불량주택이 대거 들어서면서 낙석사고가 빈번히 일어나기도 했다.

현재 창신동에는 조선시대의 낙산 성곽, 일제강점기의 채석장, 1930년대 지어진 도시형 한옥과 양성화된 판잣집, 천막촌, 그리고 1960년대 도시개발계획 하에 판자촌을 철거하면서 건설된 창신아파트(1963년 설립)와 동대문아파트(1965년 설립)가 남아있다. 1970~1980년대 재개발 시기에는 양옥식 단독주택이 생겼고 1990년대부터는 중산층 아파트, 이른바 브랜드 고층아파트가 건설되었다. 과거에 여관으로 지어졌던 곳은 지금 쪽방촌으로 사용되고 있다. 이곳에는 도시빈민, 봉제업 노동자와 상인, 그리고 최근에 유입된 외국인 이주 노동자들이 밀집되어 있다. 창신동에는 현재 브랜드아파트들이 설립되면서 주로 외부로부터 유입된 중산층들과 쪽방촌의 도시빈곤층이 공존하고 있다.

위의 〈그림 1〉에서 보면 창신 1동은 동대문 시장과 인접한 곳

<그림 1> 창신동 지도

*출처: 네이버 지도 재구성

으로, 동대문 문구시장과 쪽방촌이 있다. 종로구민회관과 창신초등
학교도 1동에 속한다. 창신 2동의 비탈진 골목길에는 많은 주택형
봉제공장들이 입지해 있다. 창신 3동에는 채석장이 아직까지 남아
있으며 이곳은 과거 낙산 아래의 비탈길에 수많은 불량주택이 들어
섰던 지역이다. 3동은 삼선동의 힐스테이트, 푸르지오 등 브랜드 고
층아파트와 인접해 있다.

창신동에는 1930년대부터 최근까지 교회가 생겨나서, 2013년
기준으로 15개 이상의 교회가 있다. 이 교회들은 대한예수교장로
회 합동, 대한예수교장로회 통합, 대한예수교장로회 합신, 기독교
대한감리회, 예수교대한성결교회, 한국기독교장로회의 교단에 속

〈사진 2〉 창신동 전경

해있다. 한국의 개신교에서 예수교장로교가 절대적으로 큰 비중을
차지함에도 불구하고 창신동은 여러 교단의 교회들이 골고루 설립
되어 있다는 점에서 특징적이다. 또한 교회의 크기에 있어서도 독
점적 대형교회 없이 중소형 교회들이 비교적 골고루 분포해 있다.
창신동에 존재하는 주요교회들을 표로 정리해보면 아래의 〈표 1〉
과 같다.

〈표 1〉 창신동의 교회[2]

	교회명	설립연도	위치	교단	부속기관	규모
1	창신성결교회	1930	1동	예수교대한성결교	창신어린이집	1
2	성터교회	1954	2동	예수교장로회 합동	성터어린이집	2
3	동신교회	1956	1동	예수교장로회 통합		1

---

2) 교회의 규모는 교회에 등록된 인원을 기준으로 1: 1000명-2000명, 2: 500명-1000명, 3: 500
명 이하로 표기했다.

4	숭인교회	1956	3동	예수교장로회 합동		2
5	낙산교회	1957	2동	예수교장로회 합동	낙산교회 방과후 교실	3
6	남부교회	1954 설립 1966 창신동 이전	3동	예수교장로회 통합		3
7	초원교회	1972	1동	기독교장로회	네팔인 쉼터	2
8	창신제일교회	1973	2동	예수교장로회 합동	창신제일어린이집	3
9	동인교회	1968 설립 1974 창신동 이전	2동	예수교장로회 합동		3
10	청암교회	1981	2동	기독교장로회	청암지역아동센터 서울외국인노동자센터 한국이주여성인권센터	3
11	서울종로교회	1992	1동	예수교장로회 합동		3
12	동광감리교회	2005	2동	기독교대한감리회		3
13	등대교회	2006	1동	예수교장로회 합신	노숙인 쉼터	3
14	사랑교회	2008	1동	예수교장로회 합동		3
15	중국동포교회	2009	2동	기독교대한감리회	외국인노동자쉼터	3

　　한국 교회들의 성격이 반드시 교단별로 뚜렷하게 갈라지는 것
은 아니지만 참고로 교단별 특성을 설명한다면 예수교장로회 합동
이 보수교단, 예수교장로회 통합이 중도 내지는 중도보수에 해당한
다. 반면 기독교장로회는 진보교단에 속한다. 보수교단이 종교활동
으로서 성경공부, 포교를 중시한다면 진보교단은 사회정의나 사회
소수자 문제 등에 대한 사회 참여를 중시한다.

　　창신동에서 가장 오래된 교회는 1930년에 설립된 창신성결
교회다. 그 후 주로 1950년대, 1970년대, 그리고 1990년대 초반과
2000년대에 교회들이 집중적으로 설립된다. 이 지역의 오래된 교

회들은 창신동의 변화에 따라 교인의 수가 증감했고 인구구성의 성격변화에 따라 교회의 프로그램이나 포교의 방식을 달리해왔다. 이 지역의 개신교회 시장은 크게 세 시기에 걸쳐 다음과 같이 변화했다.

3. 창신동의 공간변화와 교회시장의 변화

1) 인구밀집과 성장주의: 1950년대~1980년대

한국전쟁 후 창신동의 땅은 상경해온 사람들이 먼저 차지하는 대로 분할되었는데 인구가 급증하면서 판잣집 등의 불량주택이 난립했다. 낙산을 가득 매웠던 이 불량주택들은 1960년대 도시개발과 함께 정비되었고 거주하던 사람들은 대거 쫓겨나서 다른 지역으로 이동해야만했다. 불량주택이 철거되면서 1963년에 불량주택 거주민들을 위한 창신시영아파트가 설립되었다. 당시 하꼬방이라 불리던 집에 살던 사람들이 이 아파트에 입주했다. 아파트는 한집이 복도까지 해서 8평 정도의 공간이었고 작은 방 두 개에 작은 부엌이 딸려 있었다. 내부 수리는 입주자 자신들이 직접 해야 했고 공동 화장실이 층마다 있었다. 1969년에는 낙산시민아파트도 건설되었다. 다른 한편으로 1970년에 동대문종합시장과 동화시장이 설립되자 동대문에 있던 많은 봉제공장들이 창신동 일대로 이전했다. 이에 따라 창신동에는 봉제업 노동자가 증가하고 가내공장들이 생겨났다. 2013년 기준으로 약 3,000개의 주택형 봉제공장이 남아있다. 창신동의 인구는 도시개발과 재개발로 인한 불량주택 철거와 그에 따른 주민의 이동으로 변화하기 시작했다. 1960년대까지 크게 증가했던 인구는 1970년대 접어들면서 전체적으로 감소한다. 감소 추세는 동별로 조금씩 차이를 보이는데 주로 봉제 공장이 밀집해 있는 창신2동은 오히려 1975년에서 1980년 사이 크게 증가하고 불량주택이 대거 철거되었던 3동의 인구는 감소했다.

이 같은 지역의 사회·경제적 변화와 함께 종교시장도 변모한다. 1930년대부터 교회가 들어선 창신동은 한국전쟁 이후부터 본격적으로 교회가 설립된다. 1950년대에 설립된 교회들로는 성터교회, 동신교회, 숭인교회, 낙산교회 등이 있다. 전후 창신동에는 평북, 평남, 황해 출신의 사람들이 많이 정착하는데 교회는 이들을 중심으로 설립된다. 동신교회에서 1973년에 집계된 교인 901명 중 평북 출신이 153명, 평남 출신이 95명, 황해 출신이 85명으로 교인의 1/3 이상이 이북 출신이었다(『동신교회 겨자씨 신앙운동 50년』). 이는 설립 초기인 1956년에 비해 다른 지역 출신의 교인이 늘어나면서 상대적으로 줄어든 비율임을 감안할 때 1950년대 창신동에 설립된 교회들에서 이북 출신이 차지하는 비율은 훨씬 더 컸을 것으로 추정된다.

고향을 떠난 이들이 교회를 통해 새로운 장소에서 일종의 공동체를 구성한 것으로 볼 수 있다. 전후에 외국의 많은 교회와 구호단체들이 한국교회에 구호품을 보낸 것도 많은 사람들이 교회로 몰려드는 계기가 되었다. 전후, 특히 경제개발이 시작되는 1960년대부터 교회의 양적 성장은 본격화된다. 특히 교회는 신을 믿음으로써 받게 되는 복이 세속적 삶의 성공으로 이어짐을 강조하면서 이른바 축복론에 입각한 적극적 포교활동을 펼친다. 각종 집회나 부흥회 같은 모임을 만들고 홍보함으로써 사람들을 교회로 흡수하는데 당시 집회나 부흥회에서 강조했던 신의 축복이란 말에는 물질적인 번성의 의미가 강하게 내포되었다.

이 같은 분위기 속에서 당시 한국의 교회들이 가장 주력했던 활동은 성전건축과 포교를 통해 양적 성장을 이루는 것이었다. 교회들은 돈을 모아 토지를 매입하고 성전을 새로 건축하거나 증축하고 지방에 기도원을 세웠다. 각 교회별로 보면 양적팽창을 위한 경쟁과정에서 가장 중요한 수단은 독자적인 교회건물을 건축하는 것이었다. 교회당 건축은 공간이 좁아져서 행해지는 경우도 있었지만 그보다는 더 많은 신도들을 끌어오기 위한 수단으로 여겨졌다. 상대적으로 크고 현대화된 신축 교회당은 건물 자체가 교회의 권위를 표현할 뿐만 아니라 신의 축복과 세속적 번영에 대한 가시적 상징물이 된다. 한국교회는 특히 화려하고 웅장한 교회건물을 짓는데 주력해왔다. 이 시기의 한국 개신교회는 대지를 매입하고 건물을 지어 올리는데 많은 자금과 노력을 쏟았다.

1930년에 설립된 창신성결교회는 1953년에 재건되어 조직을 갖춘 후 가장 먼저 건축기금을 조성했다. 1956년에 개축하여 교회 공간을 확장한 뒤 1963년에 창신동의 한옥을 매입해서 교회 간판을 붙였다. 이후 1970년에 기존 교회당을 철거해서 1971년에 새로 완공된 교회당을 갖게 되었다. 또한 1970~1980년대에 한국에서는 교회들이 어느 정도 기반을 갖춘 후에 지방에 기도원을 설립하고 교회묘지를 조성하는 것이 유행처럼 행해졌다. 창신성결교회도 경기도 양평에 토지를 매입해 창신기도원과 교회묘지를 만들었다. 1971년 당시 새로 건축된 교회당은 700석, 교인은 300여 명이었다. 교회당 신설을 계기로 본격적인 전도활동을 시작하고 우수전도자에게 포상을 하여 전도를 독려했다. 1970~1980년대 주로 행한 포교활동은 전도왕시상식, 총동원전도주일, 지하철 동대문역 및 경찰서 수감자 전도, 88올림픽 전도활동, '70인 전도대' 전도활동, 걸인초청 금요예배 등이다. 결과적으로 창신성결교회는 1963년부터 2003년까지 40년간 13회에 걸쳐서 총 756.7평을 매입하고 이후 1980년에 예배당 증축공사를 시작하여 1982년에 완공된 건물로 현

〈표 2〉 창신성결교회 교회 건축 및 증축 과정

연도	교회관련 건물의 건축 및 증축
1931	15평 건축
1956	24평으로 증개축
1963	70평 한옥 매입, 예배당으로 개조 공사
1970	기존 교회당 건물 철거
1970	경기도 양평 교회묘지 부지 매입, 창신 기도원 교회당 준공
1971	연건편 225평 새로운 교회당 완공
1979	43평, 19평을 교회당 증축부지로 매입
1980	경기도 양평 창신기도원 임야 4,500평 개간
1982	연건평 882평으로 예배당 증축
1987	교육관 설립
1997	경기도 양평 창신기도원 완공

*자료: 『창신성결교회 75년사』

재까지 836평에 달하는 교회당을 사용하고 있다. 창신성결교회는 이를 위해 1963년부터 2001년까지 건축을 위한 헌금을 공식적으로 총 22회 걷었다. 이중 교회당 건축헌금이 10회, 부지매입 헌금이 7회, 기도원건축헌금이 4회, 기도원토지매입헌금이 1회 행해졌다.

　　이러한 교회건물의 건축과 증축, 신축은 1950년대에 설립된 동신교회나 숭인교회에서도 동일하게 나타난다. 한국전쟁 후 1980년대까지 한국교회에서 나타나는 교회의 주된 목표와 활동내용은 토지매입과 예배당, 교육관, 사택, 기도원의 설립이었다. 동신교회 역시 1986년까지 증축과 토지매입을 통해 현재의 예배당 규모를 갖추었다(〈표 3〉). 후에 예배당을 새로 리모델링하여 건축한 숭인교회는 2000년대에 예배당을 새로 지었지만 이전의 예배당 완공과 토지 매입은 1980년대까지 집중되었다(〈표 4〉).

〈표 3〉 동신교회 건축 및 증축 과정

연도	교회관련 건물의 건축 및 증축
1958	예배당 준공(연건평 360평)
1964	교회묘지 부지 매입 5만 평
1969	예배당 증축(연건평 270평)
1977	교육관 신축(건평 469평)
1981	기도원 부지 매입(경기도 양주군) 10만여 평
1986	기도원(청소년 훈련원) 총건평 663.9평 완공
2005	제2교육관 완공 1,053평

*자료: 『동신교회 겨자씨 신앙운동 50년』

〈표 4〉 숭인교회 교회 건축 및 증축 과정

연도	교회관련 건물의 건축 및 증축
1956	국유지 3,000평 확보, 철망 설치
1966	예배당 신축공사 시작
1968	80평 예배실 준공, 3,000평 중 초등학교 설립 이후 400여 평 소유
1977	목사관 구입(건평 18평), 전도사 사택 구입
1980	전도사 사택 매입
1985	증축
1987	교육관 40평 천막 완공
1988	교육관 부지 매입 22평
1989	교육관 부지 28평 매입, 21평 매입, 12평 매입, 교육관 부지 19평 매입
1994	교회증축, 교육관 완공
1999	교육관 부지 24.8평 매입
2003	서울지 교육청 대지 242평 매입
2005	기존 예배당 철거
2006	새 예배당 완공

*자료: 『숭인교회 50년사』.

    교회들은 교회당을 신축하는 과정에서 신도들의 적극적인 참여를 독려하기 위해 건축헌금이라는 특별헌금을 실시했다. 이는 장기간에 걸쳐 자신이 목표한 금액만큼 작정서를 제출하는 방식으로 이루어질 때가 많았다. 건축헌금이 필요할 때는 '성전건축기성회'를 발족하여 교인들을 참여시키고 적금안내표를 만들어서 목표액을 달성하게 했다. 당시 창신동은 형편이 어려운 사람들이 많았고 따라서 교인들이 폐지를 주워 팔거나 개인이 토지나 건물들을 팔아서 충당하는 경우가 많았다. 자신이 목표하는 기간과 금액을 설정하고 그에 따라 매달 액수를 채워나가는 형식이었다. 1967년 당시 도시근로자의 월평균 생계비는 13,940원이었다. 건축헌금의 목표금액은 5천원, 1만원, 3만원, 5만원, 10만원, 30만원, 50만원 중에서 선택할 수 있었고 납입기간 역시 1년, 1년 6개월, 2년으로 선택할 수 있었다.

교회는 건축이나 증축, 그리고 교인의 팽창을 '신의 축복'이라는 의미로 해석하고 교인들에게 강조했다. 건축을 위한 헌신적인 노력을 하는 사람에게는 믿음이 좋다는 표식이 부여되었다. 결과적으로 예배당이 커지고 교인수가 증가하는 것이 신의 축복을 받은 것의 결정적 증거로서 인식되었다. 이 시기 창신동 교회 간 '경쟁'은 예배당 건축과 증축, 기도원 설립, 그리고 교인 수 배가라는 양적 팽창을 중심으로 이루어졌다. 이는 교단과 관계없이 이 시기 창신동의 모든 교회에서도 동일하게 나타난다. 이런 점에서 이 시기의 교회 간 경쟁요소는 단일하고 동질적이라고 설명될 수 있다. 교회의 양적 성장이라는 목표는 교회의 표어에 잘 나타난다.

교회는 매년 구체적인 목표나 지향점을 정해서 표어로 정해놓고 1년 동안 그 표어를 전 교인이 공통으로 인식하도록 현수막을 만들어 강단 앞쪽에 붙이거나 교회주보의 맨 앞장에 싣는다. 『창신성결교회 75년사』에 나타난 창신성결교회의 표어를 보면 창신성결교회의 1964년부터 2005년까지의 표어를 보면 1987년까지는 전도와 부흥, 확장, 성전 건축 등 양적인 팽창 및 규모의 확장과 관련된 것이 주를 차지했다. 반면 1989년부터는 영적 성장이나 영적 수준의 향상 등을 표방하고 있다. 이는 교회들의 핵심적인 경쟁요소가 1990년대부터 변화하기 시작했음을 의미한다.

창신동의 개신교 종교시장은 1960년대까지 이루어진 인구 증가를 배경으로 양적으로 크게 팽창했다. 교회들은 프로그램의 차별성 없이 어느 정도 동질적인 형태를 유지하면서 양적 성장을 하고 1980년대 중반까지 최고 양적 성장기를 맞는다. 창신성결교회와 동신교회는 1980년대 중반 이후 교인의 수가 약간 감소하거나 비슷한 수준을 유지하지만 다른 교회들은 지역의 인구 감소와 함께 교인 수가 감소한다. 그러나 도시화 초기의 1950년대부터 1980년대까지 창신동의 교회 수는 두 배 가까이 증가했기 때문에 이 지역의 개신교 종교시장 전체를 보면 1980년대까지도 지속적으로 팽창했다고 볼 수 있다.

양적 성장을 목표로 한 선교활동은 1980년대 중반까지 지속되었다. 그러나 지역 인구의 지속적 감소로 이미 포화상태인 교회시장의 내부 경쟁은 격화되었다. 이 시점부터 교회들은 종교적 활동영역을 확장하면서 다양화된 공급전략을 내세우기 시작했다.

2) 봉제업의 침체와 전략의 다양화: 1990년대

1990년대부터 동대문 일대에 대형쇼핑몰이 들어서기 시작하고 소기업의 봉제업은 침체되기 시작했다. 많은 의류공장이 다른 지역으로 이주함에 따라 창신동의 봉제 노동자도 크게 감소했다. 또한 1969년에 들어섰던 낙산시민아파트가 1997년부터 철거되어

공원으로 바뀌고 1990년대부터는 재개발로 인해 브랜드 고층아파트들이 건설되기 시작했다. 쌍용아파트 1단지(1992년)가 들어선 것을 시작으로 쌍용 2단지 아파트(1993년), 창림아파트(1994년), 두산아파트(1995년), 삼흥아파트(1996년), 성용아파트(1996년), 유성아파트(1996년), 홍인아파트(1997년)가 들어섰다. 2000년대 이후에는 엠아이디그린아파트(2002년), 창신이수아파트(2002), 낙산 그린아파트(2003년), 브라운스톤(2006)이 건설되었고 창신동과 인접한 숭인동과 황학동, 삼선동에는 롯데캐슬 천지인(2004년), 힐스테이트(2006년), 종로센트레빌(2008년)이 들어섰다. 이로 인해 기존에 거주하던 주민들 중 상당수가 다른 지역으로 이주해야만 했다. 오랜 기간 봉제업에 종사하여 중산층이 된 사람들은 이 지역을 떠나는 경우가 많았기 때문에 외부에서 이주해온 중산층이 창신동의 신축 고층아파트에 입주했다. 이로써 창신동은 사회 계층적으로 복잡한 양상을 띠게 되었다.

교인의 대다수를 차지했던 상인들이 창신동을 떠나자 교회들은 아파트 입주자를 겨냥하여 새로운 포교 프로그램과 교육시스템을 구축할 필요성이 생겼다. 창신동의 교회들에서 나타나는 1990년대의 특징은 크게 두 가지로 요약된다. 하나는 해외선교사업을 통해 교회의 활동범위를 해외로 확대시켜나갔다는 것이다. 이것 역시 1990년대 한국 교회가 보여준 일반적인 모습 중 하나다. 한국에서 개신교회가 포화상태를 이루면서 종교시장에서 과점적 지위를 점하게 되자 한국의 개신교회는 해외로 포교 범위를 넓히게 된다. 1979년에 93명에 불과했던 한국의 해외 파견 선교사는 1986년에 511명, 1989년에 1,178명으로 증가하고 1990년대에 이미 해외 파견 선교사의 수가 세계 5~7위 수준에 오른다. 2010년에는 해외 파견 선교사가 2만 명 가까이 된다(한국선교연구원, 2012). 창신동 교회들도 1990년대에 들어서면서 중국, 러시아 등 여러 지역에 해외선교사를 파견했다. 게다가 전문 선교사뿐 아니라 캠퍼스 선교단체나 대학생들도 해외선교에 참여하는 장·단기 선교 프로그램을 확대하기 시작했다. 이 시기부터 각 교회주보에는 교회가 파견하고 지원하는 해외선교사 명단과 파견 국가들이 함께 표시되기 시작했다. 선교사의 파견과 지원정도는 그 교회의 부흥과 발전의 정도를 나타내는 또 다른 지표가 되었다.

두 번째는 교회가 다양한 프로그램과 조직개편을 통해 다양한 수요층에 대비해나갔다는 점이다. 이전시기까지 주로 양적 팽창과 건물 건축에 집중했다면 이제는 교회 내부의 조직을 세분화하고 새로 유입된 주민들을 포섭할 수 있는 새로운 프로그램을 구축해나갔다. 교회교육 프로그램의 다양화와 활성화는 창신동 지역의 교회들이 가진 물적, 인적 자원의 차이에 따라 서로 상이하게 나타났다. 창신제일교회나 창신성결교회 등 창신동의 좁은 봉제골목 위쪽에 자리 잡은 교회들은 지리적 접근성, 건물의 규모와 시설의 편의성에서 새로 유입된 중산층을 수용하기에 한계가 있었다. 반면 건물 규모와 시설의 편의성, 그리고 무엇보다 한국의 중심 신학대 출신의 인적 자원을 가지고 있는 동신교회는 1990년대 이후 다양해지는 창신동의 계층적 필요에 훨씬 더 적극적으로 대응했다.

아래 〈표 5〉에서 볼 수 있는 바와 같이 동신교회의 1990년대 프로그램들은 성경공부의 다양화와 대상에 따른 세분화로 특징지어진다. 교육의 다양화와 지역민을 위한 맞춤교육 프로그램은 강남의 대형교회에서 먼저 시작된 일대일 제자훈련이나 각종 성서 아카데미, 찬양집회나 결혼예비학교, 아버지학교와 같은 문화교육 프로그램 등에서 영향을 받은 것이다. 이와 같은 프로그램의 활성화가 지역 인구의 감소에도 불구하고 동신교회의 교인 수가 감소하지 않게 된 중요한 요인으로 보인다.

〈표 5〉 동신교회의 시기별 프로그램

시기	신설조직
1956	여름성경학교, 부흥사경회, 노방전도
1961	교육위원회, 음악위원회
1970	주일전도대
1977	교회발전 5개년(1977~1981) 계획
1980	군선교, 아시아 선교회
1981	유치원
1982	정오기도회
1985	장학위원회
1986	평일성경대학
1992	해외선교
1993	경로학교, 주제별연구반, 인물별연구반, 책별연구반, 생활성서연구반, 작은 모임 성서연구반, 작은 다락방 성경공부, 장로성서연구반, 안수집사성서연구반, 권사성서연구반, 결혼예비학교반
1994	평일전도대, 해외선교, 청년연합찬양집회
1995	문맹자를 위한 한글학교, 교회 밖 장학사업
1996	국내선교(국내 38개 농어촌교회 지원), 찬양학교(청년 중심의 찬양문화 활성화)

1999	교회 전상망 구축, 홈페이지 개설
2000	지역사회봉사센터(이, 미용 봉사관 개관)
2002	외국인 한글학교 새신자를 위한 보금자리 교육
2004	외국인 선교부
2005	교회음악 아카데미

* 자료: 『동신교회 겨자씨 신앙운동 50년』의 내용을 토대로 구성.

　　동신교회는 1993년부터 교회 프로그램의 다양화에 주력했다. 경로학교를 만들어서 노인들의 평생교육 시스템을 도입하고 교회의 각 직책별로 성경공부를 분화시킴으로써 성별, 연령별 소모임을 활성화시켰다. 교회 내의 성경공부 뿐만 아니라 일상 생활교육을 위한 학교도 개설했는데 대표적인 것이 결혼예비학교다. 결혼예비학교는 강남의 한 대형교회에서 시작된 프로그램으로 결혼을 앞둔 젊은 남녀들을 위한 교육프로그램이다. 이 프로그램이 인기를 끌게 되면서 강남 이외의 교회들로 확산되었다. 결혼예비학교를 성공리에 정착시킨 강남의 대형교회는 이후 아버지학교, 어머니학교 등을 개설하여 교회 밖에까지 생활교육 프로그램을 확장시켜나간다.

　　창신동에서는 유일하게 동신교회가 이러한 중산층 생활교육 프로그램을 도입했다. 동신교회는 1990년대 이른바 강남의 대형교회들 사이에서 인기를 끌었던 성경공부, 생활교육, 청년집회 등을 그대로 수용했다. 전자기타, 드럼, 신디사이저 같은 신식 악기를 도입하여 청년 집회를 시작하는데 이것 역시 1990년대에 강남의 대형교회에서 한참 인기를 끌었던 '경배와 찬양' 집회를 모방한 것이다. 청년 찬양집회는 청년층을 전도하기 위한 좋은 매개가 되고 이후 청년예배를 따로 신설하는 계기가 된다. 동신교회는 이러한 중산층 교회프로그램 외에도 문맹자 학교나 장학사업 등을 통해 교회 밖의 약소 층까지 포섭할 수 있는 방안도 동시에 만들어나갔다.

숭인교회 역시 다양해진 계층에 대비하기 위한 방안을 모색했다. 우선 새로운 성전건축을 준비했다. 1990년대 말에 결정되어 2006년에 완공된 숭인교회의 새로운 교회건물은 교회건물의 부지매입과 예배당의 건축자체가 중요했던 설립초기와는 다른 의미를 가진다. 인접한 숭인동과 삼선동에 브랜드 고층아파트가 대거 신축되면서 숭인교회는 새로 입주할 중산층을 겨냥하여 새로운 전도전략을 수립했다. 기존교회건물을 철거한 후 2006년에 고급 음향, 영상, 조명시설을 갖춘 트렌디한 새 교회당을 건립한 것도 새로운 포교전략의 일환으로 보인다. 숭인교회와 인접한 지역에 브랜드 아파트가 앞으로도 계속 건설될 예정이었고 숭인교회는 이에 적합한 젊은 리더십으로의 교체를 준비했으며 가정행복학교와 같은 재사회화 교육프로그램과 성경공부학교 등의 프로그램을 대거 도입할 계획도 세웠다.

1990년대 이후 창신동의 개신교 종교시장은 다양화된 수요층에 맞는 포교전략을 구상하기 시작하면서 이전 시기보다 교회 간 자원과 리더십 그리고 교단의 성격 차이가 좀 더 명확히 드러났다. 예수교장로회에 속한 교회가 제자훈련이나 성경교육학교 등을 세분화함으로써 프로그램을 신설한 반면, 사회정의나 사회의 약자를 위한 활동에 더욱 주력하는 기독교장로회의 초원교회는 지역의 빈민아동을 위한 지역학교 등과의 연계 프로그램을 신설했다.

1990년대 교회에서 생겨난 결혼예비학교, 아버지·어머니 학교, 문맹자교육, 어린이집, 보육학교 등 교회의 각종 복지 사업을 통해 볼 수 있듯이 지역 구성원들이 가지는 일상생활의 필요는 종교시장 공급자의 중요한 전략으로 사용되었다. 다른 지역의 교회들과 비교하여 창신동 지역의 교회에서 두드러지는 점은 사회복지 기능을 일찍부터 교회가 직접적으로 맡아서 했다는 점이다. 과거부터 주로 상인들과 저소득층이 밀집되어왔던 창신동은 주로 맞벌이 상인들의 아이를 돌봐주는 많은 어린이집들이 교회 산하기관으로 설립되어 있고 2000년 이후 새로 이주해 들어오는 외국인노동자들을 위한 쉼터나 센터도 교회소속으로 운영되고 있다. 정부의 복지 시스템이 창신동에 구축되기 이전부터 창신동 지역의 교회들은 자체적으로 어린이집이나 유치원을 운영했고 후에 정부의 인가를 받았다. 교회들은 지역 사람들의 삶의 필요를 적극 흡수해서 자신들의 포교전략으로 만들었다. 교회들은 지역민들의 직접적인 삶의 필요를 충족시키는 복지기관을 운영함으로써 지역민들과 직접적 연계성을 가질 수 있었다. 시대가 변화하면서 나타나는 새로운 필요를 적극 반영해서 교회 활동범위를 확장시키고 다양화시키는 데 성공한 교회들은 창신동 인구의 감소에도 불구하고 교인 수를 확보할 수 있었다.

다른 종교와의 경쟁에서 우위를 차지하여 한국 종교시장에서 확고한 지위를 확보한 개신교는 1990년대에 들어서면서부터 내부적으로 급속히 다양화·이질화되기 시작했다. 결과적으로 1990년대 이후의 교회 간 경쟁요소는 좀 더 다양화되고 개신교 종교시장 내부는 질적 차이를 보이게 되었다.

3) 이주노동자의 유입과 정체성 구축 및 차별화: 2000년대

2013년에 창신동과 숭인동 일대의 뉴타운 재개발 사업이 해제 결정되면서 창신동은 현 상태를 유지하게 되었고 재개발에 맞추어 교회건물을 재건축하려는 계획을 가지고 있었던 교회들 역시 당분간은 현 건물형태를 유지하게 되었다. 2000년대 이후에 창신동에 일어난 가장 큰 변화는 외국인 이주노동자가 증가한 것이다. 2000년에서 2010년 사이 창신동에 거주하는 외국인은 3배 이상 증가했다. 통계청 인구조사에 파악된 창신동의 외국인은 1995년에 3명이었고 2000년에 253명, 2010년에 848명이었다. 주로 봉제공장과 동대문시장에서 종사하는 외국인 노동자들이 창신동에 유입된 것인데 이는 창신동의 종교시장의 변화에 직접적인 영향을 미쳤다.

2000년대에도 창신동에는 교회들이 신설되었는데 새로 들어선 교회들과 기존의 교회들이 공존하면서 창신동의 종교시장은 좀 더 다양화되었다. 2000년대 이후 창신동의 종교시장에서 보이는 특징은 첫째, 설립 당시부터 뚜렷한 대상과 목적을 설정한 교회들이 생겨났다는 점이다. 2006년에 설립된 등대교회는 쪽방촌 주민과 노숙인을 위한 도시 빈민사역을 전담했다. 알코올중독이나 도박·약물 중독자들의 치료, 노숙인들의 쉼터 제공, 도배나 장판 교체, 이·미용 봉사, 밑반찬 봉사, 무료급식, 문화교실 등 소외계층을 위한 프로그램을 운영했다. 2009년에 설립된 중국동포교회도 이주노동자 교회다. 이 교회는 조선족을 대상으로 한글교육이나 쉼터 등을 제공했다.

외국인 노동자들의 유입은 기존 교회들에게도 영향을 미쳤다. 기존 교회도 외국인노동자들을 위한 시설과 각종 프로그램을 만들었다. 동신교회는 2002년에 외국인 이주노동자들에게 한글을 교육하는 외국인 한글학교 프로그램을 만들고 2004년에는 외국인 선교부를 조직했다. 이주노동자를 위한 교회프로그램을 좀 더 활발하게 신설한 것은 진보교단인 기독교장로회에 속한 교회들이었다. 초원교회는 2004년에 네팔인을 위한 쉼터를 개설하고 청암교회는 서울외국인노동자센터와 한국이주여성인권센터를 만들어 외국인노동자를 지원하는 교회로 특성화했다.

외국인 이주노동자를 대상으로 하는 포교전략에서 쉼터는 특히 매우 중요한 역할을 한다. 쉼터는 처음 한국으로 이주해서 아직 집이나 직업을 구하지 못한 외국인 노동자들이 무상으로 머무를 수 있는 곳이다. 이주노동자들은 자연스럽게 쉼터에 모이게 되고 서로 정보를 공유하게 된다. 또한 쉼터는 먼저 들어와 정착한 이주노동자들과의 연계도 가능하게 해준다. 이런 쉼터가 지속적으로 운영되면 외국에서 한국으로 이주해 들어오려는 노동자들 사이에서 쉼터들에 대한 정보가 공유되며 그들의 본국에서부터 한국의 특정 쉼터와 미리 연락을 취해서 들어오기도 한다. 1990년대부터 한국에 외국인 노동자가 유입될 때 가장 먼저 이들의 노동과 복지문제에 관여하면서 이들을 흡수하기 시작한 것은 교회들이었다. 이들 교회는 외국인 노동자의 초기 정착 과정을 도울 뿐만 아니라 생활하는데 있어서 발생할 수 있는 여러 면을 지원했다. 즉 취업이나 의료, 임금 체불, 산업 재해, 사기, 폭행 등에 관한 상담을 무료로 제공하고 정보교환을 위한 외국인 노동자 네트워크의 형성을 지원했다. 이주노동자의 급증은 교회시장에서 새로운 포교전략을 마련하는 계기가 되었다.

2000년대 이후 외국인 이주노동자가 유입되면서 창신동 종교시장에는 결과적으로 세 가지 성격의 교회가 공존하게 되었다. 1990년 이전의 기존 성원들을 중심으로 유지되면서 새로운 계층의 유입이나 외국인 노동자들의 유입에 대처하지 못한 교회들과 1990년 이후 새롭게 유입된 중산층을 대상으로 프로그램을 다각화하거나 외국인 노동자들을 대상으로 프로그램을 신설하여 발 빠르게 대처해나간 교회들, 그리고 2000년 이후 특성화된 목적을 가지고 설립된 신생 교회들이다. 창신동의 개발과 재개발, 그리고 이로 인한 인구이동으로 인해 창신동의 종교시장은 도시개발 초기의 동질적인 성격에서 벗어나 점차 다채롭고 이질적인 성격을 가지게 되었다.

4. 결론

일찍부터 인구 과밀지역이었던 창신동의 전체 인구는 1950년대부터 2000년대까지 점차 감소했다. 지역의 교회 수는 1950년대에 5개였던 것이 2000년대까지 3배 이상 늘어났다. 각 교회별로 증감의 변화가 있긴 했지만 창신동의 전체적인 교인 수는 일정정도 유지되어 왔다. 창신동의 공간 변화 과정에서 교회들은 지속적으로 새로운 교인을 확충했고 결과적으로 전체적인 창신동의 교회시장은 확장되어왔다고 볼 수 있다.

창신동의 개신교 종교시장은 크게 세 시기에 걸쳐 변모했다. 전쟁 이후 1980년대까지 이 지역의 교회들은 물량주의와 성장주의에 기초하여 '양적 팽창'을 도모했다. 건물의 건축, 증축이나 대지의 매입은 교단에 관계없이 당시 모든 교회에서 공통적으로 나타났다. 1990년대부터 재개발로 인해 고층아파트들이 들어섰다. 아파트로 유입된 중산층으로 인해 지역 인구의 계층적 구성은 달라졌고 각 교회는 활동영역을 확대하고 포교전략을 다각화했다. 새로운 중산층의 수요를 만족시키기 위해 교육프로그램과 시스템을 세분화한 것이다. 이 시기에 교회들은 다양한 수요에 맞는 공급의 세분화와 다양화를 통해 변모했다.

공간 변화의 세 번째 시기인 2000년대부터는 이주노동자가 유입됨에 따라 인구구성이 더욱 복잡해졌다. 여전히 남아 있는 쪽방촌에 거주하는 도시빈민과 이주노동자, 90년대에 새로 유입된 중산층, 기존의 봉제 공장 주민 등이 공존했다. 이 시기부터 창신동에는 도시빈민교회나 이주노동자교회 등 특성화된 교회들이 새롭게 출현했다. 이들 교회는 특정 대상의 수요층을 중심으로 하는 교회들로서 기존 교회와 차별화된 전략으로 교회를 운영했다. 기존의 교회들 역시 새로운 수요층으로 등장한 이주노동자를 겨냥해 이들을 위한 쉼터나 한글교육 프로그램 등을 도입했다. 2000년대 이후의 시기는 이전시기와 비교해서 교회들의 이질적인 성격이 더 부각되었다. 여러 교회들이 자신의 교회에 맞는 주된 수요층을 달리 설정함으로써 자신의 정체성을 구축하고 특성화하기 시작했다. 이에 따라 현재 창신동에는 이질적인 성격의 교회들이 공존하게 되었다.

본 글은 창신동의 사례에 해당하기 때문에 이를 통해 한국사회 전반의 도시 공간변화와 교회시장을 설명할 수는 없다. 그러나 그럼에도 불구하고 본 연구는 '공간과 종교'에 대한 몇 가지 유의미한 설명력을 갖는다.

첫째, 한국의 도시화는 개신교시장의 팽창요인과 밀접히 연결된다. 창신동 종교시장의 수요와 공급측면의 변화는 도시화에 따른 공간과 구성원의 변화와 맞물려서 일어났다. 도시화 과정은 종교시장의 선교전략, 교육, 사회적 기능 등에 직접적인 영향을 미쳤고 그 결과 개신교 종교시장이 팽창할 수 있는 주요요건으로 작용했다. 다른 종교에 비해 도시화와 이에 따른 공간재편에 가장 민감하게 반응해온 개신교회는 교회가 위치한 지역의 필요에 맞게 신속하게 변화했다. 그리고 몇몇 교회는 지역의 개발과 재개발, 인구이동, 산업구조의 변화에서 창출되는 일상적 삶의 필요를 포교전략으로 구성하는데 성공했다.

둘째, 현대사회의 종교적 수요는 단순히 신성함에 대한 욕구로만 규정될 수 없다는 것이다. 창신동의 교회들은 지역성원이 가진 신성성에 대한 욕구뿐 아니라 일상적 삶의 필요를 파악하고 충족시키기 위해 변모했고 이를 토대로 구성원을 확충했다. 이러한 사실은 종교 그 자체가 '세속적인 것'을 포괄한다는 것을 보여준다. 종교적 욕구는 단지 신성성에 대한 인간의 갈망뿐 아니라 구제, 복지, 생활교육, 상담 등 일상적 삶의 필요에 의해서도 생겨난다. 종교기관 역시 종교 활동의 범위를 물질적이고 도구적인 일상의 영역으로까지 넓혔다. 공간의 변화로 인해 수반되는 지역 구성원의 변화와 그들의 일상적 필요의 변화는 그 자체로서 교회시장의 변모를 촉진시킨다. 현대사회에서 나타나는 종교적 활동은 이미 성(sacred)과 속(profane)의 모든 영역을 넘나들고 포함한다.

셋째, 한국에서 개신교시장은 단일한 형태로 팽창해 온 것이 아니라 지역성과 포교대상의 변화에 따라 내부의 분화과정을 거쳐왔다. 창신동의 교회들에서 나타나는 변모의 과정은 교회시장이 초기의 단일한 성격으로부터 점차 다양화·이질화되어온 것을 보여준다. 한국의 개신교회는 지역 구성원의 계층변화에 민감하게 반응해왔다. 특히 한국의 도시화과정은 급속한 공간의 계층적 분화를 가져왔고 개신교회들은 이에 대응하여 변모했다. 각 교회는 주된 포교대상의 계층적 특성에 따라 각기 다른 공급전략을 모색했다. 이 과정에서 공간별 계층분화에 따른 교회 간 이질화는 더욱 촉발되었을 것으로 보인다. 이러한 사실은 종교란 역사적으로 고정되어 존속되는 어떤 것이 아니라 그 자체로서 사회적인 것이고 지속적으로 변모해가는 것임을 보여준다.

참고문헌

동신교회. 2007. 『동신교회 겨자씨 신앙운동 50년』. 대한예수교장로회 동신교회.

서울역사박물관. 2013. 〈Made in 창신동〉展

서울역사박물관. 2011. 『창신동: 공간과 일상』.

숭인교회. 2007. 『숭인교회 50년사』. 대한예수교장로회 숭인교회.

창신성결교회. 2005. 『창신성결교회 75년사』. 예수교대한성결교회 창신교회.

창신제일교회. 1993. 『창신제일교회 20년사』. 대한예수교장로회 창신제일교회.

한국선교연구원. 2012. 『한국선교의 현재』. http://krim.org 공개자료실.

8장

종교적 경쟁과 창조적 혁신:

수도권의 초대형교회 네 곳의 사례 연구

김성건

영국 헐대학교(The University of Hull)에서 사회학 박사학위를 받았다. 최근 저(역)서로
서 『왜 섬기는 교회에 세계가 열광하는가? 기독교적 사회참여의 새로운 모델, 성령운동』
(교회성장연구소, 2008), 『글로벌 사회와 종교』(서울대학교 출판문화원, 2015), 『일본의
종교: 토착교회 운동』(다산출판사, 2019), 『종교와 정치』(하늘향, 2020) 등이 있다. 서
원대학교 사회교육과 명예교수이며 현재 장로회신학대학교 종교사회학 초빙교수이다.

종교적 경쟁과 창조적 혁신:
수도권의 초대형교회 네 곳의 사례 연구[1]

1. 문제의식

　그동안 세계기독교사에서 괄목할 만한 성장을 이루었던 한국 개신교회가 최근 들어(1990년대 중반 이후) 침체 혹은 하락세에 있다. 그중에서도 특히 일부 초대형교회(megachurches)의 부패와 세습 등 각종 스캔들이 외부로 드러나면서 개신교 전체의 사회적 공신력이 계속 저하되고 있다. 이런 문제적 상황에서 초대형교회에 대한 공격과 비판이 날로 더해지고 있다. 본래 1990년대에 거대도

---

1) 이 글은 필자의 논문(Sung Gun Kim. 2017. "The New Face of Large Congregations: Creative Innovations in Four Megachurches in the Seoul Metropolitan Area." Korea Journal. 57(4): 14-41)을 요약한 것으로서 문제의식(I장)과 메가처치에 대한 이론 부분(II장)을 새롭게 추가한 것임을 밝힌다.

258　탈종교화 시대의 종교 경쟁과 혁신

시(megacities)의 출현과 초대형교회가 거의 동시에 등장한 미국의 경우에서도 일부 초대형교회가 세습, 목회자의 부정, 재정 문제 등으로 사회적 비판의 대상이 되고 있다. 그렇지만 전체적으로 볼 때, 오늘날 미국에서 이른바 '종교의 집중화'(religious centralization)라 불리는 교회 간 부익부빈익빈 현상이 점차 현실이 되고 있고, 대다수의 초대형교회는 일부 세간의 비판과 달리 순항하고 있는 것이 사실이다.

그래서 필자는 미국에서 현재 초대형교회에 관한한 가장 대표적 학자로 일컬어지는 종교사회학자 스콧 썸마(Scott Thumma)(Hartford Seminary 교수)라든가 또는 저명한 종교사회학자 로드니 스타크(Rodney Stark)(Baylor 대학 교수)을 비롯하여 본래 목사출신으로서 최근에 종교사회학자로 변신한 제임스 웰만(James Wellman)(Washington 대학 교수) 등이 공통적으로 주장하는 내용 곧, "초대형교회가 중소형교회보다 교인들에게 영적인 측면에서 상대적으로 나은 종교적 경험을 제공한다"라는 주장이 현 한국의 초대형교회에 과연 얼마나 부합되는 지를 체계적, 경험적으로 조사할 필요를 강하게 느끼게 되었다. 이러던 차에 2015년 초에 미국 템플턴 재단(The John Templeton Foundation)으로부터 "종교적 경쟁과 창조적 혁신, 로스앤젤리스와 서울"이라는 연구주제로 2년간 연구비[2]를 받게 되어 필자는 한국의 메가처치에 대한 연구를 본격적으로 수행하게 되었다. 국제공동연구과제인 이 연구에서 필자가 제기한 주요 질문은 다음 세 가지이다.

---

[2] 필자가 연구책임자가 된 5명으로 구성된 한국 팀이 받은 연구비 총액은 미화 30만불임.

(1) "한국의 초대형교회들 중에서 현재 계속 성장하고 있고 사회적
   으로도 비교적 평판이 좋은 사례가 과연 있는가?"
(2) "만약 이런 교회들이 있다면 이들은 다른 초대형교회들과 달리
   어떤 측면에서 독특한 창조적 혁신을 이루었는가?"
(3) "한국의 일부 호평을 받는 초대형교회들이 보여주는 특징적 성
   격을 외국(미국)의 초대형교회의 그것들과 비교했을 때 양자 간
   에 어떤 동질성과 이질성이 있는가?

   본론에 앞서 이 연구의 수행 과정을 간단히 소개하고자 한다.
본 연구 프로젝트가 두 거대도시(서울과 미국의 Los Angeles)를 비
교하는 것이어서 시간과 경비 등 제약을 안고 있는 필자는 2015년
1월부터 2016년 8월까지 약 20개월 간 서울광역권에 있는 약 20개
의 초대형교회들 중 최종적으로 4개 교회 – 서울 강동 소재 오륜
교회, 서울 강남 소재 주님의 교회, 분당 소재 분당우리교회, 일산
소재 거룩한빛광성교회 – 만을 대상으로 연구를 수행하게 되었다.
물론 이 과정에서 당초 필자가 접촉한 몇몇 대표적 초대형교회들은
당시 교회 내부 사정으로 인해서 필자가 요청한 전체 교인을 대상
으로 한 설문조사 및 인터뷰의 실시를 결국 허락하지 않았다. 그런
데 위의 4개 교회는 전체 교인을 대상으로 실시되는 설문조사[3]와
인터뷰에 대해 아무런 조건이나 단서를 달지 않고 기꺼이 적극적
으로 바로 응해 주었다. 이런 일련의 과정을 통해서 필자는 이 4개
교회가 위의 질문(1)에 부합되는 사례들에 가깝다고 재인식하게

---

3) 필자는 이 글의 마지막 부분에 본 연구에서 사용한 '설문조사지'를 참고자료로 제시하였다.

되었다. 질문(2)와 질문(3)과 관련하여, 이들 4개 교회를 대상으로 필자는 직접 예배에 참여관찰, 설문조사 (약 800건), 심층인터뷰(약 40건), 그리고 교회의 주보 등 각종 유인물과 웹사이트 등을 통해 수집한 자료 등을 토대로 분석했는데 이 결과는 3절에서 밝히고자 한다. 본 연구의 종교사회학적 의의와 필요성과 관련하여 필자는 우선 초대형교회 현상에 대한 일반의 상식적 비판 및 새로운 연구 경향 및 성과를 다소 상세하게 살펴보는 일이 필요하다고 본다.

2. 초대형교회를 어떻게 볼 것인가

그동안 이른바 '메가처치(초대형교회) 현상'에 대해 선봉에서서 비판을 해온『메가처치 논박』의 저자 신광은 목사(대전 열음터교회)는 최근 기독교계의 진보 언론을 대표하는『뉴스앤조이』의 특집(2012년 8월 31일자) 연재를 통해서 다음과 같이 메가처치의 뜨거운 '성공욕'을 강하게 질타한 바 있다.

오늘날 현대 교회는 모두 사업 성공을 향해 줄달음질하고 있다. 노골적으로 성공을 추구하는 교회와 복음 전도니 영혼 구령이니 하는 명분으로 성공 욕망을 은폐하여 암묵적인 성공을 추구하는 교회가 있을 뿐이다. 즉 시장 상황 속에 처해 성장을 강요당하는 딱한 교회만 존재하고 있는 것이다. 이유나 명분이 어찌 되었든 모두가 성공을 추구하고 있으며, 바로 이러한 성공의 추구가 현대의 메가처치 현상을 강력하게 추동하고 있는 견인력이다.

일반적으로 현 한국의 상황에서 주일예배에 출석하는 성인 교인이 3,000명 이상일 경우 대형교회로 분류되며, 10,000명 이상이 출석하면 초대형교회로 분류되고 있다. 교회성장연구소가 최근 국가경쟁력이라는 개념을 전국의 864개 교회에 적용한 최초의 연구로서 펴낸 『한국교회경쟁력보고서: 나의 교회의 경쟁력은 어느 정도인가?』(2006)에 따르면, 교회의 성장과 교회경쟁력의 상관관계의 측면에서 살펴보았을 때 가장 높은 경쟁력을 보인 것이 1,000명-2,000명 사이의 중대형교회로 나타났다. 그런데, 앞에서 신광은 목사가 비판한 대상인 교인 규모 3,000명 이상의 대형교회의 성장 비결은 일반의 생각과는 달리 물적 자원의 방대함보다는 영적 자원 요소로서 평신도와 동역하고 양육하는 일에 다른 규모의 교회들보다 열정을 보인 것과 또한 인적 자원 요소로서 담임 목회자의 리더십에 한층 더 기인하는 것으로 나타났다. 이로부터 『한국교회경쟁력보고서』는 "교회가 경쟁력을 높이기 위해서는 물적 자원보다는 특히 사람(특히 담임목사의 리더십)과 영성에 투자해야 함을 알 수 있었다"라고 결론 맺었다.

　　한국교회는 1960년대 이후 양적으로 급성장을 한 이후 1970년대와 1980년대까지 이러한 교회성장의 추세는 지속되었으나 1990년대에 접어들면서 특히 1995년 이후 교회성장은 둔화되기 시작하였다. 구체적으로, 한국갤럽에서 처음으로 종교 인구센서스를 실시한 1985년 이후 한국의 종교 인구는 지속적으로 늘어나고 있다. 즉 1985년의 약 1,720만 명(42.6%)에서 2005년에는 약 2,500만 명(53.3%)로 약 780만 명(10.7%)의 성장을 가져왔다. 그런데 1995

년-2005년에는 주요 종교 중에서 신도 수가 실질적으로 증가한 천주교(약 200만 명 증가)와 불교(약 40만 명 증가)와는 달리 개신교만이 처음으로 순수 감소(약 15만 명 감소)를 기록하였다. 1990년까지 급격하게 양적 확대를 나타내던 한국의 교회 수와 교인 수가 2002년 이후 현재까지도 정체 내지 감소 현상을 보이고 있다.

이런 맥락에서 일찍이 종교사회학자 이원규 교수(감신대)는 『한국교회의 사회학적 이해』(1992)에서 지난 1960년부터 1990년까지는 한국교회의 교회성장에서 정치적, 경제적, 사회적 환경에 기인한 상황적 요인이 교회성장에 중요하게 영향을 미쳤던 시기였으나, 1990년 이후는 교회성장이 둔화되는 시기에 접어들어 교회성장기에 영향을 미쳤던 정치적, 경제적, 사회적 환경에 기인한 상황적 요인은 과거보다 그 영향력이 낮아지고 오히려 '교회적' 요인이 높아지는 시기로 나타났다고 보았다. 이로써 (초)대형교회에 대한 비판을 비롯하여 문자 그대로 총체적 위기에 놓인 오늘의 한국교회가 재도약을 하기 위해서는 교회 외부의 상황적 요인보다는 무엇보다도 교회 '내부'의 교회적 요인을 우선 짚어내고 그중 잘못된 부분은 반드시 개혁을 해야만 하는 상황에 직면하였다고 말할 수 있다.

여기서 필자는 한국의 (초)대형 교회를 둘러싼 논란(주로 비판)에 관해 구체적으로 언급하기 전에 우선 이른바 '메가처치 현상'의 시발지인 미국에서 활동하는 종교사회학자들이 최근 메가처치를 어떻게 바라보고 있는 지를 살펴볼 필요가 있다고 생각한다. 물론 미국의 교회 현상이 한국의 교회 현상에 그대로 적용된다고 볼 수는 없을 것이다. 그렇지만 오랫동안 메가처치 현상을 연구해온

이 분야의 대표적 종교사회학자인 스콧 썸마가 최근 미국의 메가처치들로부터 우리가 무엇을 배울 수 있는 지를 논구한 『메가처치 신화를 넘어서』(Beyond Megachurch Myths)(2007)에서 펼친 중심 주장은 일단 경청할 가치가 있다고 본다. 미국의 저명한 목회자 릭 워렌(Rick Warren)이 추천한 이 책에서 썸마는 일반 대중 및 TV와 신문 같은 매스컴이 메가처치에 대해서 통상적으로 다음의 9가지 생각을 갖고 있다고 보면서 이것들의 허위성에 대해 실제 데이터와 조사에 기초한 경험적 자료를 갖고서 설득력 있게 논박하고 있다.

1. 모든 메가처치들은 똑같다.
2. 모든 메가처치들은 너무 규모가 크다.
3. 메가처치들은 인격(personality) 숭배이다.
4. 메가처치들은 그들 자신과 그 신도들의 필요에만 관심을 갖는다.
5. 메가처치들은 신앙을 묽게 만든다.
6. 메가처치들은 여타 교회들에 나쁜 것이다.
7. 메가처치들은 동일한 인종, 계급 및 정치적 선호를 가진 사람들로 가득 차 있다.
8. 메가처치들은 쇼(show) 때문에 성장한다.
9. 메가처치 운동은 고사(枯死)하고 있다. 젊은이들이 메가처치들을 증오한다.

구체적으로, 『메가처치 신화를 넘어서』에 의하면, 일반이 매스컴을 통해 몇몇 대표적인 메가처치의 똑같은 이름이나 지도자를 보거나 접하게 되지만, 메가처치 현상은 매스컴이 통상 드러내는 것보다 한층 다양하다. 그리고 메가처치가 너무 규모가 크다는 일반의 인식과 일부 작은 교회의 성직자들이 교회 규모가 커지면 건강한 회중이 될 수 없다는 비판과 달리, 메가처치에 출석하는 신도들은 그들의 교회가 '지나치게 크다'는 인식을 거의 갖고 있지 않다. 또한, 가장 흔한 비판으로서 메가처치는 일종의 인간 숭배(담임목회자)로서 결국 쇠퇴할 수밖에 없다는 인식이 존재한다. 그런데 메가처치가 강력한 지도력에 의존하는 것은 사실이지만, 메가처치의 지도력 속에는 여타 요인들이 존재하고 있다. 메가처치가 공격적전도에만 치중하지 그들의 공동체 내에서 좋은 일을 거의 하지 않는다는 것 역시 사실과는 다른 측면이 있다. 그리고 메가처치가 신앙을 묽게 만든다는 비판의 기초에 자리 잡고 있는 가정은 한 교회가 (양적 성장 측면에서) 성공적이기 되기 위해서는 기독교의 희생, 고난 같은 어려운 요소를 제거해야만 한다는 것이다. 그런데 메가처치에 관한 연구 결과가 보여주는 것은 이런 교회들이 실제로 정통적 기독교에 대해서 뚜렷한 입장을 견지하며 그것을 직접적으로 강조한다는 사실이다. 달리 말해서, 메가처치들은 헌신적 신앙인을 위해 높은 기준을 갖고 있고 구성원들이 한층 더 헌신적이 되도록 도와주는 구조를 창조하고자 노력한다.

다음으로, 초대형 마트가 작은 점포를 잡아먹듯이 메가처치가 이웃의 작은 교회들의 신자들을 빼앗아서 결국 전체 교회의 불평등을 심화시킨다는 비판은 한쪽(곧 부정적 측면)에만 주목한 것이라고 볼 수 있다. 작은 교회들 근처에 자리 잡은 메가처치는 실제로는 양 측면 - 부정적 측면과 긍정적 측면 - 의 효과를 자아낸다. 또한 메가처치의 신자들이 동일한 계급이며 비슷한 정치적 관점을 갖고 있어서 동질적이라는 비판이 일반의 공통된 인식인 것이 사실이다. 그런데 최근 (미국의) 선거의 사례가 잘 보여주듯이, 일부 목소리가 큰 메가처치의 목회자들로부터 자신들이 목회하는 메가처치 내에도 정치적 급진주의자가 존재한다는 주장과 나란히 메가처치가 반(反)공화주의의 거점이라고 일반이 믿도록 된 것 역시 일정 정도로 사실이다. 메가처치가 예배에서 흥미를 유발하는 쇼를 통해서 새신자들을 끌어들이는 것이 일정 부분 맞지만, 메가처치들의 성공에는 여타 중요한 요인들이 동시에 존재한다. 또한 메가처치에 젊은 세대가 장차 출석하지 않으려 하기 때문에 메가처치 운동이 곧 사라질 것이라는 일반의 예측도 많지만 이런 견해를 반박하는 증거가 많다는 것 또한 지적할 수 있다.

이로부터 평소 한국 개신교에 미친 미국 개신교의 영향에 주목하는 필자는 신광은 목사의 『메가처치 논박』에서 개진된 한국의 메가처치에 대한 인식과 평가가 너무 '부정적' 측면에 과도하게 초점이 모아졌다고 생각한다. 물론 한국의 메가처치가 미국의 메가처치와 비교해서 개인숭배 요소가 한층 강하고, 성공지향적인 중산층이 모여서 부르주아적 종교 조직이란 동질성을 띠며, 복음의 고난과 희생보다는 축복과 번영을 강조하고, 주변의 소규모 교회의 양들을 빼앗아서 교회 간에 부익부 빈익빈을 심화시키는 측면이 있다는 비판은 어느 정도 일리가 있다고 본다. 허지만 한국의 모든 메가처치가 똑같고 너무 규모가 크며 자신들만을 위한 이기적 집단으로서 기독교 신앙을 묽게 만들고 있다는 식의 비판은 경험적으로 입증되는 사실과는 다소 거리가 있는 주관적 믿음 혹은 편견이라 생각된다.

한 예로서, 이른바 '양 도둑질'의 쟁점과 관련하여, 필자는 교회성장연구소의 수평이동(스위칭, switching) 조사를 분석한 결과로서 "한국교회의 성장과 교인의 수평이동: 사회학적 고찰"(2004)이란 논문을 발표하였다.[4] 여기서 필자는 교회성장연구소의 수평이동 조사에 따르면 전체 조사 대상자중 무려 76.5%가 수평이동을 한 것에 우선 주목하였다. 그런데 교회 스위칭을 경험한 사람들은 평균 9년 4개월이란 장기간 교회 출석 중 주로 미자립(50인 이하), 소형(51-100명), 중소형(101-300명) 교회로부터 교세가 큰 중형(301-1,000명), 중대형(1,001명-3,000명), 대형(3,001명-10,000명), 초대형(10001명 이상) 교회로 수평이동을 하였고, 이 같은 추세는 계속 확대되는 것으로 나타났다. 참고로, 한국교회들 중 미자립교회와 소형 및 중소형 교회를 모두 합친 것이 전체 교회 수의 무려 약 80%나 되는 반면, 301명 이상의 중형교회, 중대형, 대형, 초대형교회가 전체의 약 20%를 점하고 있다. 이로써, 현재 전체 교회의 약 80%에 해당하는 상대적으로 작은 규모의 교회들과 약 20%에 해당하는 상대적으로 큰 규모의 교회들 간에는 교회성장, 인력자원, 시설 및 재정증가 등 제반 측면에서 상대적 격차가 계속 증가하고 있는 것이 사실이다.

---

4) 김성건. 2004. "한국교회의 성장과 교인의 수평이동: 사회학적 고찰." 『한국교회 교인들이 말하는 교회 선택의 조건: 한국교회 교인 수평이동에 대한 연구』. 서울: 교회성장연구소. pp. 169-248.

교회성장연구소의 최근 수평이동에 관한 조사에 따르면, 개신교인들의 수평이동의 이유는 오늘날 한국의 급격한 사회 변동과 그에 따른 사람들의 빈번한 이동을 반영하듯 직장(31.6%)과 이사(21.7%) 같은 사실상 불가피한 교회 외적인 이유가 전체의 절반가량(53.8%)을 차지하고 있다. 그런데 한국 사회의 높은 이동성이라는 교회 외적 요인을 제외하고는 다음과 같은 교회 내적 요인들이 중요하게 작용하고 있는 것으로 드러났다: (1) 목회자(33.7%), (2) 지나친 봉사(11.3%), (3) 사람과의 갈등(8.6%), (4) 예배(8.5%). 교회 내적 요인으로부터 초래되는 자발적 수평이동의 제일 원인은 '목회자에 대한 불만'이고, 그 다음으로 중요한 원인이 '소형 교회의 구조에 따른 지나친 봉사'라고 정리할 수 있다. 목회자의 설교와 인격 측면에 문제를 느끼면서 형식적이며 수동적이고 영감 없는 지루한 예배에 참석하면서 지나친 봉사로 인해 피곤한 상태가 계속되면 영적인 측면에서 보다 충실한 교회로 이동하고자 하는 열망이 자연스럽게 나타날 것이라고 추론할 수 있다.

이런 맥락에서 필자는 고(故) 옥한흠 목사의 리더십 아래 급성장한 교회로서 한국교회에서 '제자훈련'으로 새바람을 불러일으킨 초대형교회인 예장 합동 측의 사랑의교회(담임 오정현 목사) 홈페이지(http://www.sarang.org)에 나타난 2003년도 새 가족모임(남자 33명, 여자 85명 도합 118명)의 생생한 수료 소감 및 간증(전체 수기 작성자 23명중 자발적 수평이동자는 약 43%로서 10명)을 분석하였다. 사랑의교회 새 신자 10명(수평이동)이 직접 쓴 소감 및 간증의 내용을 분석한 결과, 이들의 교회 이동에는 여러 가지 원인으로부터 초래된 영적 갈급함 및 목회자(옥한흠, 오정현 목사)의 설교 혹은 인격의 매력, 그리고 새 가족 모임 같은 체계적 신앙 훈련을 제공하는 소그룹 프로그램의 효과 등이 크게 작용하고 있음을 알 수 있었다. 이는 교회성장연구소의 수평이동조사 결과 곧, 목회자 설교 → 영적인 만족 →목회자 인격 순과 대체로 부합되는 것이었다.

한편, 사랑의 교회에서 새 가족모임을 거친 새 신자 10명 중 30%에 해당하는 3명의 경우, 소형·중소형 교회에서 초대형교회인 사랑의 교회로 수평이동한 것이 아니라 본래 소망교회나 여의도 순복음교회 같은 대형·초대형교회에서 거의 같은 대규모 교회로 수평이동을 한 것을 주목할 수 있다. 이 사실로부터 추론할 수 있는 것은 현재 수평이동이 작은 교회에서 주로 규모가 더 큰 교회 쪽으로만 일어나는 것이 아니라 그중 일부는 거의 같은 규모의 교회 간에도 일정 비율로 계속 이루어지고 있다는 것이다. 이때 (초)대형 교회의 전반적인 약점이라 볼 수 있는 일반 성도의 소외 문제를 상대적으로 잘 해결 혹은 극복하는 교회 쪽으로 사람들이 한층 더 몰린다고 진단할 수 있다.

소결로서, 종교와 사회의 관계를 중시하는 관점 속에서 필자는 세상에 존재하는 대부분의 사물의 경우처럼 (초)대형교회 현상에도 긍정적, 부정적 양면이 존재한다고 본다. 현재 논란을 불러일으키고 있는 (초)대형교회 현상을 이해하는 데는 무엇보다도 개신교인의 수평이동이 갖는 다음과 같은 순기능과 역기능을 재인식할 필요가 있다. 순기능은 (1)영적인 면에서 충실한 교회상(像)의 확산에 이바지, (2)보다 의미 있는 종교적(영적) 경험을 가능하게 하는 기회(계기)의 제공, (3)경쟁적 자본주의 사회에서 실용적 적응 능력 및 심리적 만족감을 얻게 하는 통로 역할이며, 반면에 역기능 은 (1)교회의 기업화와 교회 간 빈익빈부익부의 초래, (2)교인들의 교회성장 도구화, (3)순수한 종교의 계속적 부패 가능성의 토양 제 공 등이다.

3. 새로운 방식으로 혁신과 성장을 도모하는 초대형교회의 사례:
오륜교회, 주님의교회, 분당우리교회, 거룩한빛광성교회

필자가 새로운 방식으로 혁신과 성장을 도모하는 수도권의 초 대형교회 4곳을 조사·분석한 결과는 다음과 같다. 필자는 '왜 (초) 대형교회가 유독 한국에 많이 있는가?', '왜 한국인들이 (초)대형교 회를 사랑하는가?', '(초)대형교회 안에서 종교간 경쟁과 창조적 혁 신의 관점에서 독창적이라 할 만한 점들이 있는가?'의 3가지 질문 을 갖고, 2016년 1월부터 20개월 동안 △예배 및 집회 참여 △설문 △인터뷰 △인터넷 웹사이트 검색 등을 통해 (초)대형교회로서 건 강하게 성장하고 있는 4곳을 살폈다.

구체적으로, 필자는 재적 1만 명 이상의 초대형 교회이면서 꾸 준히 성장하는 동시에 교계 안팎에서 평판이 좋아서 긍정적인 평 가를 받고 있는 4개 교회를 최종적으로 선택했다. 조사대상은 경기 도 고양시 소재 거룩한빛광성교회(정성진 목사)와 경기도 성남시 소재 분당우리교회(이찬수 목사), 서울특별시 강동구 소재 오륜교 회(김은호 목사)와 서울특별시 송파구 소재 주님의교회(박원호 목사)다. 먼저 이 4개 초대형교회 교인들 중에서 총 743명(오류교회 186명, 주님의교회 199명, 분당우리교회 177명, 거룩한빛광성교회 182명)을 대상으로 "예배를 드린 후 하나님과 더 친밀해짐을 느꼈는가"라고 질문하자, 응답자의 83%가 "그렇다"고 답했다. 그리고 응답자의 83%는 "교회의 규모가 영적인 성장에 방해가 된다"는 말에 동의하지 않았다.

또 "예배 후 하나님과 더 친밀해짐을 느꼈다"라고 답한 응답자가, 신학적으로 복음주의적이며 감성적인 예배로 잘 알려진 오류교회(93명)나 분당우리교회(93명)가 에큐메니컬적이고 전통적인 예배를 드리는 주님의교회(75명)나 거룩한빛광성교회(85명)보다 상대적으로 많은 것으로 나타났다. 이것은 (초)대형교회에 나가면 신앙이 약해진다는 상식적인 관점이 실제로는 맞지 않다는 점과 적절하게 감성적인 예배가 (초)대형교회의 성공에 중요하다는 점이 뒷받침됐다고 볼 수 있다고 본다. 성장하고 있는 (초)대형교회들은 나름 혁신적인 방법을 통해 교인들이 하나님과 보다 깊은 관계를 맺고 하나님의 말씀을 더 잘 이해할 수 있도록 도왔다. 그런데 여기서 특별히 주목이 필요한 것은 신앙인들이 관심을 갖는 특정한 주제(예: 회개, 속죄, 가족, 기도, 사랑, 돈, 천국, 구원 등)를 중심으로 한 '주제설교'보다는 성경의 특정 본문을 중심으로 그 문맥에 맞는 역사·문법·문학적 연구를 통해 독특한 영적인 메시지를 전달하는 '강해설교'가 교인들이 하나님께 더 가까이 나아가는데 한층 효과적인 것으로 나타났다.

그리고 이 교회들에서는 공통적으로 중보기도를 통한 치유 사역도 매우 활발히 이뤄지고 있었다. 거룩한빛광성교회는 주보의 맨 앞장에 병환을 앓고 있는 성도들의 이름과 병명을 모두 열거하는 것에 더해서 매일 밤(9시) 성도들의 치유를 위한 중보기도회를 열고 있으며, 오륜교회는 중보 · 치유에 집중된 장시간의 금요기도집회[5]와 더불어 매년 11월 국내와 수백 개 교회가 동시에 참여하는 유명한 세이레(21일간) 기도회를 열고 있다. 또한 담임목사 및 장로를 대상으로 임기제를 실시하거나 교회 건물을 별도로 두지 않는 방식도 혁신적인 사례로 꼽을 수 있다. 이 초대형교회의 성도들이 일주일에 공(公)예배에 참여하는 횟수는 평균 2.9회였으며, 응답자의 81%가 "중생(重生)의 거듭남이 있다"고 답했다. 응답자의 67%가 "규칙적으로 십일조 생활을 한다"고 답했으며, 59%는 "전도를 한다"고 답했다.

이로부터 필자가 분석한 4개의 초대형교회가 각기 갖고 있는 창조적 혁신의 주요한 측면들을 요약하면 다음과 같다.

(1) 오륜교회:
- 전통적 예배를 현대 문화의 흐름에 맞게 열린 예배로 과감하게 혁신한 것
- (국내, 국외의 수백 개 형제 교회)가 동시에 참여하는 '세이레(21일간)기도회' (매년 11월 개최)
- 찬양, 중보기도와 치유, 안수기도 등으로 이름난 금요기도집회

---

5) 통상 밤 9시에 시작하여 무려 3시간이 지난 자정을 넘겨 희망하는 개별 신도들에 대한 담임목사의 안수기도로 종료됨.

- 회사 빌딩 같은 모습의 교회 건물
- 획기적인 교육시설(특히 유아 및 아동대상)

(2) 주님의교회:

- 교회건물이 없이 강당(정신여고)을 예배당으로 사용
- 담임목사(10년)와 장로(7년)의 1회 임기제
- '12단계수요성경공부'(온라인, 오프라인) 실시: "하나님의 나라"의 관점
- 교회 재정의 절반은 교회 내부에 그리고 나머지 절반은 지역사회를 위해 씀

(3) 분당우리교회:

- 미셔널처치(missional church, 선교적 교회)의 목표 아래
- '1만성도 파송운동' 전개
- 교회 창립 20주년을 맞은 2012년부터 교회 간 이동 성도는 더 이상 받지 않고 진짜 초(初)신자만 새가족으로 수용
- 초대형교회로서 스스로 사이즈를 축소하는 운동(Slimming) 전개
- 교회 재산 무소유 – 송현고등학교 강당에서 예배 실시
- 담임목사의 철저한 '강해(講解)설교'(cf. 주제(主題)설교)

(4) 거룩한빛광성교회:

- 사회선교(social ministry)의 목표를 갖고 교회개혁의 모델을 지향

- 상식이 통하는 교회, 민주적 의사결정, 평신도중심 교회 실현
- 매일 밤(9시) 성도들의 치유를 위한 중보(仲保)기도회 실시
- 지역 내 소교회들 중 재정이 어려운 교회를 인수하고
- 파송할 목회자를 현 부교역자들 중 성도들이 투표로 결정하도
  록 함
- 현 담임목사가 조기 은퇴를 하면서 교회를 4개 정도로 분할할
  계획

4. 초대형교회: 미국과 한국(본 연구가 조사한 네 초대형교회)의 비교

1) 비슷한 점

양자 모두에서 우선 교인들이 다수(70-80%)가 수평이동을 했고, 교회는 특정 교파(denomination) 소속을 겉으로 밝히기보다 최근 포스트모던 문화의 흐름을 반영하여 지역공동체교회(community church)의 이름을 쓰는 것을 선호한다. 그리고 작은 교회와 비교할 때, 미국과 한국의 메가처치는 모두 규칙적인 십일조를 내는 비율이 상대적으로 높고, 종교적 체험(예배, 설교 등) 측면에서도 긍정적 답변이 많고, 고학력 전문직 중산층의 비율도 높으며, 전도와 교회출석 빈도도 높게 나타나고 있다. 또한 현재 출석하는 초대형교회에 계속 남게 되는 가장 중요한 이유가 담임목사(설교와 인격)이고 그 다음으로 중요한 이유가 예배이다. 이러한 요인들이 합해져서 미국과 한국 모두에서 현재 교회 간에 부익부빈익빈

곧, 집중화가 나타나고 있다. 곧, 점점 더 많은 사람들이 큰 종교 공동체를 찾아가고 있다.

2) 다른 점

미국의 초대형교회들 중에서 한국의 분당우리교회의 사례처럼 스스로 교회의 규모를 축소하거나 주님의 교회(분당우리교회 포함)처럼 처음부터 교회가 재산을 소유하지 않는 경우는 거의 찾아보기 어렵다. 아울러 한 교회의 발전에서 사실상 가장 중요한 요인이라고 볼 수 있는 담임목사의 임기를 10년 단임제로 한정하여 교회의 사유화(私有化)를 방지하는 시도를 주님의 교회에서 설립 초기보터 제도화한 것은 미국에서는 다소 생경한 것이라고 사료된다. 그리고 성서에 대한 철저한 문자주의(文字主義)에 기초하여 오로지 강해설교를 펼치고 있는 분당우리교회의 이찬수 목사 같은 사례 역시 현재 미국의 초대형교회에서는 주제설교 쪽으로 거의 기울고 있는 경향과 사뭇 다른 것이라고 볼 수 있다. 이런 차이는 양국의 문화의 차이에서 어느 정도 기인한 결과라고도 말할 수 있을 것이다. 필자는 한국의 경우 문자와 해석을 전통적으로 중시하는 유교문화의 영향을 교회 내부에서도 확인할 필요가 있다고 본다. 이런 측면에서 최근 신구약 성경쓰기라든지 성경통독 등과 같은 것이 한국교회 내에서 장려되고 있는 현상을 새삼 주목하게 된다.

그리고 성경에 대한 문자적 해석을 강조하는 것과 근본주의 신앙을 받아들이는 것 또한 중생(重生)의 체험과 교회집회에 참석하

는 빈도 등이 규칙적인 십일조와 연관된다는 것이 본 설문조사를
통해 나타났다. 한국의 초대형교회에서 자신은 규칙적인 십일조를
한다고 답한 비율이 무려 67%나 되는 데 이것은 미국의 초대형교
회에서 규칙적인 십일조를 하는 비율이 약 40%인 것보다 한층 높
은 수치이다. 필자는 한국 교회에서 십일조를 하는 신도의 비율이
높은 것은 무엇보다도 한국 개신교의 특징으로 거론되는 성서적 문
자주의(Biblical literalism)에서 주로 기인한 것이라고 본다. 아울러
미국의 초대형교회와 한국의 초대형교회를 비교했을 때 나타나는
또 다른 중요한 차이로서 한국의 경우 신앙적 치유를 향한 범교회
적인 중보기도가 지속적으로 전개되고 있는 측면이다. 이 같은 중
보기도는 참여하는 신자들로 하여금 자신이 섬기는 교회를 하나의
신앙 공동체로서 좀 더 강하게 인식하게 하는 데 일정한 역할을 한
다고 볼 수 있다.

5. 맺음말

필자가 종교적 경쟁과 창조적 혁신을 주목하면서 연구한 한국
의 수도권에 자리 잡은 4개의 초대형교회를 중심으로 볼 때, 이런
교회들이 개신교 내 일부 성직자들이나 자유주의 신학자들 그리고
사회 내 세속주의자들이 말하듯 '교회 주식회사' (혹은 '일종의 주
식회사 같은 교회')라든지 '이익집단'이라고 간단히 비판될 수는 없
다고 본다. 이 교회들은 하나님의 나라와 의(義)를 실현한다는 숭
고한 목적 아래 하나님의 말씀을 보다 잘 이해하기 위해서 하나님

과 신자들의 관계를 한층 심화시키는 데 혁신(성서적 문자주의에 기초한 강해 설교)을 하고, 하나님께 신앙 공동체 내 다른 신자들의 건강과 질병을 위해 이타적인 기도를 함께 드리며(중보기도를 통한 치유사역), 복음을 전파하라는 하나님의 명령을 충실히 수행하고(수평이동 신자를 받지 않으면서 교회의 규모를 줄임), 세상의 소유와 권력을 갖는 것을 지양하고(교회 재산을 소유하지 않고 담임목사의 임기제를 실시) 있다.

끝으로, 필자는 초대형교회에 대한 세간의 비판에 직접적으로 답하고 있는 바로 이 같은 혁신으로 인해서 이런 교회들은 현재도 한국사회에서 성장하고 있고 계속 상대적으로 좋은 평판을 유지하고 있다고 믿는다.

설문 조사

종교적 경쟁과 창조적 혁신, LA와 서울:
서울 수도권 지역의 메가처치 사례연구

안녕하십니까. 저는 현재 미국 템플턴재단의 지원을 받아 미국 USC(남캘리포니아대학교)의 종교 및 시민문화연구소의 학자들과 함께 2년(2015-2016) 동안 국제공동연구를 수행하고 있습니다. "종교적 집단 간의 경쟁이 종교적 변동과 발전을 가져다주는 창조적 혁신을 자극한다"라는 명제를 탐구하기 위해서 미국 남캘리포니아 지역을 중심으로 수행되는 본 연구에는 한국의 서울 수도권과의 비교가 포함되어 있습니다. 글로벌 대도시인 로스앤젤리스와 서울 두 지역은 종교적 경쟁이 창조적 혁신을 가져다준다는 명제를 검증하는데 탁월한 실험장이라고 볼 수 있습니다. 본 공동연구는 단순히 신자의 증가와 감소에 초점을 모으는 종교적 경쟁에 대한 분석을 뛰어넘어 종교적 경쟁과 협동의 다양한 유형과 사례를 발견하려 합니다. 이에 더해서 본 프로젝트는 종교적 경쟁이 어떻게 종교적 믿음, 실천(의례)과 조직의 '혁신적' 형태를 가져다주는지를 밝히고자 합니다.

한국 개신교에서 주일 예배에 성인 신도들이 평균 10,000명 이상 모이는 교회를 지칭할 때 통상 '메가처치'(초대형교회)라고 합니다(참고로 미국에서는 주일 예배에 참석하는 성인 신도수가 2,000명 이상인 교회를 megachurch라고 부름). 2010년을 기준으로 한국에는 총 19개의 메가처치가 존재하며 그중 대부분이 서울 수도권에 있습니다. 본인은 최근 논란의 대상이 되고 있는 일부 초대형 교회들 - 예로서 여의도순복음중앙교회, 사랑의교회, 광림교회, 명성교회 등 - 과는 달리 비교적 좋은 평판 속에 성장하고 있는 오륜교회, 주님의교회, 분당우리교회, 거룩한빛광성교회의 사례에 주목하고 있습니다.

   본 연구자는 이 4개의 사례연구를 수행함에 있어서 각 교회별로 크게 세 가지 방법 - 1) 소집단 심층 인터뷰(약 10명 내외의 focus group) 2) 교인 표본(약 100-200명) 대상 설문조사 3) 교회 관련 자료 분석 및 참여 관찰 - 을 사용하여 연구를 추진하고 있습니다. 본 연구 결과는 추후 총 5명으로 구성된 한국연구팀의 다른 결과와 합해져서 국문(국내) 및 영문(해외) 단행본으로 출판될 것이며, 동시에 해외 저명 영문 학술지에 논문으로도 게재될 것으로 기대합니다.

   선교 130여년 만에 고속 성장한 한국 개신교에 관한 심층 연구의 한 부분으로 실시되는 본 설문조사에 귀한 시간을 내어 성실히 응답해주신 여러 성도님들께 깊이 감사드립니다. 응답자는 익명으로 처리되는 본 설문조사의 결과는 본 국제공동연구만을 위해서 활용되고 공개될 것입니다. 다시 한번 본 연구를 지원해주시고 도움을 주신 교회 관계자와 응답자 여러분께 감사드립니다.

2015년 1월

연구자 김성건(서원대학교 사회교육과 교수/종교사회학 전공) 드림

※ 다음 사항(질문)에 대해서 해당되는 부분에 표시(∨)해 주세요. 그리고 괄호 속에 간단히 답변을 적어주세요.

가. 기본적 인적 사항(사회인구학적 요인)

1. 성별: 남, 여

2. 혼인 여부: 미혼, 결혼

3. 연령: 20대, 30대, 40대, 50대, 60대 이상

4. 학력: 중졸, 고졸, 전문대 혹은 대학 재학 중, 전문대졸, 대졸, 대학원졸

5. 계층: 하층, 중하층, 중류층, 중상층, 상층

나. 기독교 신앙 관련 사항

6. 신급: 평신도, 서리집사, 권사, 안수집사, 장로, 전도사, 목사

7. 현재 섬기는 교회에 출석한 햇수: (_____)년

8. 교회 이동 경험: 있다, 없다

만일 교회 이동을 했을 경우 주요 이유(이전 교회와 비교 포함):

_____

_____

9. 성령으로 거듭남(중생)의 경험: 있다, 잘 모르겠다, 아직 없다

10. 늘 마음에 하나님의 은혜에 대한 감사가 있는가:

　　있다, 잘 모르겠다. 별로 없다

11. 십일조 헌금: 규칙적으로 드린다, 가끔 드린다, 아직 드리지 못하고 있다

12. "하나님께서 신앙생활을 잘 하는 신도들에게 이 세상에서 성공의 축복을 주신다.": 매우 그렇다, 그렇다, 잘 모르겠다. 아니다, 매우 아니다

다. 현 교회 관련 사항

13. 현 교회에 정착하게 된 주요한 이유

(담임목사, 예배 스타일, 음악, 교회 프로그램, 교회 시설 등):

_____

_____

14. 현 교회에 한 주일동안 평균 몇 차례나 예배에 참석하는가:

(주 ___회 가량)

15. 지난 한달 동안 주위의 친구, 이웃들에게 전도하고 교회를 알린 경험: 있다, 없다

16. 현 교회에서 신앙생활을 하면서 하나님과 더 가까워졌다고 느끼는 영적인 변화를 체험한 유무: 있다, 잘 모르겠다, 아직 없다

만약 이 같은 변화가 있었다면 구체적으로 언제 어떻게 영적 변화를 경험했는가?

_____

_____

17. "교회의 사이즈(크기)가 영적 성장에 방해가 된다":

그렇다, 그렇지 않다

만약 교회의 초대형 크기가 오히려 영적 성장에 도움이 된다면 왜 그렇다고 생각하는가?

_____

_____

18. 현 교회가 성도 개개인의 은사(달란트)를 적극 발휘하도록 하고 있는가: 매우 그렇다, 그렇다, 잘 모르겠다. 별로 그렇지 않다. 아니다

19. 현 교회가 성도들로 하여금 자원 봉사 등을 통해 이 세상을 섬기도록 가르치고 있는가: 매우 그렇다, 그렇다, 잘 모르겠다, 별로 그렇지 않다, 아니다

20. 현 교회가 다른 교회들과 비교해서 특징이 있다면 무엇일까?
(   )
(   )

21. 현 교회에서 가장 혁신적인 것은 무엇이라 생각하는가?
_____

_____

22. 현 교회의 미래를 어떻게 생각하는가?
매우 밝다. 밝다. 잘 모르겠다. 다소 어둡다, 어둡다

* 이상의 질문에 대한 답 외에 교회의 혁신에 대해 평소 자신이 갖고 있는 생각이나 의견이 있으면 아래 여백에 자유롭게 기술해 주시면 감사하겠습니다.

_____

_____

_____

9장

종교시장에 대한 한국점술의
진화론적 적응:

수도권 세 곳의 점술단지에 대한 사례연구

유광석

서울대 종교학과를 졸업하고, 캐나다 오타와대학(University of Ottawa)에서 종교사회
학으로 석사와 박사학위를 받았다. 경희대학교 사회학과 학술연구교수를 거쳐 현재는
국립코스타리카대학 한국학 파견교수로 재직 중이다. 미국적 토대의 종교시장이론을
한국 및 동아시아적 상황에서 비판적으로 고찰하는 연구에 집중하고 있으며, 주요 저
(역)서로는 『현대한국의 종교시장정책론』(2019), 『중국의 종교』(2017), 『종교경제행
위론』(2016), 『종교시장의 이해』(2014) 등이 있다.

종교시장에 대한 한국점술의 진화론적 적응:

수도권 세 곳의 점술단지에 대한 사례연구[1]

1. 서론

이 글은 수도권에서 발전한 세 곳의 점술단지에 대한 사례연구를 통해 한국종교시장에서 점술이 어떻게 적응하고 있는지를 밝히고자 한다. 세 점술단지는 각각 주변 환경과의 상호작용 측면에서 상이한 미아리, 압구정 및 수원(화서지구)에 위치하고 있다. 그 중에서도 화서지구는 자치정부와 점술가 양측 모두가 예상하지 못한 성공적인 틈새시장으로서 이론적으로 중요할 뿐만 아니라 사회적으로도 함의가 깊은 사례로 생각된다. 이러한 분석은 동시대 한국

---

1) 이 논문은 Yoo, Kwang Suk. 2017. "Evolutionary Adaptation of Korean Divination to Religious Markets." *Asian Journal of Social Science*. 45: 548–567.의 내용을 기초로 번역, 편집 및 수정된 것입니다.

에서 점술이 왜 그리고 어떻게 여전히 성행하고 있는지에 대해 사회학적으로 중요한 경험적 근거를 제공한다.

이 글은 점술단지들의 상이한 발전양상을 비교 분석하면서 점술과 종교시장 간의 새로운 관계 형태인 "점술밸리" 개념을 소개할 것이다. 동시대 종교시장에 대한 점술의 문화적 적응은 수요 측의 종교적 선택과 공급 측의 종교적 경쟁의 범위를 결정하는 전체 종교경제의 구조와 밀접히 관련되어 있다. 한국인들이 관상점, 손금보기, 무점, 작명, 풍수 등 다양한 종류의 점술을 향유함에도 불구하고, 한국의 점술시장은 주로 무당과 역술가에 의해 양분되었다. "점술밸리"는 이들 뿐만 아니라, 자치정부와 점술가 간, 그리고 점술가와 단골들 간의 전략적 협력이 존재하는 화서지구 점술단지의 혁신적 모습을 강조하기 위해 유용한 개념이다.

점술밸리는 무속인들이나 맹인 점술가들의 집단거주지로서 주류사회와 고립된 점술촌과는 완전히 다른 현상이라는 점에서 다원주의적 종교시장에 적합한 문화적 공존의 새로운 모델로서 기여한다. "점술밸리"라는 용어는 현대한국점술가들이 형성한 새로운 형태의 집단공동체를 보고하기 위해 한국의 언론들이 창안하고 확산시킨 것이다. "밸리"라는 용어 또한 공간적 한계와 지역성 뿐만 아니라 실리콘 밸리라는 용어처럼 기술 선도 기업들의 지리적 연합으로 촉진되는 혁신, 경쟁 및 창의성을 표현하고 있다. 물론, 이것이 반드시 "시민 스스로의 정치적 견해와 의지를 형성하는 정치적 공공영역"(Habermas, 2006: 3)으로 점술이 회귀하고 있다는 것을 의미하는 것은 아니다. 한국에서 점술의 인기는 종교문화적 정체성이 한국시민사회에 특수한 방법으로 사회화되고 제도화되는 경제적 합리성의 한 면을 반영하는 것일 뿐이다. 특히, 이 글은 지나간 전통으로서 점술의 개인적 변형 뿐만 아니라 증가하는 종교적 다양성에 기초하여 공적 영역으로 점술이 재진입하는 새로운 면들에 주목하고, 나아가 그것이 왜 역사적으로 진화하고 사회적으로는 새로운 적응인지를 규명할 것이다.

종교에 대한 기존의 과학적 연구들이 주목하지 않았던 가장 중요한 요소들 중의 하나가 동아시아지역의 다원주의적 종교시장에서 나타나는 민속신앙의 대중성이다. 서구문화와 달리 다양한 종류의 점술과 샤머니즘 같은 민속신앙은 한국, 중국 및 일본과 같은 동아시아 나라들의 사회적 변화에 중요한 영향을 미치고 있다(Satoru, 1990; Miller, 1995; Kim, 2005; Lang et al., 2005; Yoo, 2012). 가령, 뉴욕타임즈는 서울에서 한 시간 이내의 거리에 30만 명의 무속인들과 300여개의 신당들이 존재한다고 추산하면서 첨단기술 친화적인 서울에서 샤머니즘의 경이적인 부활을 보고했다(2007년 7월 7일). 다양한 종류의 점술가들로 구성된 한국역술가협회는 1984년 서울에서 제 1회 세계주역대회를 개최했고, 이제 주역에 친숙한 아시아 국가들에서 약 500여명의 참가자를 모으면서 2011년 대만에서 23번째 대회를 열었다. 또한 2007년 세계사주박람회 및 2008년 제 1회 세계역술인대회를 성공적으로 개최했다.

공식적 통계는 없지만, 협회는 현재 30만 명 이상의 역술가들이 활동하고 있다고 주장한다(한국경제, 2007; 강원도민일보, 2008). 무속인을 대표하는 대한경신연합회는 역시 전국적으로

41,790명이 등록하고 있다고 주장한다. 특히, 점술시장의 경제규모는 약 4조원 정도로 추정된다고 한다(국민일보, 2007; 중앙일보, 2010). 국내외 언론의 이러한 지대한 관심은 한국에서 번성하고 있는 점술문화가 한국종교의 사회학적 연구 아젠다에서 왜 우선순위에 있어야 하는지를 강력히 암시한다. 점술단지에 관한 연구는 공급자들이 어떻게 상호 간에 그리고 제도종교들과 경쟁하는지는 물론, 종교시장의 외적조건들이 점술가들과 고객들의 지속적 관계를 형성 및 유지하는데 왜 중요한지를 명확히 보여줄 수 있다. 따라서 점술단지의 융성과 쇠퇴를 추적함으로써 점술의 증가하는 대중성이 더 잘 이해될 수 있다.

요약하면, 한국점술단지의 이러한 진화가 어떻게 그리고 왜 종교사회학의 새로운 패러다임으로 불리는 종교시장이론 또는 합리적 선택이론의 관점에서 중요한 것인지가 드러날 것이다(Warner, 1993). 결론적으로 수도권에 위치한 세 곳의 점술단지에 대한 현장연구에 기초하여 이 글은 수원 화서지구의 "점술밸리"가 서구종교문화에 의해 이식된 단일신론적 합리성으로부터 한국적 종교전통에 내재한 다신론적 합리성으로의 진화론적 적응이라고 주장한다.

2. 기존 연구들의 문제와 이론적 배경

우리는 세 가지 전문영역에서 한국점술에 관한 기존의 연구 및 조사들을 분류할 수 있다. 먼저, 일본의 식민지통치시대까지 거슬러 가는 민속학적 연구들이 있었다(무라야마, 1933; 아키바, 1937).

이후로도 다양한 점술가들과 그 제의에 중점을 두고 민속학적 조사들은 계속되었다(KICH, 1983; 김태곤, 1990; 최길성, 1992; 장장식, 1995; 김태곤 외, 1995). 하지만, 민속학적 접근 그 자체가 점술을 종교 이론적으로 설명할 수 있는 인식론적 틀을 제공하지는 못하고 있다. 두 번째 영역에서는 역사학적 관점과 방법론이 지배적이다. 이능화의 『조선무속고』(1927)에 뒤이어, 많은 역사적 연구들이 점술을 무속의례인 굿의 한 부분으로 다루어왔다(김태곤, 1981; 1991; 유동식, 1985; 김인회, 1987; 조흥윤, 1990; 손태도, 2006; 이기태, 2006; 김만태 2008). 이들의 궁극적 관심은 점술이 아니라 무속인의 주요하고 본질적인 기능으로 간주되는 '굿'에 있다. 그럼에도 불구하고 고대국가들에서의 점술과 정치와의 관계(이현숙, 2007), 무속인 집단거주지의 역사적 기원 (이기태, 2006), 맹인점술가들의 은어에 대한 역사적 조사(손태도, 2006), 그리고 한국점술의 역사적 유형들(김만태, 2008)에 대한 주목할 만한 연구들을 꼽을 수 있다. 끝으로 세 번째 영역은 문화정책적 관점에서 점술전통이 어떻게 그리고 왜 보존되어야 하는지 또는 현대사회의 종교전통과 어떻게 관련되어 있는지를 설명하는 최근의 연구들에 기초한다(정수진, 2007; 2013; 이은선, 2010; 박명수, 2010). 또한 한국점술에 대한 소수의 사회학적 연구들도 있다(조성윤·현혜경, 2001; 조성윤 외, 2003; 문창우, 2007). 이런 연구들은 제주도에 특수한 점술의 제한적 유형, 기원 및 경향을 조사하고 있음에도 불구하고, 공적 영역에서 성장하는 점술문화의 종교적 잠재력을 고려하지는 않는다. 이는 지극히 상업화된 거대도시 환경과 점술공동체의 새로운 관계성을 설명할 수 있는 사회학적 방법론의 부재에서 비롯된다고 할 수 있다.

　이렇듯 점술에 대한 사회학자들의 무관심에도 불구하고, 한국점술전통과 문화의 사회문화적 중요성을 부정하는 학자를 찾는 것 또한 어렵다. 제임스 그레이슨이 그의 책, 『Korea: A Religious History』에서 주장하듯이(2002: 230), 무속신앙이나 민속종교와 같은 원시종교들이 모든 한국인의 종교경험들의 기층을 이루고 있고, 한국으로 전래된 종교 및 철학의 발전과 함께 했기 때문이다. 한국종교사에 대한 그레이슨의 그와 같은 관찰을 주의 깊게 경청해야 하지만 종교사회학적 관점에서 무속이나 민간신앙에 대한 그의 평가는 지나치게 과거지향적이다. 즉, 점술을 가장 적극적으로 활용해왔던 무속이나 민간신앙의 동시대적 역동성은 더 이상 과거로부터 답습된 전통문화의 단순한 산물이 아니다.

　먼저 미아리, 압구정 및 화서지구를 둘러싸고 있는 상이한 다원주의적 종교시장구조에 대한 설명부터 시도될 필요가 있다. 북서울의 미아리지역 점술단지는 서울시에서 제조한 "점성가촌(村)"이라는 표지판으로 시작된다. "촌"의 의미는 "밸리(Valley)"와 확연히 다르다. 전자가 거주지를 강조한다면 후자는 상업지역을 강조한다. 미아리 지역의 대부분 점술가들은 자신의 거주지를 사무실로 사용한다. 이러한 구시대적 특징의 이론적 중요성은 거주지로서의 "촌"과 새롭게 성장하는 상업적 "밸리"를 비교할 때 더 분명하게 드러날 수 있다. "촌"의 개념으로는 설명할 수 없는 차별적인 공간으로서의 점술단지가 계속 등장하고 있기 때문이다. 이것이 "밸리"라는 개념을 이 글에서 사용하는 주된 이유이다.

방법론적으로 이 글은 1980년대 초 제임스 콜먼(James Colema)
과 게리 베커(Gary Becker)가 이론적으로 체계화하고 로드니 스타
크와 윌리엄 베인브리지가 종교사회학에 적용한 종교시장이론 또
는 합리적 선택이론의 관점에서 점술단지의 구조를 분석하고자 한
다. 합리적 선택이론의 많은 이론적 통찰력들이 과학적 종교연구
들에서 지속적으로 인정되고 차용되면서, 스테픈 워너는 그 이론이
종교사회학의 새로운 패러다임으로 성공한 이유를 다음 몇 가지로
정리한다: 패러다임 위기의 인정, 개방시장 개념의 발전, 다원주의
적이고 적응력 강한 종교제도들 및 종교적 개인주의의 확산이 그것
이다(1993: 1044). 종교사회학에서 합리적 선택이론이나 종교시장
이론의 이러한 설명은 종교-경제적 현상들과 사실들에 이론적으로
중요한 통찰을 제공할 수 있다. 그렇다면 한국시민사회에서 번창하
고 있는 점술단지에 대한 더 나은 이해를 위해 종교시장이론의 몇
몇 개념들이 어떻게 유용할 수 있을 것인가?

　　첫째, 종교시장이론은 종교공급자와 수요자가 세속화되거나
또는 탈세속화된 조건에 어떻게 반응하는지를 하나의 이론적 틀 안
에서 일관되게 사고할 수 있도록 한다. 세속화명제의 실패는 한국
점술문화의 급속한 성장처럼 현대사회의 탈세속화를 그것이 설명
할 수 없다는 점에 있다. 반면 종교시장이론은 점술단지의 성공적
및 퇴행적 측면 모두를 분석할 수 있는 방법론적 도구를 제공한다.

　　둘째, 종교시장에 참여하는 모든 개인은 자신의 선택으로 야기
된 비용과 편익을 평가할 수 있는 합리적이고 자율적인 생산자이
거나 소비자로 간주된다. 종교시장에서 공급자와 소비자가 종교서

비스를 사거나 파는 행위를 통해 그들의 주관적 만족을 추구한다면, 이론적 관점에서 그들의 전략적 선택의 결과와 동기를 이해하고 설명할 수 있어야 한다. 종교적으로 다원화된 사회에서 그러한 의식적 또는 무의식적인 전략이 점점 더 중요해질 것이라는 것을 예상할 수 있다. 종교적 믿음과 행위를 따르는 사람들은 맹목적 종교성의 희생양이 아니다. 점술시장에서조차 모든 고객은 종교적 선택의 전략적 네트워크라는 관점에서 각각의 점술가에 연결되어 있다. 종교시장이론은 점술시장에서 그러한 개인주의적 태도를 분석하기에 적합하다.

셋째, 종교시장이론의 관점에서 세 곳의 점술단지를 비교하고 분석함으로써 종교적으로 다원화된 사회에서 하나의 종교경제를 향하여 나아가는 점술전통의 어떤 측면들을 이해할 수 있다. 무속이 동시대 중국과 일본에서 종교적 활력을 상실한 반면, 한국의 무속인들은 여전히 점술이라는 틈새시장을 지배하고 있다. 하지만, 점술의 종교적 공급 측면에서 최근의 가장 주목할 만한 변화는 고대 중국의 우주론까지 그 기원이 닿아있는 다양한 점복서(占卜書)들에 의존하는 역술가들이 폭발적으로 증가하고 있다는 점이다. 맹인역술가들이 미아리를 지배하는 반면에 압구정과 화서지구는 역술가와 무속인이 경쟁적으로 공존한다. 각각의 점술단지가 서로 다른 특징을 유지하고 있음에도 불구하고, 특히 화서지구는 자치정부와 새로운 협력을 통해 경쟁적 틈새시장을 건설하는데 대체적으로 성공하였다고 할 수 있다.

끝으로, 점술시장을 위축시키거나 활성화시킬 수 있는 새로운 공적 영역의 역할이 제시될 수 있다. 종교시장이론의 다원주의 명제는 종교적 다원주의의 두 가지 측면, 즉 종교적 경쟁과 다양성이 종교적 참여과 구속력을 증진시킨다고 주장한다(Stark et al., 1995; Finke et al., 1996; Finke, 1997: 120; Iannaccone, 1998: 1486; Stark and Finke, 2000: 201, 219; Stark, 2006a: 63). 물론 다원주의명제는 각각의 시민사회가 보호하거나 정의 또는 통제해야 하는 종교행위, 종교개념 및 종교적 자유의 한계와 범위에 대해 많은 종교정책적 사항들을 포함하고 있다. 특히, 점술은 관료들과 정치엘리트들이 적어도 공식적으로 그것을 미신으로 간주해왔기 때문에 한국사회의 법제도 아래에서 종교인지 아닌지에 대한 논쟁의 핵심에 있을 수밖에 없다. 종교시장이론가들조차 그것을 종교의 한 부분이라기보다 주술(magic)로 간주하는 것처럼 보인다(Stark and Finke, 2000:104‒106; Stark, 2001a, 2001b). 하지만 점술과 공적 영역과의 관계성 문제는 이 글에서 다루기에는 너무 광범위하고 복잡한 것이다. 점술이 개념적이든 법적이든, 그것은 한국종교시장의 한 부분을 확고하게 차지하고 있다는 점에는 이론이 없다. 이 글은 이러한 사회적 사실 그 자체에 더 주목하고 종교시장이론에서 제공한 몇몇 개념도구들로 점술이 어떻게 그리고 왜 현대한국사회의 합리적 요소들과 나란히 공존할 수 있는지를 설명하고자 한다.

3. 전통적 틈새시장들

고대종교 및 그리스 신화학자인 허버트 로즈(Herbert J. Rose)

는 종교윤리사전(Dictionary of Religion and Ethics)의 서문에서 점술을 "인간 이외의 다른 존재에 자문을 구함으로써 미래에 관한 정보를 얻거나 일상적 인식체계에서 벗어나려는 노력"으로 정의한다(1973: 775). 점술이 인간사회가 존재했던 곳 어디서나 가장 오래된 종교전통 중의 하나임은 두말할 필요가 없다. "기독교, 불교, 이슬람 및 유대교에서조차 점술가들의 기법이 지배적 의례와 믿음의 한 부분을 차지한 것은 아니라 하더라도 점술은 지속적으로 번성했다"(Rose, 1973: 775). 한국에서는 역사적으로 두 가지 유형의 전통이 점술시장을 지배했고 여전히 그렇다고 할 수 있다. 음양오행설(陰陽五行說)에 기초한 역술(曆術)과 무속인들에 의한 신점(神占)이 그것이다. 지배계급이 유교적 사대부, 일제식민주의자, 또는 개신교도이거나를 불문하고 조선시대 이후로 그들은 공식적으로 무속의 종교적 지위를 부정했고, 굿을 불법화하거나 음사나 미신으로 오랜 기간 배척해왔다. 하지만 좀 더 정확히 표현하면, 그러한 장기간의 배척과 박해의 대상은 종교의례로서 굿이 주된 표적이었던 반면, 무속인의 신점은 역사를 통틀어 언제나 번성했고 여전히 중요한 한국의 종교전통이다. 이는 신점이 그 자체로서 완전한 종교행위라기보다는 보통 굿의 예비적 단계이거나 부차적인 것으로 인식되었기 때문이다.

15세기 중엽 서울의 4대문 밖으로 무속인들이 추방된 이후에조차 무속인들의 집단 거주지에 대한 많은 역사적 기록들이 있다(이기태, 2006: 240 – 255). 이러한 거주지들은 그들의 정착, 신점, 의례 및 주변 이웃들의 치료에 기여했다. 이는 한국 역사에서는 무속에 특수한 틈새시장이 항상 존재했다는 것을 의미한다. 1894년 갑오개혁 이후 중앙정부는 강제적으로 이들 거주지를 해체하기 시작했고, 세습무 정착지를 제외하고 결국 대부분은 1930년대 모두 사라졌다(이기태, 2006: 243). 한편, 신분상 위계질서의 가장 하위에 머물렀던 무속인들과는 대조적으로 역술가들은 상대적으로 훨씬 더 높은 사회적 지위를 향유했다. 한국의 고대왕조들은 예언, 범인체포 및 기상예측에 종사하는 특수한 관리로 맹인 역술가들을 등용하고, 명통사(明通寺)나 맹청(盲廳)같은 전문부서를 만들도록 허락했다. 당시의 무속인들과 달리 그들은 제한 없이 이동할 수 있는 법적 지위를 갖고 있었기 때문에 집단거주지를 형성할 필요가 없었다. 로마시대 주술과 점술을 명확히 구분했던 것처럼(Satangelo, 2013: 267), 한국의 역술도 인류 역사를 거쳐 축적된 일종의 경험적 지식으로 간주되었다고 할 수 있다. 중국의 고대 경전들에 기초한 역술은 과거나 지금이나 주술과는 다른 것이었기 때문에 무속인들이 사적 점술시장을 지배했다면, 역술은 공적 점술시장을 사실상 독점했다. 따라서 무속적 점술을 비무속적 점술 또는 경전적 점술과 분리하면서 각각의 점술전통이 자신들의 틈새시장에 기여했다는 것에 주목할 필요가 있다.

　한국 점술가들의 두 가지 유형에 대한 상이한 역사적 궤적에 기초하여 틈새시장의 개념은 각 유형이 전체종교시장과 그것의 사회적 조건들에 어떻게 적응했는지를 설명하는데 유용할 수 있다. 합리적 선택이론에 따르면, 모든 종교경제는 틈새시장이 특수한 종교적 선호를 공유하는 잠재적 신자들로 구성된 종교시장의 구성부분이라는 점에서 상대적으로 안정된 틈새시장들을 포함한다(Stark and Finke, 2000: 195). 여기서 틈새시장이란 유사한 선호를 가진 잠재적 또는 현재적 소비자와 특수공급자 양자가 참여하는 전문화된 시장을 의미한다. 한국의 전통적 점술문화에 틈새시장 개념을 적용한다면, 무속인의 틈새시장은 역술가의 틈새시장으로부터 철저히 분리되었다고 할 수 있다. 이는 신분질서에 의한 사회적 및 법적 제한 때문에 두 틈새시장들 간의 이동이 불가능했기 때문이다. 실제로 조선시대 동안 역술가와 무속인들 간의 종교적 개종에 대한 역사적 기록은 찾기 어렵다. 그들 각각은 상대적으로 안정된 점술 수요에 기초하여 분리된 틈새시장에 종사했다. 무속적 점술이 피지배 및 지배계급의 사적 영역에서 주로 활용되었던 반면에, 역술은 국가와 사회의 공적 영역에서 거행되는 종교적 행사에 봉사했다. 결국 사람들이 관상, 수상, 풍수, 신점과 같은 다양한 종류의 점술을 향유했던 것을 고려하면, 이 당시 무속인들과 역술가들의 분리된 틈새시장은 종교적 경쟁이 아니라 종교적 다양성이 존재한 점술시장의 정적 구조를 반영하는 것이다.

4. 종교다원주의적 시대의 점술시장

1894년 갑오개혁이 신분제를 폐지하면서 점술가들 간 틈새시장의 자유로운 이동이 가능하게 되었고 점술시장은 경쟁적인 시장으로 변모했다. 점술가들의 역동적인 틈새시장 간 이동은 각각의 틈새시장이 더욱 효율적으로 공급되도록 만들었다(Stark and

Finke, 2000: 196). 그럼으로써 더 많은 잠재적 또는 현재적 고객들을 유인하여 점술시장의 점진적 성장에 기여한다. 1897년 1월 7일자 독립신문은 서울에 거주하는 20만명의 주민 중에서 약 0.5%가 무속인이라고 보고했다. 2005년 인구주택총조사에서 전체 인구 당 총 성직자 비중이 0.4%인 것을 감안하면, 1897년 서울시의 무속인 비중은 당시 무속의 인기를 잘 반영하고 있는 것처럼 보인다. 보마(G. Bouma)는 동시대 사회에서 종교다원주의의 정도가 증가할 때 공적 영역에서 종교다원주의의 사회적 결과들에 대한 두 가지 상이한 접근법들이 있다고 한다(2009: 514). 하나는 종교적 권위의 감소, 사회적 연대의 감소, 증가하는 사회적 갈등에 초점을 두는 반면에, 다른 하나는 종교적 경쟁을 통한 사회적 효율성의 증대와 높은 수준의 종교적 참여에 의한 사회통합에 중점을 둔다. 그렇다면, 동시대 점술은 다원주의적 한국종교시장에 어떻게 관련되어 있는가?

최근의 한 정부조사는 한국에 365개의 불교단체, 232개의 개신교단체, 하나의 천주교 및 24개의 기타종교단체로 구성된 총 622개의 종교단체가 존재한다고 보고했다 (MCST, 2011: 24-51). 이는 동시대 한국에 존재하는 각각의 종교전통 내에서조차 상당한 수준의 종교적 다양성이 있다는 것을 의미한다. 하지만, 이런 종류의 조사 자료는 멤버십, 회중 및 공동체를 갖지 않는 다양한 비공식 종교들을 소홀히 취급함으로써 결정적 흠결을 노출한다. 특히, 점술과 무속을 포함하여 도교 및 민속종교들과 관련하여 사회조사 또는 인구조사 결과는 있는 그대로의 현실을 반영하기보다 종교적 다양성의 정도를 축소시키는 경향이 있다.

이러한 이유로 종교다원주의를 측정하고자 하는 대부분의 양적 지수들은 점술시장에 관한 믿을 만한 정보를 제공하지 않는다. 중국인 또는 일본인들처럼 상당한 수의 한국인들은 무속인, 풍수가, 관상가, 심지어 불교승려들에 의해 제공되는 다양한 형태의 점술을 진지하게 믿는다(Kim, 2005). 따라서 점술전통이 동시대 한국사회의 공적영역에 어떻게 연관되어 있는지에 대한 더 나은 이해를 위해 한국종교시장의 구조적 및 질적 특징을 고려할 필요가 있다.

가장 뚜렷한 특징은 한국종교시장이 기독교와 불교에 의해 압도적으로 지배되어왔기 때문에 과점적 시장구조에 기반하고 있다는 점이다. 기독교 및 불교의 범주가 지나치게 광범위해서 이들 종교전통에서 파생된 모든 종교단체를 포괄하고 있음에도 불구하고 지난 수십 년 동안 전체 종교인구의 98%는 불교, 개신교, 및 천주교에 속했다. 이들 종교전통은 (전문대학 이상)종립교육기관의 92%, 종교잡지의 93%, 종교신문의 92%, 그리고 종교방송의 86%를 차지하고 있다(MCST, 2011: 109 – 121). 숫자로만 보면, 한국의 종교인구는 지난 몇 십 년 동안 꾸준하게 증가했지만, 구조적으로는 종교다원주의의 양상이 이전과 마찬가지로 세 종교전통들의 암묵적 카르텔에 더 가까워졌다. 종교다원주의의 정도가 상이한 방법으로 측정될 수 있음에도 불구하고, 그것의 사회적 결과는 한국에서 매우 양가적이다. 이러한 양가성은 위에서 논의된 것처럼 세속화이론 또는 종교시장이론 중의 하나로 일관되게 설명될 수는 없다. 여기서 중요한 논점은 이러한 종교적 과점의 유형이 1950년대 이후 점술단지들의 발전에 지대한 영향을 미쳤다는 점이다.

북서울에 위치한 미아리 점성촌(MV)은 근대화와 합리화가 사회적 발전의 근본적 패러다임이었던 1960년대 이후 맹인 역술가들에 의해 건설된 이후, 이제는 주거와 사무를 겸하는 복합적 거주형태로 약 40여개의 전통적이고 노후된 점집들로 남아있다. 무속인들과 달리 이들은 과거에 상대적으로 훨씬 더 높은 사회적 지위를 향유했었기 때문에 집단 거주지를 형성한 적이 없었다(이기태, 2006: 263).

한국의 근대화 기간 동안 모든 점술전통들이 서구화의 방향에 부합되지 않는, 조만간 사라져야 할 단순한 미신으로 간주되었고 억압되었다(Allen, 1932:231; 이용범, 2003:133 – 141; 김동규, 2012). 박정희 군사정권 시절 사대문 내에 산재해 있던 무속인 및 역술가들이 서울도심 밖으로 이주하면서 미아리 점성촌으로 자연스럽게 모여들기 시작했다. 당시 이 지역은 시골에서 이주한 도시 근로자들, 매춘업 종사자들 및 피난민들의 집단거주지로 유명했던 곳이다. 하지만, 1980년대 잠시 번창했던 시기를 제외하면 서울시 도시계획에 의해 이 지역은 급속히 쇠퇴했다.

이러한 쇠퇴의 한 가지 이유는 이 지역을 문화유산으로 리모델링하고자 했던 자치정부의 도시개발계획을 극렬히 반대했던 주변 개신교 단체들의 보수적 태도와 편견을 들 수 있고, 다른 이유는 지역 내 점술가들이 다른 점술공급자들과 경쟁하는 방식에 관련되어 있다. 예를 들면, 1971년 설립된 대한맹인역리학회는 지역 내에서 회원으로 등록한 맹인점술가 이외의 다른 점술가들이 진입하지 못하도록 일정한 영향력을 행사했고, 그 결과 점술시장의 경쟁적 메카니즘이 작동할 수 없도록 만들었다. 그것은 일종의 직업

길드나 조합처럼 기능했고, 이러한 조합주의 아래에서 매우 제한적인 방법으로 맹인점술가들을 교육하고 훈련시켰다. 종교시장이론가들이 지속적으로 주장하는 것처럼 공급측면의 이러한 제한과 폐쇄성은 필연적으로 지역 내 종교경제의 동력과 활력을 감소시킬 수밖에 없다(Finke and Stark, 1988: 42, 1992; Iannaccone, 1992: 129; Hamberg and Petterson, 1994; Lang et al., 2005; Stark, 2007: 327-336).

두 번째 점술단지(AV)는 대형 쇼핑몰, 건축디자인, 현대예술 및 의류패션의 중심지로 잘 알려지면서 한국에서 가장 땅값이 비싼 곳 중의 한 곳인 강남구 압구정 로데오거리에 있다. 다양한 점술가들이 이 단지에 모여들었지만, 미아리 점성촌과 달리 신체적 장애가 없는 역술가들이 좀 더 지배적인 공급자들이다. 그들은 지역 내 고객들의 세대적, 경제적 및 사회적 특징들에 좀 더 민감하게 반응하는 것처럼 보인다. 더 젊고, 더 부유하고, 교육수준이 더 높은 고객들은 자신들의 종교적 선택을 전통적 형태의 신점으로만 제한하지 않는다. 그들에게는 경전적 해석에 기초한 역술이 좀 더 과학적인 형태의 점술로 보일 수 있다. 게다가 역술가의 지적 이미지가 무속인들로 하여금 점술의 현대적 전략을 개발하도록 고무시켰다. 오늘날 많은 무속인들은 경전 중심의 점술법을 배우기 시작했고, 자신들의 점술에서 그러한 경전적 해석을 더욱 적극적으로 활용한다(김태곤 외, 1995: 279). 따라서, 그들은 직접적으로는 신들과 소통을 통해, 간접적으로는 축적된 지식과 경험에 의존하는 공급 전략을 택하고 있다. 반대로, 동시대 역술가들 역시 그들의 점술이 더 강력하고 신뢰성이 높아보이도록 하기 위해 자신들의 접신(接神) 경험을 과장하는 경향이 있다.

종교시장이론의 관점에서 무속적 점술과 역술 간의 이러한 상호작용은 상이한 틈새시장 간 점술가들의 자유로운 이동의 결과로 해석되며, 이것이 전체 점술시장의 실질적 동력을 결정한다. 틈새시장 간의 증가하는 상호이동은 공급자들을 경쟁적으로 만듦으로써 고객들의 개성과 익명성 욕구에 부합하는 새로운 방법들을 발견하도록 장려한다. 가령, 점술가들은 한국에서 일대일 전화상담과 인터넷 상담을 제공한 최초의 종교공급자들이었다. 앞서도 언급된 것처럼, TV와 라디오 방송에 기초한 종교서비스가 개신교, 불교. 천주교 및 원불교와 같은 거대 기성종단들에 의해 독점된 반면에, 정보통신기술의 발전에 기인한 다양한 인터넷매체들이 한국에서 점술시장의 성장에 크게 기여했다. 이러한 일대일 서비스 추세가 이후 기성종단들에 의해 즉각적으로 모방되었다는 것은 놀라운 일이 아니다. AV의 점술가들은 사회적 관계망이 소속 신자들의 익명성과 사생활보호에 장애물이라는 점을 간파하고, 주변의 대형교회 및 대형사찰들과 경쟁하기 위해 매우 창의적으로 일대일 서비스를 강조했던 것이다. 점술가들과 고객의 관계는 기존의 종교적 소속, 집단적 정체성, 신학 또는 사회적 연대감과 같은 요소들에 의존하지 않는다. 동시대 점술에서 점술가와 고객은 종교적으로 동등한 관계를 전제하기 때문에 종교적 충성심을 요구하지도 않는다. 고객에게 영향을 미치는 점술가의 진정함 종교적 힘은 종교적 소속감으로부터 나오는 것이 아니라 창의적 시장전략으로부터 나온다.

〈그림 1〉 점술단지의 상이한 시장구조

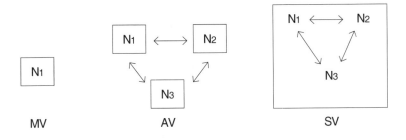

세 번째 수원화서지구의 점술단지는 점술가와 자치정부 간의 새로운 관계모델을 제시한다. 서울시와 대조적으로 수원시는 약 100여개의 점집과 신당들이 모여있는 전국에서 가장 규모가 큰 점술단지를 건설했다. 수원시와 점술가들은 의도했든 의도하지 않았든 간에, (서울시가 미아리와 압구정 단지에서 만들지 못했던) 한국의 점술전통을 다양하게 경험할 수 있는 문화적 관광상품으로서의 점술단지를 상호 협력으로 건설했다. 지방정부는 다채로운 색조의 보도블럭으로 거리를 조성했고, 새로운 점술가들의 정착에 필요한 행정절차를 간소화하고, 굿과 같은 의례로 인한 소음을 자제하도록 설득했다. 어떤 종류의 점술이 지배적인지는 여기서 중요한 문제가 아니다. 이곳에서 모든 점술가들은 지방정부가 제공한 틀 안에서 집중적이고 직접적인 경쟁에 직면해 있다. 과거 정권들이 점술의 확산을 법적으로나 제도적으로 억제했던 것을 고려한다면, 화서지구는 점술문화에 대한 관료들의 태도가 극적으로 변화했음을 보여준다.

위에서 설명된 세 곳의 점술단지에 대한 포괄적 비교분석은 각각의 상이한 시장구조적 특징에 주목하게 한다. 〈그림 1〉은 종교시장이론의 관점에서 그들 구조의 이론적 중요성을 분명하게 보여주고 있다. 고립된 틈새시장은 역술에 대한 수요가 안정적이었음에도 불구하고 미아리 단지(MV)의 급격한 쇠퇴를 낳았다. 시장참여자들의 다양한 점술재(財) 수요를 충족시켜야 하는 n_1의 틈새시장만 있으므로 n_1에서 제공하는 하나의 점술재(財)에 만족하지 못하는 수요자들은 다른 시장으로 유출되기 쉽다. 압구정(AV)의 경우 상이한 종류의 점술재(財), 가령 n_1(타로카드), n_2(신점), n_3(역술)를 제공하지만, 각각의 틈새시장이 상호 간에 단절되어 있고 그 경계가 비교적 명확하다. 마지막으로 화서지구(SV)의 경우 틈새시장 간 경계가 없이 모든 종류의 점술재(財)를 한 곳에서 구매할 수 있고, 공급자 간 이동도 자유로운 복합적 쇼핑몰에 비유될 수 있다. 화서지구의 역동성은 공급자 간 틈새시장의 자유로운 이동이 가능한 시장의 유연성에서 야기되며, 희미한 시장경계는 의심할 여지 없이 참여자들을 더욱 경쟁적으로 만들고 결국 효율적으로 만든다. 규모의 경제는 이렇게 큰 시장의 또 다른 이점이다.

한편, MV는 다른 종교전통들과의 경쟁메커니즘에서 가장 취약한 구조를 갖고 있다. 무엇보다 과거시대 상대적으로 높은 사회적 지위를 인정받았으며. 역술을 신체적 장애를 가진 사람들에게 적합한 직업으로 간주하는 경향이 있는 맹인역술가로 구성되어 있다는 사실이 점술의 종교적 성격을 약화시키기 때문이다. 즉, 이 점은 기성종교를 대체하거나 보완하는 점술의 종교적 측면을 제한하고, 따라서 종교시장이 다원화되면 될수록 MV는 종교적 틈새시장으로서의 기능을 상실하기 때문이다. 동시대 점술시장은 국회의원, 의사 또는 고위공무원에 이르기까지 다양한 사회적, 교육적 및 종교적 배경을 가진 새로운 무속인들과 역술가들로 계속적으로 충원되고 있다. 하지만, MV는 이러한 경쟁력 있는 인적 자원들로부터 스스로 고립되어 있고 그럼으로써 MV의 역술가들은 경제적으로 점점 더 어려운 계층으로 전락하고 있다.

한편, AV는 자유방임적 종교시장을 통해 다른 종교들과 경쟁하였지만, 그것의 미래가 SV만큼 희망적이지는 않다. AV의 역술가들이 그 지역에 특수한 틈새수요를 만족시키기 위해 자신들의 점술을 상업화하는데 성공했음에도 불구하고, 그들의 종교적 정체성이 주변의 대형교회 및 사찰과 차별화될 만큼 충분히 뚜렷하지는 못하다. 대조적으로 SV에 거주하는 현대적 무속인들은 다른 종교적 경쟁자들과는 매우 다른 자신들의 종교적 정체성을 결코 숨기지 않는다는 점에서 타 지역들과는 다른 특별한 틈새시장을 구축하고 있다. 실제로 그것이 자치정부의 의지에 기인한 것이든 아니든 SV내에 교회나 사찰이 거의 없다. SV가 보여주듯이 지역 점술시장에 대한 공권력의 개입이 다원주의 명제가 상상했던 것처럼 결과적으로 반드시 시장의 실패를 낳는 것은 아니다.

5. 단일신론적 합리성 대 다신론적 합리성

유교가 한국에서 정치문화적 헤게모니를 장악했던 14세기 이후로 점술문화는 사회적 지배계급에 의해 특히 공적 영역에서 항상 통제받았다. 다양한 형태의 점술이 과거나 지금이나 여전히 사적 · 공적 영역에서 행해지고 있음에도 불구하고, 점술의 본질이 적절하게 평가받은 적이 결코 없다. 무속적 몰입, 주역의 해석, 불교승려들의 예언과 같은 점술문화의 내적 다양성이 존재한다는 것을 고려하면, 점술의 범주는 개신교 범주만큼이나 광범위한 것이다. 점술을 미신이나 사이비과학으로 정의할 수 있는 권력은 당연히 종교적 다양성의 범위를 규정할 만큼 충분히 규범적이고 인위적일 수밖에 없다(Bouma, 1999). 합리화와 근대화 이데올로기에 기초한 정부의 문화정책은 점술에 가장 심각한 위협이었다. 근대화 기간 동안 정권들은 점술가들을 무력화, 주변화 또는 악마화시킴으로써 점술시장으로의 진입비용을 매우 높게 만들었다. 이러한 문화정책은 한국인의 종교적 정체성을 형성하는데 결정적 역할을 했던 점술에 내재한 종교적 합리성을 인식하지 못했다(정상우, 2012: 380). 유일신이 종교적 진화의 최종단계로서 간주되는 서구 근대화모델이 단일신론적 합리성의 일반화를 전제하기 때문이다(Stark, 2001c; 2003; 2006b: 114-116, 208; 2007: 12). 다신론에서 단일신론으로의 직선적 종교진화 유형은 한국의 개신교사회엘리트들에 의해 당연시되었고 장려되었다. 이러한 맥락에서 MV같은 닫힌 종교적 틈새시장은 점술의 박물관화 및 주변화에서 생존할 만큼 충분히 강력한 경쟁력을 발전시키기 어렵다. 그렇다면, 동시대 점술시장의 전체적 성장은 어떻게 이해될 수 있을 것인가?

점술의 방법과 도구가 다소 다를 뿐 중국과 일본에서도 점술은 매우 대중적이다 (Kim, 2005; Suzuki, 1995; Yang, 2005: 131-

139). 물론, 나라별로 종교적 정체성의 이해에 본질적인 서로 다른 점술전통을 발전시켜왔다. 일반적으로 말하면, 점술의 종교적 힘은 단일신에 의해 결정되는 것이 아니라 서로 다른 신들 간의 갈등과 타협의 결과이다. 동아시아 점술의 세계관에서 보면, '하나의 전능한 신'이란 개념은 우주론적 조화의 원리를 위배하는 것이기 때문에 일종의 넌센스이다. 신들 간의 조화가 신들의 우월관계보다 더 중요하게 간주된다. 이것이 음양오행의 원리가 일상생활에서 작동하는 진정한 방법이고 목적이다. 따라서, 점술적 세계관이 일종의 합리성을 포함하고 있다면, 우주의 조화를 추구하는 다신론적 합리성으로 불려야 한다. 더 나아가 동시대 종교다원주의가 한국을 포함하여 동아시아에서 번창하고 있는 그러한 다신론적 합리성과 '선택적 친화력'을 갖고 있다고 할 수 있다. 어떤 신도 다원주의적 전통에서는 종교적 권위를 독점할 수 없었기 때문에 이 지역에서 종교다원주의의 문제는 서양에서 만큼 논쟁적이거나 특징적이지 않다. 이 지역에서 다원주의와 다신론의 실용적 만남은 서양에서의 단일신론과 다원주의 간의 신학적 및 제도적 갈등과 매우 대조적이다. 한국에서 종교적 다원주의와 다신론 간의 선택적 친화력 문제는 다른 논문에서 더 자세하게 설명되어야 할 가설적 주장이라는 점에서 이 글에서는 간략히 설명하고자 한다.

한국점술시장의 최근 성장은 1997년 IMF 위기에서 드러난 것처럼 사회적 및 경제적 불확실성에 대한 단일신론적 합리적 세계관의 문화적 무능력과 깊이 연관되어 있다 (Stoffel, 2000: 342). 한국 기독교는 폭발적 성장을 멈추고 종교적 합리성의 단일한 모델로서 그것의 독점적 지위를 상실했다. 과거에 그것은 세속적 근대화를 정당화할 수 있는 유일한 종교적 합리성 모델이었다. 그러나 IMF 위기와 한국사회의 지구화로 인해 한국인들은 증가하는 정체성 혼란과 존재론적 불확실성을 겪으면서 단일신론적 합리성의 한계를 명확하게 체험했다. 점술밸리의 대부분 점술가들은 그들 고객의 절반 이상이 종교적 신자들이라고 고백한다. 지난 20년 간 갤럽조사의 응답자들은 40% 이상이 작명의 중요성을 믿고, 32% 이상이 궁합을 따르고, 50% 이상이 풍수를 믿는다는 것을 보여주었다(한국갤럽, 2004: 108 - 112). 특히, 한국의 점술전통에 유연한 태도를 가진 천주교인들은 개신교인들보다 상대적으로 높은 수준의 점술신앙을 보여준다. 다원주의 사회에서 이러한 종교적 태도의 차이는 종교경제학적 관점에서 야나코네가 분석한 것처럼, 종교적 소비자들이 종교적 기업들에 의해 기만당할 수 있는 위험을 줄이기 위해 선택하는 종교적 포트폴리오 전략의 하나라고 할 수 있다(Iannaccone, 1995: 286 - 291).

하지만, 중층적 종교성이 일신론을 강조하는 개신교 및 천주교 모두에서 쉽게 발견되는 한국적 맥락에서는 종교적 멤버십이 그러한 중층적 종교성을 정확하게 설명하기 위해 더 이상 유용한 개념적 도구가 되지 못한다. 점술고객들이 다신론을 믿든 아니든 그들은 분명히 종교적 포트폴리오라고 불릴 수 있는 그들 나름의 종교적 합리성을 분명히 따르고 있다. 이런 면에서 한국종교시장이 다원화되면 될수록 다신론적 합리성의 힘은 더욱 강력해질 것이다. SV가 증명하는 것처럼, 이러한 힘이 사적 영역에서 공적 영역으로 점술시장이 확산되는 주요한 동력이다.

6. 결론

이 글에서 설명된 점술단지들은 틈새시장들이 어떻게 주변 환경들과 고립되거나 연결되는지를 잘 보여주고 있다. MV처럼 경쟁없이 분리된 시장에서부터 경쟁적인 AV 및 SV에 이르기까지 점술단지의 진화는 문화정책이나 도시계획과 같은 공적 영역에서 두드러지게 발견된다. SV에서 예시된 지방정부와 점술시장의 관계는 종교시장이론의 맥락에서 규모의 경제를 만들 수 있는 새로운 모델로서 기여한다. 분명히 이것은 점술시장에 대한 종교적 비합리성에서 다신론적 합리성으로의 인식론적 변화를 포함하고 있다. 어떤 의미에서는 종교다양성의 역사가 인간 사회의 기원만큼이나 오래된 것일지 모른다. 다양성이란 종교적 상황의 어떤 상태를 의미하는 것이지만, 다원주의란 종교적 관용, 종교적 다양성, 종교적 자유 및 개방적 종교시장을 향한 일관된 경향성을 의미한다.

종교다원주의가 다신론과 같지 않다는 것은 이론적으로나 경험으로 당연한 것이다. 하지만, 다신론에 기초한 한국점술문화가 종교다양성에 기초한 다원주의적 종교시장에서 어떻게 그리고 왜 번창할 수 있는지를 이해하는 것은 쉽게 단정하거나 단순화할 수 없는 주제로서 가치 있는 연구라고 할 수 있다. 한국에서 점술은 종교적 다양성의 증거이었고 지금도 여전히 종교다원주의의 주요한 동력이다. 이 글은 결론적으로 한국점술전통에 내재한 다신론적 합리성과 종교다원주의 간에 선택적 친화력이 있다고 주장한다. 물론, 점술은 전 세계 어디서나 산재한 보편적 전통이다. 하지만, 그곳의 지역적 맥락과 상호작용할 수 있는 능력을 가졌을 때 복합적이고 살아있는 종교유산으로 기능한다. MV, AV 및 SV와 같은 점술단지들의 진화는 미국이나 유럽에서 지방정부의 지원을 받고 거대도시 지역 내에서 점술가들이 집단으로 거주하는 점술단지가 없다는 점에서 매우 한국적인 종교-사회적 현상인 것이다. 이러한 사실이 이 글이 한국적 맥락을 강조한 이유이다. 그것은 한국사회의 엘리트들과 기성종교들이 가진 시들지 않는 편견으로부터 살아남고 더 경쟁력 있는 종교전통으로 지속적으로 진화하고 있다. 한국점술의 미래를 쇠락해가는 MV나 번창하는 SV로 단정할 수는 없지만, 동시대 점술이 지역적 맥락에서 종교다원주의와 어떻게 관계될 수 있는 지를 예상할 수 있는 하나의 출발점으로 기능할 수는 있다. 점술의 미래를 누가 점칠 수 있겠는가?

참고문헌

김동규. 2012. "한국의 미신담론 이해." 『한국문화연구』. 23. pp. 283 – 322.

김만태. 2008. "한국점복의 정의와 유형고찰." 『한국민속학』. 47. pp. 203 – 233.

김인회. 1987. 『한국무속사상연구』. 서울: 집문당.

김태곤. 1981. 『한국의 무속』. 서울: 집문당.

_____. 1990. "민간신앙." 『서울육백년사』. 서울시(편). 서울: 서울시역사편찬위원회.

김태곤 외. 1995. 『한국의 점복』. 서울: 민속원.

무라야마 지준(村山智順). [1933] 2005. 『조선의 점복과 예언』. 김희경(역). 서울: 동문선.

문창우. 2007. "제주천주교인들의 점복에 대한 연구: 레지오 마리애 단원을 중심으로." 『종교학보』. 4. pp. 125 – 172.

문화공보부 문화재관리국 (KICH). 『한국민속종합조사보고서』. 서울: 문화재관리국.

문화체육관광부 (MCST). 2011. 『한국의 종교현황』. 서울: 문화체육관광부.

박명수. 2010. "정부의 전통종교 문화정책 현황과 기독교의 대응방안." 『성결교회와 신학』. 24(가을). pp. 82 – 121.

손태도. 2006. "서울지역 맹인 독경의 역사와 그 특징." 『역사민속학』. 22. pp. 333 – 398.

아키바 다카시(秋葉隆)・아카마츠 지조(赤松智城). [1937]1991. 『조선무속연구』. 심우송 (역). 서울: 동문선.

유동식. 1985. 『한국무속의 역사와 구조』. 서울: 연세대학교 출판부.

이기태. 2006. "점복촌의 역사적 실태 연구." 『한국민속학』. 13. pp. 233 – 271.

이능화. [1927] 1976. 『조선무속고』, 이재곤(역). 서울: 백록출판사.

이용범. 2003. "근현대 한국무속의 역사적 변화." 『종교연구』. (가을호) pp. 101 – 154.

이은선. 2010. "정부의 민족종교 및 민속문화정책 현황과 기독계의 대응." 『성결교회와 신학』. 24(가을). pp. 122-152.

이현숙. 2007. "백제시대 점복과 정치." 『역사민속학』. 25. pp. 7-43.

장장식. 1995. "점복신앙의 관행과 그 영향." 『비교민속학』. 12. pp. 361 – 393.

정상우. 2012. "한국의 종교법제도와 정책의 흐름과 쟁점." 『법학연구』. 20(3). pp. 369 – 395.

정수진. 2007. "근대국민국가와 문화재의 창출." 『한국민속학』. 46. pp. 343 – 373.

_____. 2013. "무형문화재에서 무형문화유산으로: 글로벌 시대 문화표상." 『동아시아
　　문화연구』. 53. pp. 91 - 116.

조성윤 · 현혜경. 2001. "제주지역민간신앙과 점복." 『제주도 연구』. 20(12월). pp.
　　97 - 133.

조성윤 · 이상철 · 하순애. 2003. 『제주지역 민간신앙의 구조와 변형』. 서울: 배산서당.

조흥윤. 1990. "조선왕조 초기의 무." 『무와 민족문화』. 서울: 민족문화사.

조흥윤. 2000. 『무와 민족문화』. 서울: 민족문화사.

최길성. 1992. 『한국무속지』. 서울: 아세아 문화사.

한국갤럽. 2004, 『한국인의 종교와 종교의식』. 서울: 한국갤럽.

Beyer, Peter. 2003. "Defining Religion in Cross-national Perspective: Identity and
　　Dif-ference in Official Conceptions." in A. L. Greil and David G. Bromley
　　(eds.) *Defining Religion: Investigating the Boundaries Between the Sacred and Secular*.
　　Amsterdam and London: JAI. pp.163 - 188.

Bouma, Gary D. 1999. *Managing Religious Diversity: From Threat to Promise*. Ersk-ineville,
　　Aus.: Christian Research Association.

Bouma, Gary D. 2009. "Religious Diversity", in Peter Calrke (ed.) *The Oxford Handbook
　　of the Sociology of Religion*. NewYork: Oxford University Press. pp. 506 - 522.

Buswell, Robert E. 2007. *Religions of Korea in Practice*. Princeton, NJ: Princeton University
　　Press.

Clark, C. Allen.1932. *Religions of Old Korea*. New York: Fleming H.Revell Company.

Finke, Roger. 1997. "The Illusion of Shifting Demand: Supply-Side Interpretations of
　　American Religious History." in Thomas A. Tweed (ed.) *Retelling U.S. Religious
　　History*. Berkeley, la, London: University of California Press, Pp. 108 - 124.

Finke, Roger and Rodney Stark. 1988. "Religious Economies and Sacred Canopies:
　　Religious Mobilization in American Cities, 1906." *American Sociological Review*
　　53(1):41 - 49.

Finke, Roger and Rodney Stark. 1992. *The Churching of America, 1776–1990: Winners and
　　Losers in Our Religious Economy*. New Brunswick, NJ: Rutgers University Press.

Finke, Roger, A.M. Guest and Rodney Stark. 1996. "Mobilizing Local Religious Markets:
　　Religious Pluralism in the Empire State, 1855 to 1865." *American Sociological*

Review 61(2):203 – 218.

Grayson, James Huntley. 2002. *Korea: A Religious History*. New York: Routledge Curzon.

Habermas, Jurgen. 2006. "Religion in the public sphere." *European Journal of Philosophy* 14(1):1 – 25.

Iannaccone, L. R. 1992. "Religious Markets and the Economics of Religion." *Social Compass* 39: 123-131.

Iannaccone, L. R. 1995. "Risk, Rationality, and Religious Portfolios." *Economic Inquiry* 33(April): 285 – 295.

Iannaccone, L. R. 1998. "Introduction to the Economics of Religion." *Journal of Economic Literature* 34(September): 1465 – 1496.

Kim, Andrew Eungi. 2005. "Nonofficial Religion in South Korea: Prevalence of Fortunetelling and other Forms of Divination." *Review of Religious Research* 46(3): 284 – 302.

Lang, Graeme, Selina Ching Chan and Lars Ragvald. 2005. "Temples and the Religious Economy." *Interdisciplinary Journal of Research on Religion* (Article4). Available at: http://www.religjournal.com.

Miller, Alan S. 1995. "A Rational Choice Model of Religious Behavior in Japan." *Journal for the Scientific Study of Religion* 34(2): 234 – 244.

Rose, H. J. 1973. "Divination." in *A Dictionary of Religion and Ethics*. Detroit: Gale Research Co pp.775 – 780.

Satoru, Kaneko. 1990. "Dimensions of Religiosity among Believers in Japanese Folk Religion". *Journal for the Scientific Study of Religion* 29(1): 1 – 19.

Santangelo, Federico. 2013. *Divination, Prediction and The End of The Roman Republic*. New York: Cambridge University Press.

Stark, Rodney. 2001a. "Gods, Rituals, and the Moral Order." *Journal for the Scientific Study of Religion* 41(4): 619 – 636.

_____. 2001b. "Reconceptualizing Religion, Magic, and Science." *Review of Religious Research* 43(2): 101 – 120.

_____. 2001c. *One True God: Historical Consequences of Monotheism*. Princeton: Princeton University Press.

_____. 2003. *For The Glory of God: How Monotheism Led to Reformations, Science,*

Witch-Hunts, and the End of Slavery. Princeton: Princeton University Press.

_____. 2006a. "Economics of Religion", in Robert A. Segal(ed.). *The Blackwell Companion to the Study of Religion. Malden*, MA: Blackwell Publication. pp.47 – 67.

_____. 2006b. *Cities of God: The Real Story of How Christianity Became an Urban Movement and Conquered Rome*. New York: Harper Collins.

_____. 2007. *Discovering God: The Origins of Great Religions and the Evolution of Belief*. New York: Harper One.

Stark, Rodney and Roger Finke. 2000. *Acts of Faith: Explaining the Human Side of Religion*. Berkeley, Los Angeles, and London: University of California Press.

Stark, Rodney, Roger Finke and L. R. Iannaccone. 1995. "Pluralism and Piety: England and Wales, 1851." *Journal for the Scientific Study of Religion* 34(4):431 – 444.

Stoffel, Berno. 2000. "Anomie and Korean Shamanism—An analysis of the economic crisis of 1997 and its consequences on Korean Shamanism." 『샤머니즘연구』 3: 297 – 344.

Suzuki, Kentaro. 1995. "Divination in Contemporary Japan: A General Overview and an Analysis of Survey Results." *Japanese Journal of Religious Studies* 22(3 – 4): 249 – 266.

Yang, Der-Ruey. 2005. "The Changing Economy of Temple Daoism in Shanghai."in Fenggang Yang and Joseph B. Tamney(eds.). *State, Market, and Religions in Chinese Societies*. Leiden: Brill, Pp. 113 – 148.

Yoo, Kwangsuk (2012) "Applicability of Religious Economy Model (rem) to the Growth of Fortunetelling in Contemporary Korea." Ph. D. Dissertation. University of Ottawa, Canada.

[신문기사]
강원도민일보. 2008년 5월 23일. "점술에 의지하는 것은 나쁜가?"
국민일보. 2007년 1월 10일 "사주박람회 허가 즉시 취소하라!"
뉴욕타임즈(The New York Times). 2007년 7월 7일. "Shamanism Enjoys Revival in Techno-Savvy South Korea." by Choe, Sang-Hun.
독립신문. 1897년 1월 7일. [사설].
중앙일보. 2010년 2월 20일. "국내 역술인 50만명, 시장규모 최대 4 조원추정."
한국경제. 2007년 12월 8일. "이번엔 금배지 달까요?"